高等职业教育文秘专业“十二五”规划教材

21 世纪高职高专精品教材 ◆ 现代秘书系列

总主编 范立荣

秘书信息工作与档案管理

（第二版）

MISHU XINXI GONGZUO YU DANGAN GUANLI

主　　编　王　琦
副 主 编　冯小梅　程　萍
参编人员　王明丽　王　燕　李红超

中国人民大学出版社
·北京·

图书在版编目（CIP）数据

秘书信息工作与档案管理/王琦主编．—2版．—北京：中国人民大学出版社，2019.4
21世纪高职高专精品教材．现代秘书系列
ISBN 978-7-300-26714-2

Ⅰ.①秘… Ⅱ.①王… Ⅲ.①秘书-工作-高等职业教育-教材②档案管理-高等职业教育-教材
Ⅳ.①C931.46②G271

中国版本图书馆CIP数据核字（2019）第028563号

高等职业教育文秘专业“十二五”规划教材
21世纪高职高专精品教材·现代秘书系列
秘书信息工作与档案管理（第二版）
主　编　王　琦
副主编　冯小梅　程　萍
参编人员　王明丽　王　燕　李红超
Mishu Xinxi Gongzuo yu Dang'an Guanli

出版发行　中国人民大学出版社
社　　址　北京中关村大街31号　　邮政编码　100080
电　　话　010－62511242（总编室）　010－62511770（质管部）
　　　　　010－82501766（邮购部）　010－62514148（门市部）
　　　　　010－62515195（发行公司）　010－62515275（盗版举报）
网　　址　http://www.crup.com.cn
经　　销　新华书店
印　　刷　北京密兴印刷有限公司
开　　本　787 mm×1092 mm　1/16
印　　张　14.75
字　　数　330 000
版　　次　2011年7月第1版
　　　　　2019年4月第2版
印　　次　2024年1月第4次印刷
定　　价　35.00元

前　言

《秘书信息工作与档案管理》是中国人民大学出版社出版的高职高专文秘专业规划教材之一。

随着信息时代的到来，社会对文秘专业人才的培养规格提出了新的要求。信息处理与档案管理能力在秘书辅助决策过程中起着关键作用，已经成为现代文秘人员的核心能力。传统的文秘专业开设“档案管理”或“文书工作与档案管理”课程，未能充分认识到档案工作是信息工作的重要部分。当前，一些具有前瞻意识的高职学校已经注意到信息工作能力培养的重要性，开设了“信息工作与档案管理”课程，而市场上相关教材很紧缺。为了迎合文秘专业教学改革的需要，我们编写了《秘书信息工作与档案管理》教材。

本书自2011年出版以来，受到了全国各地文秘专业师生的肯定和赞誉。随着信息与档案工作的发展，书中部分内容与现实出现一定程度的脱节。为了进一步完善教材内容，贯彻高职教育改革发展新要求，反映文秘工作发展新趋势，我们对本书进行了修订。本书深入贯彻党的二十大精神，全面融入社会主义核心价值观，修订时，主要根据信息工作新动态和档案管理新法规，吸纳了许多专家老师的建议，增写了部分内容，更新了许多案例，调整了拓展阅读材料，力求使本书臻于完善，成为一部适应现代文秘人才培养需要的，具有前沿性、实用性、创新性的新型教材。

本书具有以下特色：

1. 教学理念贯彻“工学结合”

本书以现代职业教育理念为指导思想，改变传统档案管理教材中存在的重理论轻实践、忽视就业导向等问题，构建“以做为核心，教学为侧翼”的模式，着重培养学生的学以致用的意识、信息工作能力、档案管理能力、创新创业能力。

2. 教学内容体现“工作过程导向”

本书按照信息和档案工作过程安排教学内容，从档案的收集、鉴定、整理、检索、编研到档案的保管、利用和管理，脉络清晰，契合实际，有助于培养学生岗位职业能力和就业竞争力。

3. 教材体系实现“教学做一体”

作为高等职业教育的教材，其宗旨不仅让学生掌握理论，更要着眼于培养学生的综合素质与职业能力。本书采取“工作任务驱动法”，以工作任务为核心，设计了“任务引入、任务分析、相关知识、阅读材料、强化训练”等环节，实现学习理论知识、完成实践任务的同步进行。

本书由高职院校资深教师组成的团队编写，由扬州职业大学王琦副教授担任主编。教材编写的具体分工是：王琦（扬州职业大学）编写了第一、三、八、九、十章，并负责全书的统稿；冯小梅（金肯职业技术学院）编写了第五、六、七章；程萍（中国传媒大学南广学院）编写了第二、四章。另外，王明丽（上海工会管理职业学院）、王燕（郑州牧业工程高等专科学校）、李红超（郑州大学体育学院）参与编写了部分内容。本次教材修订工作由王琦独立承担。

本书在选题申报过程中得到中国人民大学出版社教育分社社长罗海林博士的信任与支持；在编写过程中，得到了江苏省特色专业——文秘专业建设负责人刘小中教授、扬州职业大学文秘专业负责人王瑞成副教授、郑州牧业工程高等专科学校雷鸣老师、钟山职业技术学院吴良勤老师的帮助与支持。在此，我们对所有支持、帮助本书编写的专家、领导、老师表示衷心感谢。

本书在编写过程中，参考了大量的文献资料，吸收了最新的研究成果，借鉴、援引、改编了大量的案例和训练素材。为了行文方便，对于所引成果及材料，未能在书中一一注明，而是列于书后的参考文献中，以示对原作者的尊重和感谢。

最后，我们衷心期待阅读本书的专家、老师、学生和其他读者朋友提出宝贵建议，使本书在未来修订中更趋完善。

编　者

目　录

第一章

秘书信息工作和档案管理概述

任务一　认识企业信息工作和档案管理工作

任务引入

创建于1921年的日本尼西奇公司，原是一家生产雨衣、防雨斗篷、游泳帽、玩具等橡胶制品和尿布的综合性小企业，只有30余人，订货不足，经营不稳，随时都有破产的危险。二战后，董事长多川博看到了一份日本政府发表的人口普查统计信息。从这份资料中他获悉，日本每年有250万个婴儿出生，他立即意识到，尿布这个小商品有着巨大的潜在市场。按每个婴儿每年最低消费两条尿布计算，一年就是500万条，再加上广阔的国际市场，潜力是巨大的。多川博决定放弃尿布以外的产品，把尼西奇公司变成尿布专业公司。到了20世纪80年代，尼西奇公司的产品占日本全国同类产品总量的70%，出口比重虽不算高，大约占全公司总产量的8%，但销售对象遍布五大洲，达70个国家和地区。由此，尼西奇公司在日本确立了“尿布大王”的地位，在世界上也是产量最大的尿布专业公司。

任务分析

企业管理的核心是决策，决策的成败关系着企业的存亡。决策在本质上是一个信息处理的过程，由信息的收集、分析、判断、拟订方案、选择方案等一系列环节组成，每个环节都离不开信息的支持。信息是决定经济增长的战略资源。企业可以通过卓有成效的信息管理，制定超前的企业发展战略，形成精准的市场定位，获得有价值的资源和机遇，从而强化企业核心竞争力。在本案例中，尼西奇公司之所以能够确立“尿布大王”的地位，就是因为管理者重视信息，善于处理、选择和利用信息。

相关知识

一、认识企业管理中的信息工作

（一）企业信息与企业信息工作的概念

企业信息，主要是指与本企业相关的经济信息、科技信息、政治信息、社会信息和生活信息等。

企业信息工作，则是指为企业的经营、战略、管理、生产等服务而进行的有关信息的收集、加工、处理、传递、存储、交换、检索、利用、反馈等活动的总称。企业以先进的信息技术为手段，对信息进行采集、整理、加工、传播、存储和利用，对企业的信息活动过程进行战略规划，对信息活动中的要素进行计划、组织、领导和控制，力求资源有效配置、共享管理、协调运作，以最少的消耗创造最大的效益。

（二）企业信息工作的内容

企业信息工作的内容包括：企业信息化建设、企业信息开放与保护、企业信息开发与利用。

（1）企业信息化建设。这是企业实现信息管理的必要条件。任务大致包括计算机网络基础设施建设（企业计算机设备的普及、企业内部网 Intranet/企业外部网 Extranet 的建立与因特网的连接等）；生产制造管理系统的信息化（计算机辅助设计 CAD、计算机辅助制造 CAM 等的运用）；企业内部管理业务的信息化（管理信息系统 MIS、决策支持系统 DSS、企业资源计划管理 ERP、客户关系管理 CRM、供应链管理 SCM、知识管理 KM 等）；企业信息化资源的开发与利用（企业内外信息资源的利用，企业信息化人才队伍培训，企业信息化标准、规范及规章制度的建立）；企业信息资源建设（包括信息技术资源的开发、信息内容资源的开发等）。

（2）企业信息开放与保护。信息开放有两层含义，即信息公开和信息共享。信息公开包括向上级主管公开信息、向监督部门公开信息、向社会公开信息、向上下游企业公开信息和向消费者公开信息、向投资者公开信息等。企业信息按照一定的使用权限在企业内部部门之间、员工之间和与之合作伙伴之间进行资源共享。企业信息保护的手段很多，如专利保护、商标保护、知识产权保护、合同保护、公平竞争保护等。

（3）企业信息开发与利用。从信息资源类型出发，企业信息资源有记录型信息资源、实物型信息资源和智力型信息资源之分。智力型信息资源是一类存储在人脑中的信息、知识和经验，这类信息需要人们不断开发加以利用。企业信息开发与利用的内容，包括市场信息、科技信息、生产信息、销售信息、政策信息、金融信息和法律信息等。

（三）企业信息工作的作用

著名科学家钱学森提出了把情报信息作为第四产业的新构想，他指出，第一产业是指农业等，第二产业是指制造业，第三产业是指提供各种服务的行业，而地位和作用越来越重要的情报信息则应列为第四产业。他认为现在世界各国都在搞“情报战”，对情报信息的竞争十分激烈，第四产业可以说是面向世界、面向未来、面向现代化的一个重要产业，应当高度重视，大力发展。

小链接

在戴尔计算机公司的销售部门，总在办公室里摆几张非常漂亮的桌子，桌子上面分别摆着IBM、联想、惠普等品牌的计算机，销售人员可以随时将计算机打开，看看这些竞争对手是怎么做的。同时桌子上都有一个牌子，上面写的是：他们的特长是什么？我们的优势在哪里？他们的劣势在哪里？

这样做有什么用呢？就是要了解自己的产品特性和竞争对手的产品特性，有针对性地引导客户需求。

除了要了解竞争对手产品的情况之外，还要了解自己公司的情况及背景。IBM公司在新员工培训的时候，就专门有如何向竞争对手学习这样一项内容。了解了对手的特性，才可能在对比中找到自己的优势来赢得订单。

竞争对手资料包括以下几个方面：

- 产品使用情况。
- 客户对其产品的满意度。
- 竞争对手的销售代表的名字、销售的特点。
- 销售代表与客户的关系等。

1. 它是企业管理的基础

企业管理的每个环节都离不开企业信息，管理的过程实质上就是企业信息收集和利用的过程。现代企业的发展与其说是生产技术的提高，毋宁说是管理水平的加强。20世纪中期以来，企业管理世界发生了深刻变化。一个企业管理者的优劣，首先要看两个条件：一是看其对本企业生产经营状况的了解；二是看其对市场行情企业信息的了解。企业管理已由经验管理向科学管理转变，而管理的科学化，必须要有大量的企业信息作为参考和依据，否则将给企业的管理造成混乱，而且会失去许多有利时机，使企业蒙受巨大损失。

2. 它是开发利用新产品、新技术、新工艺的前提

新产品从研制开发到成为商品进入市场，是一个信息收集、加工、服务、反馈和提高的全过程。当前一轮新产品投放市场的第一天起，产品在市场上的竞争能力强弱的信息就会源源不断地反馈回企业；而企业的环境信息也随社会竞争势头的变化而变化，加上竞争对手的研究、开发和技术创新动向，高校科研部门的研究成果信息，企业产品自身销售周期的临近等各种信息，必然要促成企业不得不开发出高起点、高科技含量的创新产品，使企业在不断的新产品开发中前进。

企业只有保持强大的科技实力，才能有远大而健康的生命力，因而要求企业强化新工艺、新产品、新技术开发，密切注意国内外市场动向，引进、开发利用外来新技术、新工艺。而开发、引进先进技术，必须以企业信息为先导，综合考虑各方面因素，才能避免盲目引进，才能使引进的技术适应国内外市场的发展变化，保持优势，避免产品技

术很快被淘汰。企业间竞争越激烈，企业信息的作用也就越明显。

3. 它是生产过程控制的手段

企业的产品、质量、成本、服务和时效是其永恒的主题，是企业效益的五大要素。高效率生产是企业的根本任务，在生产过程中，应随时注意企业内各种反馈的信息，及时发现效率低下、浪费严重、成本高和存在事故隐患的环节。应用国内外先进的科学技术和组织管理信息，对生产过程的关键环节进行技术革新和技术改造，逐步实现生产过程自动化，从而降低成本，提高生产效率，用高效的信息能力来保证企业的高效生产。

4. 它是企业走向市场的关键

随着企业的不断发展，企业同市场的联系愈来愈紧密。而市场的变化也愈来愈频繁，企业竞争愈来愈激烈。一个企业要想继续生存和发展，首先必须开拓和占有市场，而要占有市场则必须随时掌握市场变化情况，通过多种渠道广泛收集各类企业信息，包括科技企业信息、市场企业信息、行业企业信息等。对企业来说，市场企业信息犹如“黏合剂”与“催化剂”，能使企业生产要素优化组合，发挥更大合力，生产出价廉质优量多的产品。企业对市场企业信息把握得是否及时、准确，关系到产品价值能否实现，关系到企业之成败。企业如能灵通地掌握市场企业信息，准确地把握市场格局及其变化，就可以适时调整企业战略，在瞬息万变的激烈市场竞争中立于不败之地。

5. 它是提高企业员工素质的阶梯

通过收集和利用企业信息，能够在实践中快速提高企业信息人员的应用技能和综合素质。企业通过不断加强信息化进程，培育企业文化氛围，使广大企业员工逐渐树立信息意识，自觉地参与到企业信息化建设中去，并在信息化建设中不断提高员工的素质。国际上不少大型企业都建立了完善的员工技能培训计划和制度，并鼓励员工为企业发展献计献策，从而实现企业信息工作的大众化，以提高企业的信息工作水平。

6. 它是树立企业良好形象的途径

企业良好的社会形象是企业产品步入市场、参与市场竞争、广泛吸引社会资金投入和人才投入的基础。所以企业除了生产出高科技、高质量、高效率和低成本的名牌产品外，应投入一定的人力、物力，通过网络和广告等与外部环境之间进行广泛的信息交流，使企业产品深入人心，扩大企业在社会上的影响力。

综上所述，企业信息的独特功能，使得人们把企业信息活动推到了十分重要的位置。重视信息、捕捉信息、处理信息和运用信息，已成为社会企业活动的热点。

二、认识企业中的档案管理

从严格的意义上来说，企业的信息包括档案，企业信息工作也包括对档案的管理，但是，因为档案的地位特殊，即它有着专门的法律规范和管理办法，所以此处特意将档案管理工作单独辟为一块，做重点阐述。所以，本书第二章至第四章中所指的信息工作主要是指除了档案管理工作之外的信息工作，是一种狭义上的信息工作。

在企业的日常管理中，每天都会有大量的合同、文书、会议记录、电话记录、照片、影像等产生，也会获得一些具有纪念意义的旗帜、奖杯、产品、模型等，这些最终都会成为档案，被管理、保护。档案信息涉及生产、经营、设计、研发、行政、后勤等方方面面，见证了企业的兴衰成败。所以，档案是企业信息的重要组成部分，档案管理工作是企业信息管理的主要内容之一。还原档案，就是还原历史；重视档案，才能赢得未来。

（一）档案的定义

《中华人民共和国档案法》将档案的定义表述为："本法所称的档案，是指过去和现在的国家机构、社会组织以及个人从事政治、军事、经济、科学、技术、文化、宗教等活动直接形成的对国家和社会有保存价值的各种文字、图表、声像等不同形式的历史记录。"

国家档案局2000年12月发布的行业标准DA/T 1—2000《档案工作基本术语》将档案的定义表述为："国家机构、社会组织或个人在社会活动中直接形成的有价值的各种形式的历史记录。"

档案的定义表达了七个方面的含义：档案形成的时间（历史性）；档案产生的主体（多元性）；档案来源渠道（广泛性）；档案形成的特点（原始性）；档案保存的目的（价值性）；档案表现的形式（多样性）；档案本质属性（记录性）。

（二）档案的分类

1. 按产生领域分

有文书档案、科技档案及专门档案（如会计档案、诉讼档案、人事档案等）。

2. 按制成材料分

有甲骨、竹简、绵帛、纸质、胶片、磁带、光盘、实物档案等。

3. 按单位性质分

有党政机关档案、事业单位档案、企业档案、军队档案、农村档案等。

4. 按形成时期分

有中华人民共和国成立前档案（包括革命历史档案和旧政权档案）、中华人民共和国成立后档案。前者常称为历史档案，后者常称为现实档案。

（三）档案的价值

对于企业来说，档案有两个方面的价值。

1. 凭证价值

档案是历史的真凭实据。从档案的形成看，它是由形成者当时、当地、当事直接使用的文件材料转化而来的，是未经任何改动的原件，即使其内容不真实、不准确，也都原本地、客观地记录了人们当时的思想和行为，是令人信服的历史证据。从档案自身特点看，它记录了形成者留下的历史真迹，是确凿无疑的原始文件和历史凭证，可以成为查考、研究、争辩、护权和处理问题时具有法律效力的依据。

2. 参考价值

档案不仅记录了历史过程和事实，而且也记录了人们从事各种活动的意图、思想、数据、成果、得失等。档案反映企业管理实践活动的正反两方面的教训，可为后人提供广泛的借鉴。它对于企业查考既往实践、探索事物发展的过程及其规律，总结和吸取历史的经验教训，开拓创新，是必备的参考材料，具有广泛的情报价值。

信息是现代社会的宝贵资源，随着社会的发展进步，信息的价值将不断飙升。正如世界著名未来学家阿尔温·托夫勒预言："谁掌握了信息，控制了网络，谁就掌握了整个世界。"

阅读材料

IBM的档案馆

IBM的档案馆位于美国新泽西州，成立于1964年。1968年，公司专门从哈佛大学请来历史学专家对公司文件进行鉴定，专家提出了IBM要加强档案工作的建议。IBM现馆藏共有3 000张照片、5 000盒声像档案、2 000件展品，共有2个库房。

IBM公司对档案管理问题的重视在企业界是比较少见的，IBM每年拨款100万美元，用于档案管理。档案馆馆长由公司总经理直接任命，档案工作直接向秘书长报告，由秘书长向IBM首席律师报告。

提供咨询服务是企业档案管理工作中信息服务的重要部分，IBM公司对咨询服务有很高的标准：

(1) 对企业档案人员的高要求。熟知档案专业知识；了解有关企业科技、管理的知识；具备良好的表达、交流能力，包括口头表达能力和书面表达能力；熟悉国家、企业有关的政策、法律、法规，正确处理、开发、利用企业档案和保护企业权益的关系。

(2) 直接性。企业档案用户和咨询员是面对面的交流，一问一答，直接针对用户疑问进行解答，能在一定程度上避免用户进一步查找原件的麻烦。

(3) 交互性。咨询服务过程中，用户与咨询员能够围绕某一问题共同探讨，是一个互相了解、互相影响的过程。通过探讨，咨询员能进一步理解用户的需求目标和特点，并据此为用户提供指导和帮助；用户也能进一步了解企业档案和企业档案工作。

强化训练

训练1

对熟悉的企业进行调查，看看公司有没有指定专门的信息管理制度和流程，重点了解企业信息管理包括哪些实务。

训练2

20世纪90年代，北京市地铁总公司为了扩大地铁的运输能力，准备增加客车数量。但是如果购买新车，每节车厢都在120万元以上，费用昂贵。经权衡，地铁总公司决定对20世纪70年代购置的电动客车进行技术改造。地铁总公司的档案部门由于完好地保存了将要改造的电动客车的全部档案资料，因而为技术部门迅速、有效地进行设计改造提供了可靠的信息。经过3年多的努力，铁路总公司技术部门编制出1 100多张设计图纸，完成了 42 辆车的改造任务，每车节约资金 98 万元，42 辆车共节约资金 4 116 万元。

从上述案例中，你得到什么样的启示？请通过调研，寻找类似的实例。

任务二　进入秘书的信息工作

任务引入

小张是一个刚刚走上工作岗位的大学毕业生，在一家大型食品企业任产品开发部门秘书。他所学的专业是信息管理，对信息有着天然的敏感性。从上班第一天起，他就开始注意学习和收集与本企业产品相关的国内外最新、最快的信息。他从公文、网络、图书、刊物等多种媒体上抄录信息，与同行交流时一有机会就会索取信息。在此基础上，他还对收集到的大量信息进行加工处理，将重要的信息做成简略的《信息简报》，每天一份，送到部门经理的办公桌上，为经理的工作提供了很大的方便。他的这一工作特色逐渐为公司总经理所知，于是他被调任总经理秘书。小张此时已对本行业的市场情况有了相当多的了解。他再接再厉，除了继续通过各种途径积极广泛收集信息外，开始尝试选择若干题目进行深入研究，并写成调查报告呈交总经理，赢得公司高层的一致赞赏。

任务分析

秘书人员作为决策者的助手，在一个单位的信息和调研工作中扮演着重要角色。信息不仅是秘书人员辅助领导决策的依据，也是处理日常事务的基础，更是起草文件的基础。因此，作为公司高管秘书，一定要学会收集、筛选、分类、加工、传递和合理利用商业信息。就像案例中的秘书小张，就做到了以上几点，所以才会升职加薪，赢得公司领导一致赞赏。

相关知识

一、秘书信息工作的主要内容

1985 年“全国秘书长座谈会”文件，第一次向秘书部门明确提出了要对领导发挥“提供信息作用”，并指出“信息的收集要充分，传递要迅速，处理要准确，反馈要及时”，“在现代社会中，信息是效率、是质量、是生命”，从而开辟了秘书部门信息工作的新时代。秘书部门的信息工作不再仅仅限于编写、传送简报，而包含了全面管理领导机关的信息工作。

秘书部门的地位、性质和作用决定了信息工作是秘书工作的一项重要内容。秘书部门是单位的工作枢纽，是联系上下、沟通八方的信息集散地，这为秘书部门承担、做好信息工作创造了条件。从秘书部门的工作性质和承担的任务来看，秘书工作具有辅助、服务的性质，要发挥“参谋助手”的作用，也必须认真抓好信息工作。可以说，信息是领导决策的基础和依据，是帮助领导实现科学管理的先决条件，是沟通领导与各方面的纽带，是秘书人员发挥参谋助手作用的基础，秘书部门必须加强信息工作。秘书的信息工作主要包括下述几个环节。

（一）信息收集

信息收集是信息工作的第一步，是信息工作的基础。它是指信息收集者根据工作需要，通过不同的渠道和方式获取信息的过程。对于秘书来说，这一阶段的基本要求就是收集面要广。但是以有限的秘书工作范围和工作时间，面对无限的信息世界，“广”就是一个相对概念。这就要求秘书的分辨力要强。只要判断准确，广泛收集的信息的“含金量”就大大提高。为了提高信息的“含金量”，秘书首先就要解决信息收集工作中的“建网”环节，即建立秘书的信息渠道。像指定安排信息员、明确信息例会制度和信息交换制度、建立信息网站、实现计算机网络联系等，都是秘书工作中建立信息渠道的方法。

（二）信息整理

信息整理是信息工作的核心，是对收集来的大量原始信息进行分类、筛选、校核，通过加工整理，变原始信息为系统化信息，变低层次信息为高层次信息。信息整理是使信息成为有价值信息的过程。

（三）信息存储

信息存储就是用科学的管理方法，将有保存价值的信息按照分类标准有序存放的过程。信息的存储就是建立信息库，进行严格的登记、科学的编码和有序的排列。

（四）信息传递

信息传递就是将加工整理后的信息通过媒介或载体，把信息从信息发生源传递到信息接收源的过程。信息传递使信息本身具有的潜在价值，通过传递成为实用价值，在实际工作中发挥作用。

（五）信息反馈

信息反馈就是把输出的信息的结果返回来，并对信息的再输出发生影响，起到控制和调节的作用。信息反馈对领导者的决策是十分必要的，也是信息工作一个重要的组成部分。

（六）信息开发和利用

信息开发和利用就是通过各种方式和方法，将收集、整理、存储的信息资源经过开发，以一定的形式提供给利用者，发挥信息的效用，使信息的价值得以实现。无论信息起到什么作用，只要它对领导和有关部门“有用”，秘书的信息工作就有意义。用处越大，意义越大。所以，这一阶段对秘书的要求是注意对信息的综合利用。对某单一信息的利用，远远不如对多种信息的综合处理后的利用，这就是中共中央提出的“高层次信息”。

二、树立秘书人员的信息意识

所谓信息意识，就是信息工作人员对事物的敏感度、洞察力，是信息工作人员政治素质、业务素质、政策水平、学识水平和分析能力、思维能力、理解能力、反应能力、决断能力等多种知识和能力的综合反映。无论现在或未来，秘书工作者和他（她）的服务对象——领导者，每天都生活在被信息包围的社会里，电话、文件、图书、报刊、广播、影视以及各种互联网络上成千上万的信息倾泻而来。秘书人员具有强烈的信息意识，就会积极主动地挖掘、收集、利用有利于领导决策和秘书工作开展的各种信息；敏锐地发现别人尚未注意到的信息，迅速而准确地找到事物的本质、问题的症结；善于从司空见惯的信息中看到差异，并能迅速选择和捕捉，达到发现早、挖掘深、效率高的境界。

有这样一个事例。在某家生产泥塑的合资企业，一日，秘书接待了一位与该厂有业务往来的顾客。客人说，他刚从×国回来，看到商店里摆着不少泥塑，当地人很喜爱。又说该国百姓对中国民俗很感兴趣，因其祖先大多为华人。秘书敏锐地感到，这是一条有用的信息，于是请对方详谈有关情况。待客人走后，马上将这送上门来的信息提供给上司，并建议本厂制造反映中国民俗的泥塑，到×国去开辟市场。后来的事实证明，秘书的建议是正确的。假如这位秘书信息意识不强，有可能放过这条有价值的信息，失去一次发展企业、增加收益的机会。

1970 年国庆节，毛主席在天安门城楼会见了美国记者埃德加·斯诺，并在次日《人民日报》的头版刊登大幅照片，期望借此向美国传递建交的信息。但是，美国总统身边的秘书人员和智囊机构，由于缺乏对东方表达方式的理解和对信息的敏锐观察，并未对此作出任何反应，致使中美建交推迟数年。这一历史事件充分证明了信息感知能力对于秘书工作的重要性。

对于秘书人员来说，信息的敏感性并不是天生的，可以通过平时的刻苦训练逐步提升。

一要多看，这是形成敏锐的信息洞察力的基础。人们每天从纷繁复杂、瞬息万变的客观世界中随时随地都可以感受并接收到来自自然和社会的大量信息资料，但人们不可能把所有的信息全部接收过来。只有透过现象看本质、拨开迷雾抓住要害，才能为领导决策提供有参考价值的信息。这就需要信息工作人员从两个方面来培养这种能力。(1) 现代秘书要像吃饭穿衣一样，每天都要读一读文件，看一看新闻，听一听广播，浏览一下网络，查找所需要的资料，并形成一种习惯性倾向。尤其要注意阅读跟企业主要业务有关的文件和报刊，以提高自己的专业理论水平和鉴赏能力。要及时阅读总公司及政府下发的重要文件、各类报刊和来自基层的简报、信息等，对其中解释总公司、政府的方针政策的重要文章更要仔细研读，领悟透彻。(2) 多接收来自外界的各类信息，以提高认识水平及辨别是非的能力。要做到“眼观六路，耳听八方”，对自然科学知识和社会科学知识都应涉猎，力争上知天文地理、下谙世风民情；还要广泛接受来自各地区、各单位、各部门的信息，站在全局的高度对社会政治、经济、生活的各个侧面进行全方位、深层次的观察，这样就能及时向领导提供准确、新颖、实用的信息。

二要多思，这样才能培养灵活的信息收集和捕捉能力。在实际工作中，信息往往不是明明白白地展现在我们面前的，而是需要我们花费一定的时间和精力主动地、广泛地收集和摄取。在此过程中，要抓住三点：(1) 位置准。要站在领导的位置看问题，多思考哪些信息是为上级领导服务的，哪些是为本级领导服务的，哪些是为基层单位领导服务的。要围绕领导决策的需要，主动地对原始的、零星的信息进行比较、分析、归类，这样才能整理出符合领导决策需要的信息来。(2) 内容新。掌握的信息要立足于新，不保留人人都知道的陈旧过时的信息，删除不真实的信息，对一些不确定但有价值的信息要弄清情况后再上报。(3) 角度好。收集到的信息要有特色，如有工作特色、经济特色、区域特色等。信息工作人员只有具备了超前捕捉信息的意识，才可以通过不同渠道、不同层次、不同方法、不同人员获取到各种有用信息，也只有处处留心、博闻强记，才可以挖掘出那些潜在的有用信息，发挥主动服务的作用。

三要多练，即培养信息工作人员准确地筛选、整理信息的能力。在收集到的信息资料中，有时很难一下子分辨出哪些信息有用，哪些信息无用。这就需要信息工作人员熟练地对这些原始信息进行分析、识别和判断，从众多的一般信息中抓住最有价值的信息。(1) 筛选细致。信息工作人员要对信息资料加以分析，从中找出哪些信息是不全面的，哪些结论是牵强附会的，哪些情况是需要说明的，还要从中找出疑点、发现问题，把一些个别的、零碎的、不系统的信息过滤出去，这样才能把信息的模糊度和多余度降到最低限度，编写出符合领导需求的信息。(2) 整理准确。信息工作人员要经常对筛选出的信息资料进行有序的、系统的、综合性整理，通过归纳、排序、分析研究等方法，提炼、推导出一些有新价值的信息，这样才能为领导决策提供可靠依据。

阅读材料

网上秘书是信息时代秘书工作的新发展

随着计算机技术和互联网的发展，人类许多传统的工作方式发生了改变，许多新兴事物应运而生，如 20 世纪 90 年代末美国出现了 Virtual Assistant（简称 VA），中文意思为“虚拟助理”“网上秘书”。我们知道，秘书工作是以处理信息为中心任务的，首先受到了信息浪潮的影响，而网上秘书作为信息时代的产物，它的基本职能是什么，它与传统意义上的秘书有怎样的关系，未来发展趋势如何等相关问题的研究在国内外还处于起步阶段，已有的学术研究成果尚不丰富。本文拟对网上秘书的职业含义、职业特征、发展前景作一初步探讨，以供商榷。

一、网上秘书的职业含义

案例：

把一艘 20 米长、订制建造的游艇从香港挪到纽约或迈阿密需要多少钱？一旦将这艘船挪到纽约，维持它，包括聘请一位 24 小时待命的经验丰富的船长又得花多少钱？这是 54 岁的苏珊娜·斯特默做网上秘书以来的第一份工作。她花了 3 个星期的时间为她的客户——一位来自香港的投资银行家找到了答案：将游艇从香港挪到纽约要花 97 000 美元，而要维持它每月得花 7 000 美元。在斯特默的帮助下，银行家决定在香港将游艇出售，然后在纽约买一个新游艇。斯特默从评判客户商业计划到帮助客户挑选婚礼地点什么都做。她说："我有一个客户打算今年7月份到旧金山葡萄酒酿造地举行婚礼，在里面招待来宾，而她只在旧金山停留90分钟。"到了5月份，新娘手中只有一份候选地名单，由于"请我比请婚礼专家便宜"，于是新娘找到了她。斯特默说："实际上，我所做的只是整理出一个庞大的电子数据表，而新娘只需要与她的准新郎坐在计算机前挑选出4个地点就可以了。"最后，在斯特默的协助下，新娘选择了最佳婚礼举行地点。

"职业"是指人们在社会生活中所从事的、以获得物质报酬为主要生活来源，并能满足个人精神需求、在社会分工中具有专门技能的工作。根据这一含义，我们可以看到案例中的主人公苏珊娜·斯特默，虽然不像大多数人一样与某单位或公司签订有固定年限的劳动合同，不按照传统方式工作，但她确实在从事依靠专门技能满足物质和精神需求的工作。因此我们可以肯定地说，她所从事的信息咨询、事务咨询和策划工作属于"职业"概念范畴。

网上秘书既代表了类似苏珊娜·斯特默这样的从业人员，也代表了一种新型职业。那么网上秘书的内涵到底是什么呢？维基百科资料对"VA"的解释是："一个独立的承包者，提供行政、技术，有时也为客户提供创意，并协助客户完成工作。"还有一种观点认为："网上秘书是利用网络提供商业服务的自由职业者"。综上，我们就可以对网上秘书作如下理解：其工作定位是承包商或自由职业者；工作途径是网络办公；工作形式是根据客户的需求将某些工作在一定时间内完成，并按照工作的数量和质量来获取报酬；工作内容主要是通过与客户沟通，负责资料和信息的收集和处理、档案整理、企业策划文案写作、工作计划制订等。

可见，网上秘书与传统秘书既有联系又有区别，总体上说，网上秘书是传统秘书在新时代的新发展。用"新发展"来描述两者之间的关系，是指在人际沟通、文件管理、信息处理等工作内容方面存有一定交叉性。网上秘书在工作定位、工作途径、工作形式等方面是对传统秘书的变革。

二、网上秘书的职业特征

网上秘书与传统秘书在信息的收集、处理、传递、反馈等工作内容方面虽有一定的交叉性，但从工作职责来看，二者并没有本质的差别。与传统秘书相比，网上秘书具有以下不同的职业特征：

第一，工作角色的新颖性。传统秘书只是行政单位或企业单位的雇员，在一定时期或范围内其工作权责与报酬是相对固定的；而网上秘书的工作很灵活，"他们与客户之间的关系很独特，网上秘书不是雇员，而是合作者，他们与客户共同寻找更佳的做事方式"。网上秘书利用各种通信设施与客户取得联系，通过远程操作与客户交流和沟通，客户很少甚至根本见不到自己的秘书。网上秘书除了满足客户的需求之外，与客户没有职务上的隶属关系。网上秘书可以同时与多个客户开展业务合作，与客户不存在固定的业务关系。至于报酬，网上秘书在为客户开始工作之前就已与客户商定好；另外网上秘书还可以与客户共同完成一项工作并合理分配酬劳。

第二，工作手段的网络化。从某种意义上说，网上秘书所从事的就是信息处理工作。因此，网上秘书需要使用现代化的办公设备，如电话、打印机、复印机、传真机等，并熟练掌握计算机操作和网络运用技术，完全采用网络化的办公方式。网上秘书运用收发电子邮件、GPRS+WAP高速移动电话通信、网络聊天网络论坛留言、FTP文件传输、使用搜索引擎网络下载、网上交易等，方便、快速、高效、准确地收集与处理信息。如果离开网络，他们根本无法开展工作。

第三，工作方式的弹性化。一直以来，人们形象地描述网上秘书为“穿着T恤和短裤办公的人”或“穿着丝绸睡衣上班的人”。可见，网上秘书的工作状态非常轻松自由。另外，网上秘书的工作方式也呈现出弹性化的职业特征。首先，网上秘书通过互联网与客户联络和交流，足不出户就可以满足客户的需求。网上秘书通常在家办公，或者根据个人需要选择合适的小型工作间。其次，网上秘书可以按照自己的喜好和习惯来布置工作环境。再次，网上秘书不像传统秘书那样必须在公司或单位规定的时间内工作，而是根据客户的需求来灵活安排和掌握自己的工作时间。

三、网上秘书的职业发展前景

网上秘书可以说是信息时代发展的产物，属于当今时尚的SOHO（Small Office Home Office）一族。美国著名作家玛丽安·萨尔兹曼早在1998年就指出：“展望21世纪的生活方式，就经济与技术层面而言，网上秘书将发挥智能代理人的作用，负责收集你最感兴趣的消息，并处理商业和社会函件。”因为这一职业的自由性与独立性，它越来越受到从业者的青睐，从业人数日益增多。同时，随着全球经济的快速增长和全球一体化进程的加快，商务和商贸活动日益增多、规模不断扩大，为了提高办事效率、节约人力和财力成本，市场对网上秘书的需求很大，但这一职位的缺口也很大。可见，网上秘书的出现是符合市场经济规律和时代发展要求的，其发展空间非常广阔。目前，我国最大的网上秘书基地——浙江秘书网在浙江温州成立，并已经步入快速发展阶段。作为网上秘书行业的领跑者，该公司的发展对我国网上秘书事业的发展起到了重要促进和规范作用。据采访调查，该公司目前已拥有来自海内外的网上秘书1 500名左右，业务服务遍及国内外企业和个人客户。浙江秘书网负责人表示，目前，这一新兴行业在我国发展非常迅速，也开始广受客户的欢迎和接受，越来越多的客户开始使用网上秘书服务，但是要真正成规模和规范化，还有很长一段路要走。将这个行业规模化、职业规范化、产业化是我们正在做的事。

当然，与传统的秘书职业相比，网上秘书还存在着许多问题与不足，这在一定程度上影响和阻碍了它的发展。一般来说，网上秘书以前通常在单位或公司从事行政或商务工作，因注重独立性、自由性较强的生活工作方式，才改行做网上秘书的。因该职业还没有形成一定的规范，对从业人员没有具体的职业要求，所以从业者的职业素质参差不齐，能满足市场需求的高素质网上秘书人才相对较少。另外，网上秘书与客户之间的合作关系通过协议的形式，以双方的诚信度或信誉度来维系。这种关系缺乏劳动合同那样的法律效力，对双方的权利和义务规定得不够清晰和明确，双方利益很容易遭受侵害，比如网上秘书付出劳动却得不到报酬的事件就时有发生。在世界范围内，网上秘书还是个新生事物，其从业人员的具体工作状况、数量等都缺少针对性的调查和统计，对有关问题的探讨也相对较少。可见，网上秘书要成为一种规范化的职业还需假以时日。2010 年第四季度，中央电视台新闻频道、《中国青年报》、新浪网和搜狐网等国内外 1 000 多家媒体对浙江秘书网进行报道和表示强烈关注，这也说明，这一行业的未来趋势将不断走向大众化、规模化发展的道路，这一新兴行业也越来越受关注和被人们接受。

2000 年，美国成立了名为国际虚拟助理协会（International Virtual Assistants Association，IVAA）的非营利组织，该协会由自愿服务的商业成功人士组成，他们制定相关管理制度，组织开展网上秘书从业人员虚拟助理证书（Certified Virtual Assistant）考试，为成员提供教育培训、商业信息和合作项目。目前，世界上已有许多网上秘书在该协会接受培训和开展工作。该协会对网上秘书职业的发展以及从业人员素质的提高发挥了重要作用。当然，这一职业还需要依靠法律及行业法规来规范，以保障网上秘书的合法权益和工作的顺利开展。总之，面对信息时代出现的网上秘书这一新兴职业，广大秘书工作者、秘书学研究者以及秘书教学工作者应自觉地将其纳入秘书学和秘书工作研究的范畴，以促进这一职业健康、稳步发展。

资料来源：根据网络资料整理而成。

强化训练

训练 1

永恒公司即将举办一个“中国民营企业发展之路”研讨会，会议邀请了国内一批民营企业家来参加。为保证会议各项工作的顺利进行，公司为此专门召开了一个会务筹备协调会，将会议的各项工作都落实到专人负责。

何秘书的工作是安排与会代表的住宿工作。她去会务组王秘书那里拿到了与会通知的回执后，简单地统计了一下，共有 13 个女同志，53 个男同志，以 2 人一间，算了一下应该订 33 个标准间，既省钱又方便。为了节省时间，她马上打电话给承办这次会议住宿的鸿丰宾馆，要求预订 33 个标准间，并告诉宾馆的值班经理，5 天以后他们公司的客人就会陆续入住。

与会代表开始报到的那天上午，何秘书赶到鸿丰宾馆，准备迎接客人入住。她没有想到的是，与会代表们对她安排的房间很不满意，提出了一大堆何秘书事先没有考虑到的问题：有的与会代表说有失眠症，不方便与人合住，要求换个单人间；有的与会代表不满意阴面的房间，要求换到阳面去；有的与会代表反映所住房间的窗户正对着餐厅空调的排气口，太吵，没法休息，要求另换房间……诸如此类的问题层出不穷。

有个公司的老板不满地问何秘书：“你这房间是怎么安排的？我在参会的回执上已经写明要个单人间，因为我要办理一些商务工作，两人住一间不方便。”还有 3 个公司的老总对她说：“这家宾馆的档次有点低，我们想换一家星级高一些的。”何秘书连说对不起，她会想办法解决的。

何秘书去找宾馆的经理，希望他能配合解决与会代表们提出的问题。由于现在是住宿的旺季，但宾馆方面考虑永恒公司是老客户了，所以做出了最大的努力，尽量满足了与会代表的要求。最后，何秘书另外联系了一家档次较高的宾馆，满足了对宾馆星级要求较高的那3个老总的需求。将全部与会代表都妥善安排好了之后，何秘书才松了一口气。

回到公司后，何秘书再看了一下会议的回执，在住宿栏目中，从房间的价格到房间的类型，与会代表果然提出了很多要求，只是她没有认真对待。

请你从信息意识的角度，谈谈何秘书为何会遇到这样的尴尬。如果是你，你会如何妥善地安排这次住宿？

训练 2

××公司 2018 年校园招聘

招聘职位：信息秘书

职位描述：略

用人单位：总公司本部

学历要求：专科及以上

专业要求：新闻、中文专业

岗位职责：

一、负责撰写、收集、编辑、上报公司各类行政信息，指导基层单位做好信息宣传工作。

二、负责公司网站内容维护、更新工作，指导基层单位加强网站内容的管理。

三、负责公司大事记的收集、整理、编写等工作。

四、负责撰写公司领导讲话、会议材料等文稿以及各类会议资料的 PPT 制作工作。

五、完成公司领导临时交办的各项工作及办公室日常工作。

应聘资格要求：

一、品行端正，政治素质高。

二、爱岗敬业，踏实肯干，具有团队合作精神。

三、良好的文字处理和写作归纳能力，有在新闻媒体工作或实习经历者优先。

四、具有较强的表达能力、组织管理和沟通协调能力。

五、熟练使用计算机及网络办公软件，能够制作 PPT 或 Flash 文稿者优先。

六、年龄28周岁以下。

请根据这则招聘启事的条件，分析自己从事该岗位工作的优势和劣势。

任务三　走进秘书的档案管理工作

任务引入

老东家状告跳槽职工　女秘书被判三年“闭口”

记者从兰州市中级人民法院获悉，掌握企业核心秘密的“跳槽”女秘书江蕾（化名），被法院一审判决在3年内不得披露原企业商业秘密，并且赔偿原企业20 000元损失。与她承担连带责任的是她加盟的新公司。据悉，这是甘肃省判决当事人“跳槽”后，对其所掌握的商业秘密“免开尊口”的案例。

秘密图纸不翼而飞

年轻漂亮的江蕾曾在兰州宏祥电力技术开发有限责任公司（下称宏祥公司）任商务秘书，同时也兼做业务，有接触企业核心秘密的条件。宏祥公司拥有大型电站、电厂使用的“全自动强除污不锈钢滤水器”“多通道水汽喷射泵”“四位一体阀”等专利产品和“大压差防汽蚀保护装置”等非专利技术，具有很强的竞争力，客户遍及全国。

为了防止泄密，宏祥公司采取相应保密措施，与涉密员工签署保密协议。2001 年，江蕾受聘时也同公司签署了保密承诺书。2003 年 4 月，江蕾与公司办公室主任李冰（化名）悄然离开公司。同时，宏祥公司检查发现公司有 4 份技术图纸“丢失”，另有大压差阀门保护装置及胶球清洗系统技术资料、公司与青海桥头电厂技术协议失窃。

裂变

2003 年 5 月，宏祥公司获悉，已与他们有过意向并签署技术协议的青海桥头电厂突然间与甘肃奥鑫电力技术开发有限责任公司（下称奥鑫公司）签订了一份“大压差防汽蚀保护装置”技术合同，合同金额为 17.8 万元。而此项目的核心技术为宏祥公司专有技术。宏祥公司调查得知，代表奥鑫公司与桥头电厂签订合同的不是别人，正是宏祥公司的商务秘书江蕾。而前不久代表宏祥公司与桥头电厂谈判并签署供货协议的也是江蕾。她脚踩两只船，一方面从宏祥公司支取业务费、差旅费，另一方面又以奥鑫公司名义与桥头电厂签订合同。此时，江蕾与李冰已加盟了新注册的奥鑫公司，成为宏祥公司的竞争对手。

“老东家”状告“跳槽”职工

受损的宏祥公司将不辞而别的江蕾、李冰以及他们新加盟的奥鑫公司诉至兰州市中级人民法院，索赔 50 万元，理由是“侵害了原告的商业秘密”。

宏祥公司在递交给法院的诉状中认为，被告窃取了宏祥公司的商业秘密，以仿冒宏祥公司产品、抢夺客户资源为主要手段进行不正当竞争，给原告带来巨大损失。

2003 年 9 月 23 日下午，这一引人注目的由职工“跳槽”引发的侵犯商业秘密案在兰州市中级人民法院开庭审理。

庭审中，奥鑫公司认为，其并没有侵犯宏祥公司的所谓商业秘密，因为诉前奥鑫公司已从公开的信息中获悉有关青海桥头电厂的商机。李冰答辩称，告他侵商秘密的事实并不存在，因为他从事的职位是办公室副主任，并不掌握商业秘密；江蕾认为，宏祥公司所诉不实，她本人并不掌握公司的商业秘密，另外，“保密合同”并无具体约定，他们都主张驳回宏祥公司的起诉。

法官的逻辑

兰州市中级人民法院一审判决，江蕾在判决生效后 3 年内不得披露、允许他人使用其知悉的宏祥公司的商业秘密，奥鑫公司停止使用宏祥公司的商业秘密；赔偿酌定的宏祥公司损失 20 000 元，二被告承担连带责任。法院驳回了宏祥公司对李冰的起诉，认为起诉李冰掌握并披露商业秘密的证据不足。

法官的理由是，宏祥公司的经营信息具有不为公众所知悉的商业秘密属性。被告辩解能在互联网上查到桥头电厂“大压差防汽蚀保护装置”的需求信息，因此不具有秘密性，但经实际上网核对，并不能获知这些信息，更不能获取桥头电厂相关业务的特定信息；奥鑫公司刚刚开始经营，即与桥头电厂签订了与宏祥公司相同的业务，奥鑫公司关于此经营信息通过招、投标途径取得的辩解理由因证据不足不能认定，而奥鑫公司在短时间内能通过其他正当途径以自己的努力获得此经营信息的可能性也难成立。

法官认为，江蕾在整个事件中的行为及作用，使人能够合理相信从而推定江蕾向奥鑫公司披露并允许奥鑫公司使用了宏祥公司的商业经营秘密。奥鑫公司也从不正当途径获取并使用了原告的商业经营秘密，违反了经营者在市场交易中应当遵循的公认的商业道德和正常的交易秩序，构成了对原告宏祥公司的不正当竞争，侵害了宏祥公司的商业经营秘密，应承担相应的民事责任。

资料来源：根据网络资料整理而成。

任务分析

商业秘密是企业的生命线，秘书由于工作性质的原因，经常会接触到机密信息。因此，对于秘书人员来说，是否具有过硬的职业道德、信息意识，往往会影响到企业的生死存亡，大意不得；至于为一己私利，故意出卖机密，更是要受到法律的警戒和惩罚，不能存任何侥幸心理，要紧绷“竞业禁止”这根弦。

相关知识

一、了解秘书档案管理工作的主要内容

对于秘书人员来说，每天的主要工作就是处理各种形态的信息。在诸多信息中，档案信息作为原始记录、一手资料，其地位和重要性不言而喻。也正是这样，档案管理工作也早就形成了相应的流程和专业标准。总体而言，档案管理工作主要包括八个环节。

（一）档案的收集

档案的收集是档案室和档案馆接收和征集档案的总称，包括档案室对本单位归档案卷的接收，档案馆对现行机关或撤销机关移交档案的接收、对社会各界人士捐赠档案的接收、对流散在社会上的珍贵档案的征集。档案收集的任务，是解决档案分散状况与保管、利用档案要求合理集中的矛盾，只有“化分散为集中”，才便于保管和利用。

（二）档案的整理

档案的整理是将零散文件分门别类地组成档案有机体的一项工作，包括分类、立卷、案卷的排列、案卷目录的编制等一系列工作程序。档案整理的任务，是解决档案零散状态与保管、利用档案要求其系统化的矛盾，只有“化零散为系统”，使档案由无序状态转化为有序状态，才便于保管和利用。

（三）档案的鉴定

档案的鉴定指档案保存价值的鉴定，是鉴别档案价值的大小、确定保管期限、决定

档案存毁的一项工作。档案鉴定的任务，是解决档案的量大质杂与保管、利用档案要求优质化的矛盾，只有“化质杂为质优”，淘汰档案中无用部分，存留其有用部分，才便于保管和利用。

（四）档案的保管

档案的保管是保护档案的安全、延长档案寿命的一项工作，包括档案保护技术工作和库房管理工作。档案保管的任务，是解决档案的易损性与社会要求长期保管和利用档案的矛盾，只有最大限度地延长档案的寿命，或者通过缩微复制等技术手段保护档案信息使之久传，才能保证社会长远利用。

（五）档案的统计

档案的统计以表格数字形式全面地反映档案、档案工作和档案事业状况，包括档案的收进、移出、整理、鉴定、保管、利用情况，以及档案机构、人员、经费、设备的登记和统计。档案统计是取得各种反馈信息，对档案工作进行监督的重要手段之一，是档案部门了解情况、总结经验、进行决策、制订计划的依据。

（六）档案的检索

档案的检索又称档案编目，是对档案内容和形式进行分析、选择、浓缩和记录，并按照一定次序编排成为各种目录的工作过程。档案的目录包括：(1) 检索性目录，如案卷目录、分类目录、专题目录、主题目录、人名目录等；(2) 介绍性目录，如档案馆指南、全宗指南、专题指南等。档案的编目工作，就是为了解决不断增长的大量档案与利用者对档案信息特定需要之间的矛盾。

（七）档案的利用

档案的利用又称档案信息的输出，是通过多种信息传输渠道和媒介，将档案信息传递给利用者的工作过程。它是档案工作为各项社会实践服务的直接体现，它把档案利用由可能性变成现实性，通过它可以把档案工作搞活，把档案这种“死材料”变成“活信息”，在各项社会实践中发挥作用。

（八）档案的编研

档案的编研指档案馆（室）工作人员对档案资料的编辑与研究工作，包括编辑档案文献汇编、编写综合参考资料以及编史修志等。其主要任务是按照一定的选题，将重要的档案编辑成为文献出版物，如档案史料汇编或丛编，重要文件汇编或政策法令汇编，以及科学技术资料汇编等；或者将档案信息浓缩化、系统化，编成大事记、组织沿革、基础数字汇编、专题概要等，便于不同利用对象的利用。

二、树立文秘人员的档案管理意识

文秘人员对档案和档案管理工作有着重要影响。一方面，文秘人员参与了文件的形成与办理的整个过程，并承担本单位年终文件的立卷归档工作；另一方面，文秘人员在辅助领导决策和开展日常工作中，需要大量查阅利用档案，成为档案的主要利用者之一。因此，文秘人员档案管理意识的强弱，也关系到对档案与档案管理工作的特点、性质、作用、规律等方面的了解和认识是否到位，不仅直接影响到档案的形成，也影响到档案利用工作的开展，特别是关系到档案能否在市场经济和社会各项工作中充分发挥作用。然而，与档案形成有着密切关系的文秘人员，会因其档案专业知识水平和相关业务知识水平还未达到适应本单位工作需要的水平，对工作不愿投入更多的时间和精力，缺乏对档案专业知识、相关业务知识和现代化管理知识的钻研，对机关的主要职能业务知识知之甚少，造成档案归档不全、整理质量不高、档案利用不便。

（1）要有档案概念意识。文秘人员应当对档案概念的内涵与外延有所了解，应清楚地认识到，“今天”自己经手办理的文件，就是“明天”的档案。文件是档案的基础，档案是文件的精华。档案由文件转化而来，不仅包括通常所说的“红头文件”，也包括会议记录、会议纪要、统计报表，以及在本单位开展某项工作中产生的信息简报等；不仅包括传统纸质文件，也包括记录和反映本单位工作的照片、录音带、录像带、影碟等。

（2）要有档案价值意识。档案的价值，简单地说就是档案的作用。文秘人员应意识到，档案是历史的见证，在日常行政管理、经济建设、科学研究，文化、司法审判、对敌斗争与捍卫主权等方面，档案广泛地发挥着凭据与参考作用，是党和国家宝贵的文件财富。这是就档案的总体而言的，具体到每一个形成单位，每一份文件，其价值又有大小之别，保管期限也有长短之分。而判断和确定档案价值，又往往需要从整体和联系中去把握。因此，在日常文书处理过程中，文秘人员应发挥熟悉文件内容及形成过程的优势，做到既不丢失或扣留一份有价值的文件，也不把毫无意义的材料都作为档案保存，同时，最大限度地保持文件之间的历史联系，维护文件形成的系统性、成套性和完整性。

（3）要有档案业务知识。档案工作业务性较强，文秘人员只有了解和掌握一定的档案业务知识，才会自觉地关心和重视文件的形成与归档。例如，了解文件制成材料特性及损毁的理化因素，就会在文件形成过程中选用耐久的制成材料，并有意识地对重要文件加以保护；了解资料价值鉴定知识，就会自觉地区分文件不同保存价值；了解档案整理归档原则和知识，就会维护文件之间的历史联系，做好分类归档工作；了解著录、标引、编目与检索知识，就会注意文件格式及记录要素的规范要求，并努力提高主题标引水平①。

阅读材料

资料、档案、信息、文书的概念界定

一、资料与档案

在秘书部门，资料与档案都是秘书工作不可或缺的重要资源，这二者之间有联系也有区别。资料是为协助工作的完成留存备查的一切公开或内部的不同载体形式的文字、图片、声像材料。资料在组织中的主要意义是备以查考，它的形式是多种多样的，只要

① 楼泓蔚. 论提高文秘人员档案管理意识. 电力档案，2000（3）.

能为工作提供帮助的材料都可以称为资料。档案是社会组织或个人在社会实践活动中直接形成的具有保存价值的原始记录。档案在组织中存在的主要意义在于存史、备考和社会利用。

“资料是现实中最接近档案、与档案关系最为密切的概念（事物)。人们在现实生活中常常将这两个概念混为一谈，尤其是常常将档案称作资料。从逻辑上讲，这两个概念的外延有大面积重合，且资料的外延一般说来要大于档案。但认真分析，其内涵上的区别还是比较明显的。资料是一个相对性、动态性极强的概念，其外延极为宽泛。一般说来，凡是对人们研究、解决某一问题有一定价值的所有相关信息，而无论其具体是什么——文书、档案、图书、报刊、文章、录音录像乃至文物等；也无论其处于何种状态——是被集中保存在某处，还是散存于各处有待于人们去收集、整理，只要对于人们研究解决某一问题有信息支持价值，都可看成是资料。而档案则没有资料的那种相对性与动态性。所以档案可以被人们作为资料看待并使用，但资料却不能作为档案看待并使用。”①

二、资料与信息

资料中保存了大量的信息，信息是从资料中获取的，信息对当前工作起着直接指导作用，资料是保存备查的，资料被利用时就成了信息。所以，要求秘书做好资料的管理工作就是要尽量通过收集、整理和加工留存将来可以成为信息的资料。当然，信息的来源不限于资料，也包括本书所谈的“档案”等。在现实工作中，资料与信息很难严格地区分，二者经常相互交叉。通常，具有现实效用的资料就是信息，信息的显示效用完成后又可以成为资料。

三、档案与信息

从逻辑上讲，档案与信息是一种概念与属概念的关系：档案是信息的一种，是信息大家庭中的一个重要成员。档案的角色、地位，是由档案的本质特性即档案在社会生活中的根本价值、作用所决定的，同时也是从档案与其他信息的区别中表现出来的。档案是一种最真实、最可靠、最具权威性与凭证性的原生性固化信息，档案是信息之根——确定性与可靠性的最高体现形式和实存形态。

四、档案与文书

档案与文书的关系主要是实存形态上的直接转化关系。文书尤其是其定稿因具有较强的原始记录性，所以可直接转化为档案。档案与文书还是有区别的：(1) 文书并不都能转化为档案，只有具有查考价值且处理完毕的那一部分文书才能转化为档案；同时，档案不仅包括过去的文书，还包括大量非文书类（如音像）的原始记录。(2) 两者本质不同，文书本质上是人们处理、解决现实性具体事务、问题的信息传递工具；而档案的本质则是以往社会实践的原始记录物。所以，从逻辑上讲，两者的外延有交叉，但内涵不同②。

---

①② 冯惠玲，张辑哲．档案学概论．北京：中国人民大学出版社，2001：12，10-11.

强化训练

训练 1

个人档案

姓名：李宇春	专业：通俗演唱
英文名：Chris	学历：本科
昵称：小宇、春哥	性格：内外兼修
生日：1984 年 3 月 10 日	爱好：唱歌，跳舞，睡觉
年龄：35 岁	特长：唱歌
籍贯：成都	欣赏的人：Shakira、Ricky Martin
民族：汉	欣赏的歌手：丁薇
身高：174cm	体重：50kg
星座：双鱼	喜欢的颜色：黑、蓝
血型：A	喜欢的卡通片：蜡笔小新

人生信条：年轻没有失败

曾在学校：初中及高中都在新都一中，四川音乐学院

曾在新都一中举办校园个唱“李宇春最后的战役告别演唱会”

曾获第七届全国推新人大赛四川赛区“新人奖”

曾获首届 CCTV 全国校园歌手大赛四川赛区“特别奖”

曾获湖南卫视“超级女声”全国总决赛冠军

曾获 SINA 年度最具人气新锐偶像

网络上流传着众多明星“个人档案”，对照《中华人民共和国档案法》中有关档案的定义，思考该歌星的“个人档案”是不是法律意义上的档案。

训练 2

椰影婆娑，浪逐白沙，美丽的海南安宁而富有南国风韵。然而，在这份安宁背后，境外情报机构悄悄伸展触角，以拉拢收买我国工作人员的方式进行情报刺探、收集活动。海南省政府办公厅助理调研员席世国，就是被境外情报机构看中，并被收买而走向堕落的。

自 1996 年 7 月首次作案至 1997 年 3 月案发，席世国在几个月的时间里，多次利用省政府某些部门保密工作和内部管理存在的漏洞，获取近百份秘密文件和内部材料，将其提供给境外间谍分子，从中获得 4 300 美元、14 万元台币、6 600 元人民币情报酬金及其他酬物。他的行为给国家的安全和利益造成极大危害，影响十分恶劣。

1996 年 6 月，席世国结识了自称做汽车配件生意的境外间谍分子熊某。一天晚上，熊某请席世国吃饭时，试探道：“我那边有很多朋友想来海南寻找项目投资，但是他们对你们的政策不太了解，不知道有哪些优惠条件。为了吸引他们投资，中央或省政府的有关经济政策方面的文件能不能让我看一看?”他还谎称其舅在境外开设一家高科技公

司，希望请席世国参加“公司”，为“公司”提供政策咨询。实际上，所谓的“公司”就是境外情报机构。对于加入“公司”，席世国未置可否，但对于“看看文件”的要求，席世国却答应“去找一找”。

7 月 30 日黄昏，熊某走进席世国的办公室。席世国从文件柜里拿出一沓文件，熊某从中挑选 10 余份有关税收、灾情、警备区预备役等内容的秘密文件，席世国将这些文件复印后，将复印件交给了熊某。

对于席世国的表现，境外情报机构表示满意，想面谈进一步“合作”事宜。按照境外情报机构的安排，席世国参加了由情报机构出钱的旅行，经中国香港赴泰国、马来西亚、新加坡。两天后，他在泰国曼谷同境外情报机构头目“杨总”见面。境外情报机构向席世国布置了任务，要求他提供更高密级的文件。从新、马、泰回来以后，席世国更加卖力。1996 年 11 月至 1997 年 1 月，席世国多次从办公室拿出许多秘密文件，用相机拍摄了 396 张照片，悉数带往境外。1997 年春节后，熊某交给席世国一沓厚厚的酬金，和一封“杨总”的信，勉励他“不能自满，尚需同心合力持续创新，精益求精，将产品生产推至更高档、更新颖，独一无二，以垄断市场独家经营”，要求席世国继续提供更高质量的情报。获指示后，席世国于 1997 年 3 月初将 6 份秘密文件，其中包括一份有关海南省国家安全机关年度工作总结的绝密级文件，交给熊某带回其住所拍照。

正当席世国和熊某为窃得绝密级文件而自鸣得意的时候，1997 年 3 月海南省国家安全机关根据线索一举破获这起由境外和政府内部工作人员相勾结的窃密案，将席世国、熊某逮捕归案。

请据此案例，了解《中华人民共和国档案法》的相关法律规定，讨论作为秘书人员树立档案意识的重要性。

第二章

信息收集与整理

任务一　信息收集

任务引入

公司打算在城市新区建住宅小区，老总得到消息说在将要建成的住宅小区一带三年后可能规划建一家化工厂，这显然会影响到这个小区的房价和销售情况。秘书王洁奉命调查这件事是否有根据。

王洁想到以下几种方案：

（1）到网上查询是否已经有相关报道。

（2）到实地去看看那个地点有没有可能建化工厂。

（3）委托在规划局工作的同学小张打探消息的可能性。

（4）委托姐夫向在当地一家化工企业工作的朋友打听消息的可靠性。

这件事事关重大，为了圆满完成老总交办的任务，王洁马不停蹄地暗中调查着，但她也不忘交代同学和姐夫，如果此事属于机密，她可以不了解……

一个多星期后，结果终于出来了，政府的确规划在公司原定建设住宅小区的地方建一家化工厂。

在王洁想到的几种方法中，第一和第二个方案基本没有得到任何消息；第三和第四两个方案互相验证了拟建化工厂的事实，同学还对她说，规划局早就同意这件事了，批文很快就能下来。经过这件事，王洁真正体会到了“熟人好办事”。

事后，王洁还请老同学吃了一顿饭。一为感谢老同学帮忙，二为和老同学叙旧。至于姐夫，王洁特地买了件小礼物给小外甥。王洁觉得这样算是礼尚往来。

任务分析

案例中，秘书王洁制定了周密的信息收集方案，利用正式的、非正式的，公共的、私人的多种渠道来探求信息，从而及时获取到准确的信息，为公司的发展大计立下一功。同时，她还通过请客吃饭、送礼物等方式，恰当地维系了信息的沟通渠道，体现了长远的眼光和良好的信息素养。

相关知识

一、信息收集的范围和原则

（一）信息收集的范围

秘书部门是综合办公部门，收集信息是为领导决策和各项管理工作服务的，每个组织对信息的需求是不同的，在不同时期组织对信息的需求也是不同的。因此，秘书应该根据组织的需求，确定信息收集的范围，有针对性地选取真实、适用、可靠的信息，为领导决策提供有力的信息支持。总体来说，秘书收集信息的范围十分广泛，既有综合性的，也有技术业务性的。秘书人员信息收集的内容随服务领域与目的的不同而有差异，一般应包括以下几方面。

1. 组织信息

组织信息涉及组织的方方面面，主要内容有组织概况、组织经营状况、组织财务状况、组织资产情况、组织人力资源情况、组织信誉情况等。

2. 社会经济信息

社会经济信息是组织决定生产、经营、投资计划的依据，主要内容有社会信息（如社会组织信息、教育文化信息、人口信息等）、经济信息（国民经济发展计划、经济发展动态、经济发展成就、国外经济发展情况）。

3. 市场信息

通过对国内外市场信息的收集，不仅可以使组织掌握市场的基本动向，还可以了解用户的需求情况，确定组织的经营发展方向。主要内容有市场需求信息、客户信息、消费群体信息、竞争对手信息等。

4. 法律政策信息

国家以法律政策来管理、规范和调节组织的活动，因此，秘书必须注意收集与本组织有关的法律政策信息。主要内容有法律法规信息、政策方面的信息。

（二）信息收集的原则

一个大城市领导机关一天接收的信息量，有时超过万条，特殊情况下还可以达到10余万条，而经过层层筛选淘汰、精练加工以后，真正有用的不过百分之几，甚至千分之几。就这百分或千分之几，最后也只能供很少的几位或十几位领导人参阅，并只对其中个别的有关主管领导人发挥着决策参考作用。也就是说，一方面，秘书信息工作近十余年来发挥了很大作用，已成为各级领导了解情况的主渠道、制定决策的重要参考；但另一方面，大量的信息资源由于重复、过时、不对路等原因使得很少被人阅读和利用，而被浪费掉。所以，在收集信息的过程中，要遵循以下原则。

1. 准确

信息的内容要准确无误，真实可靠，真实反映事物的本来面目。秘书人员在整个信息工作过程中要做到坚持实事求是，尊重事物的客观性，对信息进行如实地反映和描述。要坚持主观倾向性与客观真实性相统一，报送信息要讲真话，道实情，原汁原味，实实在在，一是一，二是二，不添枝加叶，不渲染夸大，更不生编硬造，必须实事求是，反映事物的真实面貌。不对信息生吞活剥，要多在心里打几个问号：为什么会是这样？事情是怎么发生的？不对信息进行自我发挥，尽管收集到的信息很难是完整的，但也不要为完善那些不完整而去自我发挥，否则难免画蛇添足，干扰事实。要保持不偏不倚，不轻信、不轻疑，坚持正确立场。要消除偏见，尽力戒除先入为主，因为事物总是在变化中，要时刻告诫自己解放思想，一切从实际出发。准确是信息的生命，是信息的全部意义所在，是秘书信息工作的灵魂。

2. 及时

及时即信息的收集、处理、传递、反馈要及时迅速，讲究时效，以最快的速度收集到最新的动态信息。因为，信息的使用价值在很大程度上是随着时间的流逝与动态系统的变化而变化的。信息流动的速度越快，它在实践中的价值就越高。许多信息，尤其是军事和经济等方面的信息，无论其多么重要，一旦过时，它的价值就会大大降低。因此，秘书人员在信息处理的整个过程中，都要强调一个“快”字，收集、处理、传递信息是如此，反馈信息亦是如此。要做到信息工作的及时，首先要注重收集新信息，要求秘书人员具有敏锐的眼光，善于从稍纵即逝的事物中发现和捕捉新信息，从一般信息中发现有价值信息，从表面现象中发现潜在信息。其次要完善信息工作制度，建立信息收集、过滤、传递、存储等过程的各项制度，规定信息的合理流程，尽量减少中间层次；同时要健全信息网络，运用高新技术，配备现代化工具，实现信息传递现代化。社会主义市场经济对秘书信息工作的时效性提出了更高的要求，不仅传递要快，而且收集、加工、检索、输出都要高速度。信息处理不及时，就会失去信息的价值，甚至造成严重的损失。

3. 完整

信息的收集和处理要注意广泛性、完整性和系统性，全面地反映事物各个方面的情况。秘书人员首先要掌握科学的世界观和方法论，即辩证唯物主义和历史唯物主义，坚持全面地看问题，防止片面性。不仅要看到事物的正面，还要看到它的负面；不仅要看到局部现象，更要看到整体联系；不仅要看清现状，还要追查它的历史。不能只看到现象，而要由现象探究本质。总之，要从全局着眼，要从不同方面、不同角度和不同层次收集、分析和处理信息。只有全面地反映情况，才能使各级领导根据各方面的信息，权衡利弊，择善而从，作出正确的判断和决策。需要注意的是，完整原则要求的是要收集到反映事物本质和发展规律的必要的信息量，而不是没有限度地包罗万象。

4. 适用

所谓适用，就是信息工作要有针对性。一方面，信息工作要服务于领导的中心工作，要围绕领导关注的热点和难点问题开展信息工作。这就要弄清本地区、本部门、本单位的工作进展情况和急需解决的问题；要及时摸清领导者的思想脉搏，做到心中有数；要突出重点，帮助领导者集中主要精力考虑重点问题同时兼顾一般，以免发生不应有的疏漏。另一方面，要根据不同领导机关和领导者的不同要求提供信息。由于领导者的职责分工不同，对信息内容的要求也就不一样。除一些需要共同重视的信息以外，本级领导机关所需要的信息，并不一定都是上级或下级领导所需要的信息；别的部门所需要的信息，不一定为本部门领导者所需要。同样一条信息，对于不同层次或不同部门的领导者来说，其作用并不相同。秘书人员必须注意研究不同层次的领导者和服务对象的不同要求，在信息的投向上要有针对性，区别对待，注意适用对路。需要注意的是，要防止把按需要采报歪曲成为“按胃口喂报”。只要是新发生的、带有重要的动向性、导向性、苗头性、政策性、突发性的问题，应该及时采报。

5. 选优

客观上说，凡是信息都是有用的，但并不是越多越好，因为信息太多，就容易形成干扰。因此，必须针对工作需要，利用信息分类标准，对所接触的信息迅速准确地加以判断，分出哪些是有效信息，哪些是无效信息，哪些是干扰信息，从而对信息进行优选，以供领导或组织使用。

二、信息收集的渠道

对于秘书人员来说，信息是多方面存在的，因此收集的方式也应是多种多样的。可以采用公共查询工具，如网络、公共咨询，也可以利用私人关系；可以采取员工座谈、调查问卷等正式形式，也可以采取私下打听、察言观色等非正式形式。信息收集的渠道很多，秘书要善于通过多种渠道收集信息：

（1）大众传播媒介渠道。大众传播媒介包括广播、电视、报纸、期刊等文献载体和互联网，是现代社会获取信息的重要途径。

（2）图书、档案资料。这些都是信息的宝库。

（3）供应商和客户。供应商可提供的有产品目录、广告材料、特定服务信息；客户可提供的有市场调查、服务反馈和竞争对手的信息。

（4）贸易交流渠道。在展销会、洽谈会、交易会等贸易交流机会中可获得相关信息。

（5）信息机构渠道。信息机构肩负着信息传播中介的使命，成为信息源的集散地和人们获取、利用信息的主要场所。

（6）关系渠道。在业务往来、人际交往过程中，秘书要善于利用各种关系获取信息。

（7）调查渠道。调查是有目的、有重点地主动收集信息的重要方法。

三、获取信息的方法

秘书要主动收集，注意积累，做收集信息的有心人。这里介绍几种方法，仅作参考。

（1）观察法。观察法指人们直接用感官或借助其他工具认识客观事物，获取所需信息的方法。在信息产生时，秘书应利用视觉、听觉或借助于录音机、录像机、摄影机客观地进行记录，从而获取第一手资料。观察法简单、灵活，能获得较为客观的信息，但获得的信息量有限，不易收集到深层次的信息。

（2）阅读法。阅读法指通过阅读图书、报纸、杂志而从中获取信息的方法。阅读法是收集信息的基本方法。图书、报纸、杂志等公开出版物是目前人们运用最普遍的信息载体，具有信息量大、信息周转快、阅读比较方便的特点。但报纸、图书、杂志上的信息可能失真，要注意判断信息的真实性。

（3）询问法。询问法是通过提问请对方回答以获取信息的方法。询问的形式包括人员询问、电话询问和书面询问。询问法灵活、实用，双方直接沟通，能获得语言信息和非语言信息。但询问法时间较长、费用较高、范围较小。

（4）问卷法。问卷法是秘书运用调查问卷向被调查者了解情况、收集信息的一种方法。问卷法的最大优点是在大范围内对众多对象进行调查；节省人力、费用和时间；便于定量处理和分析。但问卷法的缺点是只能获得书面信息，不能与调查对象直接沟通，问卷的真实性受到一定影响，问卷回复率难以保证。

（5）网络法。网络法是利用因特网获取信息的方法。不受时间、地域的限制，能收集文字、图表及声像信息。但用网络法收集的信息有大量是未经核实的，所以需要对收集的信息的真伪进行鉴别。

（6）交换法。将自己拥有的信息资料与其他单位的信息资料交换即为交换法。国内许多内部报刊、资料属于非卖品，不易获得，国外的即使是公开出版物有时也不易获得，在这种情况下，可以通过交换方式来得到信息。交换法能实现彼此间的信息共享，获得的信息及时、适用、针对性强，能节省时间。但交换法需建立在自愿的基础上，交换的信息内容范围较窄，要注意信息的保密性。

（7）购买法。是通过购买报刊、图书、文献资料、音像制品等信息载体收集信息的一种方法。购买法能获取大量系统化、专业化的信息，信息来源广；但费用高，耗费时间和人力。

这里要注意，秘书不是信息源，决不可去“制造”信息。领导人的信息来源，也不应全求之于秘书，还应通过自己学习、阅读、开会、调查研究、接触群众与专家等多种渠道去掌握第一手信息。秘书部门以外的各业务部门，也会向领导人提供它们的信息。只有广开渠道，多听多看，才能做到眼界开阔，兼听则明。

阅读材料

网络搜索与信息收集技巧

网络是一个工具。也可以说网络像“海洋”，它是“知识海洋”，是现代人获取知识的另一个重要而便捷的途径。这些知识固然是客观存在的，只有正确地掌握了这把打开知识宝藏的金钥匙的人才能充分地享受宝藏带给我们的快乐。换句话说，如果去主动地用有效的方法获取这些知识，应该比网络本身的内容更加重要。

一、掌握必要的“搜索”技巧是获取信息的重要手段

初入网络的朋友，大多像一只无头的苍蝇，在网络这个无边无际的虚拟空间中乱撞。这种漫无目的的“看网”，可能会因为遇到某个心动的网站而兴奋不已，也可能会为紧紧张张地忙活了半天而一无所获感到沮丧万分。不过，这是初学者必须经过的一道坎。如果你能掌握正确的搜索技巧，带着一定的问题去上网，访问网络后的结果肯定会与众不同。

1. 选择合适的搜索引擎

尽管网上有大量的搜索引擎可供选择，但搜索效率等各方面都比较让人满意的搜索引擎并不多。相比之下，源自辛弃疾的《青玉案·元夕》中的著名诗句“众里寻她千百度”的中文搜索引擎“百度”以及简体中文的google应该是大家的首选。其中百度（网址是http://www.baidu.com/）主要提供基于“关键词”的检索方式，而且在这方面做得非常有特色。而google则不仅可以支持基于“关键词”的网页搜索方式，同时也是分类目录式的搜索的典范。

2. 搜索引擎的使用技巧

千万不要以为有了搜索引擎就能搜到一切，如何正确地运用搜索引擎也是一门学问。目前，著名的搜索引擎百度正在网上进行“百度搜索大富翁”的游戏（网址是http://game.baidu.com/index.php），你只要每天花上几分钟时间，利用搜索引擎回答5道题目，既可以学习到许多有用的搜索技巧，还有机会赢取掌上电脑、数码相机、手机等巨额奖品，何乐而不为？下面谈谈在使用百度搜索引擎方面的一些方法和技巧。

我们使用搜索引擎，大多数情况下都是使用一些关键词去搜索。因此，搜索的技巧之一就是关键词的合理选取。什么叫“关键词”？其实就是你输入在搜索引擎的搜索框中的文字，也就是你命令搜索引擎要寻找的东西。千万不要以为关键词就是三两个字才叫“词”，有时用一句话或一个短语作为关键词往往可以收到奇效。因为相同的词语可以用在许多不同的场合，仅仅使用一个或几个词语搜索到的结果肯定会是一片汪洋，这样的搜索结果没有任何作用。除了关键词的长度，合理地选择关键词也是非常重要的。对于同样的搜索需求，两种不同的关键词搜索策略可能得到相差悬殊的结果。比如：有这样的一个问题：内蒙古锡林郭勒盟苏尼特右旗，1985年出土的距今1.2亿年的“________恐龙”是目前中国发现的最大的恐龙化石骨架。装架后体长22.4米，背高7米，抬头高12米。如果要求通过网上搜索找到答案，你准备用什么样的关键词呢？是“内蒙古”，还是“恐龙化石”，抑或是将这两个关键词同时使用？无论你采用以上哪种方案去搜索，得到的结果都会有成千上万！但如果能够紧紧抓住“中国发现的最大的恐龙化石骨架”这句话，以它为关键词来进行搜索，在百度和雅虎的搜索引擎上都只得到9个结果！找到这个问题的答案当然易如反掌了。

对于已经搜索到的网页，如果无法打开，八成是该网页已经被站长从网上删除了。而更让人难以接受的是，通过搜索引擎的对该页简要介绍，发现该页正是自己苦苦找寻的结果，是不是就真的没有办法了呢？当然不是。如果你选择百度搜索引擎进行搜索，可以看出，在每个搜索结果后，都有“网页快照”和“网页预览”两个超级链接。在这种情况下，直接打开该网页可能打不开，但点击“网页快照”却可以看到该网页的快照内容。因为网页快照保存了该网站以前的信息，网页快照不仅下载速度极快，而且搜索项均用不同颜色标明，另外还有标题信息说明其存档时间，并提醒用户这只是存档资料。

另外，使用多关键词搜索、减法搜索——包含A但不包含B关键词、并行搜索——包含A或者包含B和在结果中查询等高级搜索技巧，也是提高搜索水平的有效途径。具体用法大家可以去查阅“百度搜索帮助”。这里要特别指出的是：百度的确是一个非常优秀的搜索引擎。当你用选取的关键词找不到你所要的结果时，很可能是关键词选取不当。怎么办？需要重新选取关键词，大多数情况下，百度都已经明白了你的意思，看！在页面的下方，百度已经为你另外选取了几组关键词，用它们来作关键词搜索试试。这就是相关搜索。

二、工欲善其事，必先利其器——IE的搜索插件及信息收集工具的选择

1. 安装几个IE插件协助搜索

IE虽然与著名的3721中文网址合作，在工具栏里提供了“搜索”按钮，但毕竟一个搜索引擎是难以满足大家的搜索需要的。下面介绍如何给IE安装几个其他的搜索引擎工具箱。

（1）百度搜霸。

通过网址 http://bar. baidu. com/baidubar/custom/IESearch_sitesowangdg. exe 下载“百度搜霸”。下载完成后立即安装，当提示“百度搜霸”已经正确安装之后，重新启动IE。在工具栏的空白位置点击鼠标右键，只要勾选“BaiduBar”，就可以立即在地址栏下弹出一个百度搜霸的工具栏。以后，只要打开IE，想用百度搜索引擎进行搜索时，只要是直接将要搜索的关键词填入这个文本输入框内，再点击其后的“搜索”按钮就可以立即显示出包含此关键词的网页来。当然，如果你想利用搜索引擎找歌听，你可以输入歌曲或者歌手的名称，甚至是一句歌词，再点击“MP3”或“歌词”即可完成歌曲或歌词的查找过程。同样的关键词，如果你点击的是“Flash”的话，将会弹出与这首歌有关的Flash MTV或者Flash动画作品供你下载。是不是很方便？另外，“站内”当然是“站内搜索”的意思了。同时，还要注意到，我们所输入的关键词同时还会出现在该工具条的最右边，它有什么作用呢？原来，当屏幕上显示出搜索结果页面之后，单击这里可以在本页内的所有关键词上进行顺序移动，便于我们快速地从网页中找到所需的内容。“高亮度显示”的按钮如果被按下，则当前页面上的所有关键词都被高亮度显示出来，使人一目了然。

（2）IEPlus Pro。

这是一个IE的插件，可以打开网址 http://bar. baidu. com/ad/download. php?client Name=sitesowang 下载 IEPlus Pro 的最新版本。安装完成后，启动 IE。如果没有发现 IEPlus Pro 的工具条，可以在 IE 的工具栏的空白处点击鼠标右键，给“IEPlus Pro”打上钩即可，注意，点击 IEPlus Pro 的图标，才会出现这个下拉菜单。从这个下拉菜单中可以看出，它内置了近十种不同作用的搜索引擎，可以方便地搜索网页、新闻、驱动程序、歌曲等。

2. 信息搜集工具

我们在网上查资料经常会遇到这样的情况，资料是找到了，但可能分布在几十个甚至上百个网页当中，我们只能一个一个地打开网页，然后复制粘贴，把有用的信息保存下来。这是一件很烦人很费时间的工作，有没有办法可以自动把我们需要的信息全部保存下来呢？推荐大家使用一个网页信息搜集工具：网页信息搜集助手。

网页信息搜集助手可以搜集翻页型结构和树型结构的网页。baidu、google 等搜索引擎搜出来的一页一页的结果属于翻页型的网页，在网页信息搜集助手中设置好起始页和翻页页数即可轻松把这一大堆的网页里的有用信息保存到我们的硬盘中了。如果我们要搜索整个网站，或者和一个网页相关的所有网页，这就属于树型结构搜集了。不过树型搜集由于网页数量会随搜索深度呈指数级增长，所以要注意不要设置太深的搜索深度，不然搜集时间会很长，推荐设为搜索 2 层。

网页信息搜集助手可以搜集网页中的 E-mail、网址、图片、文章四种信息，遗憾的是不能搜集 Flash 和 MP3，不过对办公来说已经够用了，是我们在网上查资料必备的一个辅助工具。

强化训练

训练 1

黄秘书是 H 市电信公司的一位秘书，她工作非常努力，并且非常有心，注意在日常工作中总结各种经验，对于信息工作也不例外。由于电信企业的技术性非常强，作为秘书必须及时了解和本行业相关的各类信息，否则开会时会听不明白，替领导写稿子时也会不得要领。因此，黄秘书平时除了非常认真仔细地阅读集团公司的文件之外，还非常关注网络上尤其是局域网上提及的最新技术信息。

最近，公司为了让各位秘书更好地了解企业经营的各种具体情况，特别推出一项新政策，要求每位秘书每周必须有半天到营业部上班。这虽然对黄秘书的工作有一定的影响，但的确让她深入地了解了企业的经营状况，而且，通过去部门工作，和其他同事也有了更多交流和沟通的机会。她认为这样的安排很好。

黄秘书是个有心人。她注意到，每次跟领导出去调研，领导在调研现场说的话特别值得留心。这些话虽然不成系统，但往往是领导真实的想法，而且是领导一直考虑的问题。黄秘书在自己的计算机里建了一个文件夹，专门记录领导的这些零碎讲话。每次跟领导出去调研回来后，她都会把最新内容补充到这个文件夹中。她把这个文件夹进行了分类，把领导讲话的不同主题放到每个子文件夹中，这样就非常明了了。每次领导要求她写稿子的时候，她就会去这个文件夹中寻找相应的内容。这样写出来的东西，往往比较符合领导的真实想法，所以总能获得领导的肯定。

这个案例给你什么启示？请谈一谈。

训练 2

请假设你是宏远公司行政秘书高叶，谈谈要完成上司在便条中交代你的任务，你将如何收集信息。

> **便　条**
>
> 高叶：
>
> 为开源节流，发挥员工的最大能力，公司准备调整目前人员的工作模式。拟安排研发部门的一些科技人员在家工作，请分析在家工作模式的优缺点。另外，请简要介绍目前在一些组织中运用的其他较新的工作模式以供参考。
>
> 总经理　苏明
>
> 2018 年 9 月 5 日

任务二　信息整理

任务引入

上午秘书科的事不是很多，孟姐在指导小石整理公司来客登记簿。因为收集信息是秘书的一项重要工作，手头的事不多，我也在一旁跟着学。

“小石，整理来访客人名单，不能按客人的姓氏笔画排列，而要按他所在公司的笔画顺序排列。”

孟姐让小石将已经排好的客人名单顺序重排。

“为什么？”

“是这样的，这些来访的客人，是代表他们所在的公司来我们公司洽谈业务的。他们个人有可能在将来的某一天，会离开他们现在所在的公司；但是，他们的公司则有可能是我们公司永久的客户，所以我们的重点是应该记住他们的公司，因此，在整理访客名录时，应该以客人所在公司的笔画来排列顺序。比方昨天第一个来访的客人是北京通达科贸公司的副总经理刘允。将来只要一看到刘允的姓名，首先应该想到是北京通达公司。通达是 1995 年注册成立的，注册资金 1 000 万元人民币，主要业务是代理销售我们东岩公司的产品，平均每年的销售额在 400 万元人民币左右，他们的董事长兼总经理叫李明，是我们姜总在北大荒下乡时的战友……”

小石轻轻地叹了口气，她没想到来客登记簿上“刘允”这么简单的两个字，在孟姐的头脑里竟包含了这么多信息。她以为只要把刘允的姓名和电话号码往计算机里一存，就算是完成了“信息整理”工作。在秘书专科学校也没专门学过这方面的知识，这就是实践经验。

任务分析

不同类型的资料有不同的用途，其收集方式、整理方法也会有独特的一套规律和方法，但无论是哪种方法，永远都是为了公司的运营服务的，是否实用是检验的唯一及最终标准。在该案例中，孟姐作为经验丰富的资深秘书，非常科学地设定了来访客人资料的整理方法，仅仅是一个整理方法的微调，就能看出她善于站在公司、领导的角度思考问题的良好素养。

相关知识

一、对信息进行分类

对于秘书人员来说，应该对自己日常收集的信息做到心中有数，特别是对这些信息资料的大体构成有明确的管理思路。一般来说，秘书在工作中收集的信息大致有这样几大类。

（一）名片资料

对现代人而言，名片是一种实用方便的交际工具，名片的使用相当普遍。在公司的业务交往中，它的用途很多：自我介绍、结交朋友、维持联系、业务介绍、拜会他人、简短留言等。不管是上司还是秘书，因为工作关系，经常会收到很多名片，特别是对秘书而言，名片的类别更是繁杂，除了一些主要客户、领导的名片，可能还会有些物流公司的名片、订票公司的名片、旅游公司的名片、咨询公司的名片、餐馆的名片、酒店的名片等，这是由秘书工作的服务性、辅助性所决定的。

名片的种类很多，从秘书的工作角度出发，大致可以分为三种：商业名片、公用名片、个人名片。

1. 商业名片

主要是指与公司有主要业务往来的公司的名片。这类名片有时是以个人署名的，比如对方公司的业务经理、销售代表等，有的是直接以公司名义署名的，但不论是哪种署名方式，秘书人员在分类、整理时，应以公司为整理标准，将具体联系人员如上面所讲的业务经理、销售代表的信息附注下来。这类名片可根据公司类别先分大类，然后以笔画多寡、汉语拼音或英文字母为序排列，依次放入名片盒或名片册中。

2. 公用名片

主要是指可以为公司提供日常服务的公司或个人的名片。这类名片可以按用途分类，如快递、餐饮、酒店、票务、旅游、邮政、办公用品及设备、出租车等。每个类别中，将名片按照熟悉程度、联系的疏密程度排列，常用的、来往密切的，放在前面。这样的整理方式既方便秘书自己使用，别人借用，也一目了然，方便快捷。

3. 个人名片

有的人虽然不算公司的客户，可能是专家、官员、潜在的客户、银行家、同行领导等，这些人要么与领导有着密切的关系，要么受企业重视，要么有一定的交往价值，所以也应引起足够的重视，及时将他们的名片妥善保存、整理，直接按照姓名笔画多寡、汉语拼音或英文字母顺序依次排列，放入名片盒或名片册中。

（二）贺卡资料

虽然手机、可视电话、互联网等现代通信工具非常流行，但是对于很多重视礼节礼仪的公司来说，纸质贺卡、电子贺卡仍然是一种重要的沟通交流的工具。这给商业化的企业交往注入了浓烈的人情味，它的这种特殊的作用也是电话、短信等方式始终无法替代的。尤其在一些具有西方文化背景的跨国企业中，岁末年初，给重要的客户、上级、主管政府部门等发贺卡仍然是秘书人员的必要工作。很多秘书反映，即使是前一年留下了寄信名单，也必须追加一些新的，删掉一些没有必要的。再给上司审核，他们又会有新的想法，反反复复几次才能把名单定下来。可是，名单上的一些人，公司地址变了，他们可能只留下电话，所以，又得重新核对通信地址和邮政编码，做起来很烦琐[①]。可见，如果平时注意对贺卡进行及时整理，及时汇总贺卡发送方的信息，在回寄时或主动发送时才不会出现填错人名、地址、职务等失误，失礼于人。

1. 根据需要回复贺卡

公司、上司、秘书自己都会收到一些电子贺卡、纸质贺卡。一般来说，对于公务性质的贺卡，应根据礼尚往来的传统予以回复，给重要客户、人物、同行的祝福词应精心编撰，具有一定的个性，可征求领导的意见；如果是发送电子贺卡，切忌群发，那样会显得不够尊重。

对于广告性质的、下属公司的贺卡，如较忙，可以不回复，或用电子邮件简单回复"收到""谢谢"即可。

2. 保存邮件地址、客户信息并归类

可建立贺卡通信簿，这样既可以及时记录别人发送贺卡的信息，对自己每次发送贺卡也可以提供一个参考名单。利用电子邮箱中的通信簿对有用的邮件地址加以保存并归类，划分为不同类别的客户、合作伙伴、上级主管部门、其他等。这样的归类，一是方便查找；二是便于以后群发邮件。

有的客户会在贺卡中以模板的形式附加电话号码、传真号码、通信地址、业务范围等信息，如果以前没有相关资料或是已经过时，应及时摘录、补充到电子或纸质通信录中。

3. 保存特殊的祝福、附言等

有些贺卡中会有些极具特点、个性的祝福，具有很强的纪念意义，有些附言有时也会涉及某些具体问题，需要答复，对此，秘书人员可以在通信簿中记录下来，及时让领导知道。

---

① 谭一平. 狐狸信条和穿山甲法则：一个外企女秘书的日记. 北京：学苑出版社，2003：290.

（三）广告资料

办公室因为负责安排企业的日常综合性事务，所以是广大商家的重点关注对象。秘书办公室，每天都会收到很多的广告传单、广告信，有邮寄的，上门派送的，也有发送到电子信箱的。超市商品促销单、药品广告、培训招生、代开发票、商场宣传册、订餐订票传单等，五花八门，不一而足。铺天盖地的广告虽然有时让人烦扰，但对于秘书人员来说，也不失为一个货比三家的好渠道。例如，公司想给营销部的员工统一印制一批名片，让办公室负责。办公室秘书就可以根据平时收到的广告信息，多方对比打印社的制作质量，权衡选择最优者，既提升了自己的工作效率，又给公司节约了行政办公经费。

这些广告资料不是全部有用，而且有的资料也是有特定期限的，比如打折的、促销的。所以经过筛选过后，保留下来的广告资料不会太多，也会有一定的保管期限，完全可以参照上述公用名片的整理方式进行分类、整理、存储。但是对于有的公司来说，出于压缩成本的考虑，他们对于广告信息会主动收集，广告资料的拥有量比较大，对此则需要形成类目表，关注资料的保存期限，及时清理失效、无效的广告信息。表 2－1 是某服装公司广告资料类目表，仅做参考。

表 2－1　　广告资料类目表

序号	广告资料类目
1	政府公告
2	布料促销广告
3	辅料供应广告
4	商场服装促销广告
5	制衣机械供应广告
6	招聘代理商广告
7	办公用品广告
8	餐饮打折广告
9	会场租赁广告
10	旅游线路广告
……	……

（四）图书期刊资料

打造“学习型组织”已成为当代所有企业的共识，所以无论是领导还是企业都会订购一些跟公司业务相关的图书、期刊。对于这些图书、期刊的管理，企业的做法各有不同。有的是设立专门的图书资料室，归属办公室管理，方便员工借阅；有的则只是在办公室辟出一角，放置书架、报刊栏，供大家取阅。虽然这类资料内容新颖，紧跟时代，具有很大的参考利用价值，但是随着时间的推移，其数量会越来越多，秘书人员必须进行有序的、合理的整理，才能方便领导、其他部门同事利用。

对于秘书人员来说，如果单位有专门的图书期刊室，涉及的种类比较多，则需要参照专门的标准进行分类、整理。现在全国推行较广、影响较大的图书期刊分类法有中国图书馆分类法、中国科学院图书馆分类法、中国人民大学图书馆图书分类法等，其中中国图书馆分类法是较通用的一种分类方法，在对本组织的图书期刊进行分类时可以采用。如果需要进行图书分类，秘书应当自备一本分类法的手册，随时查找。如果只是比较集中的几种图书、期刊，只需要登记在册，并分类放置即可。

（五）音像资料

在这个多媒体时代，秘书人员的多媒体运用能力也要突飞猛进。在公司的各种活动如咨询洽谈会、展销会、员工运动会、培训会等中，秘书人员经常要充当录音师、拍摄员、摄像师，全程跟踪记录，保留下第一手的资料，这些资料对于公司来说，是宝贵的原始记录，要保证这些资料的清晰、完整。秘书人员还可以进行选择性的编辑，从中挖掘可以利用的素材。比如办公室经常会负责企业简报、内刊、网站的编发、管理、维护，如果能把这些音像素材运用其中，采用些领导、员工、集体的个性化、非正式照片，配上漫画或调侃的话语，可以大大增加这些简报、内刊、网页的生动性、丰富性，也可以调动氛围，增强企业的凝聚力。保管这类资料的方法比较简单，存储在计算机或 U 盘中，用电子文件夹的方式分级管理就基本没问题了。

（六）因需要而收集、自行收集的资料

作为秘书，有时是因为特定的要求而收集信息的，如领导有具体指示，写个调研报告，召开一个会议，制作文件，等等，在这些情况下，信息收集活动的目的性、临时性都比较强，秘书的被动性也同样较强。而作为一位富于经验的、有心的秘书，应养成平时就有意识地收集信息的好习惯。有的秘书会根据自己服务领导的主管业务、研究方向、个人喜好和公司主要业务、行业前沿、讨论热点等，在看报、读书、上网时就敏锐地捕捉信息，将有价值的信息剪辑、下载下来，分类保存，并且心中有数，要用时，信手拈来，毫不费力。这样的秘书在收集信息方面显然主动性更强，也很少出现找不到信息、急得抓狂的窘态。与前五种资料相比，这类资料分量较大，且比较分散、形式不一，所以整理、存储时还要再进行分类。

公司的行业性质、业务内容不同，收集的信息、保存的资料也会有所不同，秘书人员最好平时就做个资料类目表，注意按资料类目表里的类目设立文件夹存放资料，这样给后续的整理、利用等工作带来方便，一个文件夹里的资料自然就是一类。分类中，通常的规则是按照类目表的管理活动、业务活动范围先分大类，然后分属类，再分小类。有三种分类方法比较适合于普通公司。

（1）按主题分类。一般领导、职员查找资料都习惯以资料的主题为入口。例如，“你帮我查一下有关今年上半年服装质量问题的重要报道”，“你帮我查一下这几天的楼市行情”，“你帮我查一下咱们公司几家原料供应商的资产情况”，这些主题都是与单位的某项业务相关的。很多单位都有一定数量的资料适合按主题分类，这些主题通常与该业务部总的管理以及该业务部与其分部、代理商、贸易联系单位的关系等有关。

(2) 按"内部机构—岗位(业务内容)"分类。就是先按公司内部所设的机构分出资料的大类,然后按该机构中不同的岗位(或业务内容)设小类。如:某电力公司内部设有总经理室、战略研究与规划部、董事管理部、人力资源部、财产与产权管理部、综合计划与投融资部、电网建设部、火电建设部、发输电运营部、水电与新能源发展部、农电工作部、科技环保部、审计部、法律事务部、国际合作部等,就可以先按内部机构分类,再按各机构中的岗位分类。

(3) 按地区分类。按地区分类可以使有关地区的所有资料集中存放,然后再按其他问题分别组合。运输和出口业务部门、计划部门和销售部门最适合用这种方法保存资料。

如果同一小类资料比较多,还可以适当细分。例如:某服装外贸公司根据公司需要就专门设了贸易资料类,下设了四个类别:1) 供需动态:主要包括世界各地各种服装原材料的价格资料(如棉花价格、皮革价格)、纺织品价格、中国服装在世界各国的销售量、国外消费者对中国服装的反馈情况报道、国际货运价格等。2) 贸易机会:各种订货会、商品交易会、展销会、博览会消息,各部门经理或职员外出交流带回来的有关信息等。3) 劳务市场:服装劳务市场价格、职业工人分布状况、制衣技工的培训状况等。4) 同类公司贸易数据:其他服装公司的原材料进货渠道、技术工人水平、客户情况、成品在国外的销售状况等。

二、信息筛选

信息筛选是一项基础性工作,对提高信息的利用率起着至关重要的作用。信息的筛选实际上是对原始信息资料的选留过程。信息筛选是指从四面八方传来的大量繁杂的信息中,剔除虚假信息、失效信息和无效信息,挑选出有价值的信息。"堆积如山的情报,等于是空无一物",筛选意味着舍得丢弃。要坚决除掉假的、重复的、过时的、表面的、与本单位关系很小或意义不大的信息,从量与质两方面突出重要的信息。

因此,信息筛选既要考虑急用之需,选留含量大、有价值的信息,又从长远利益出发,考虑到信息的系统性和连续性以及未来的潜在需要,选取有保存价值的信息。信息筛选的方法通常有以下几种:

(1) 查重法。即剔除内容重复的信息,选留有用信息,以减少其他信息工作环节的无效劳动。当然这种方法也并非一味重复,如果需要,也可以保存一部分重要的信息资料复本,以供一定情况下的多人使用。

(2) 时序法。即按时间顺序对信息资料进行取舍。在同一内容的情况下,较新的信息资料选留,较旧的则剔除。这样可以使选留的信息在一定时间区间内更有价值,特别是对于来自文献中的信息资料,更需选择时间最近的予以留存。

(3) 类比法。即将同类型的信息进行比较,哪个信息量大,哪个更能反映事物的本质问题,则选留下来;反之,则剔除。当然有的虽然信息量并不很大,或者反映事物本质也并不深刻的信息资料,可能作为主要信息资料的重要补充内容,或对工作有启发作用，也应予选留，不能一概剔除。

（4）专家评估法。即对某些专业性强、技术性强的信息，秘书人员一时难以确定其取舍问题，可以请有关专家或专业人员进行评估，根据其评估结果，结合本组织当前与长远的需要综合考虑选留和剔除问题。

（5）老化规律法。这主要是针对文献信息资料而言的，文献学认为，文献的使用价值随时间而逐渐降低，甚至完全失去参考价值，这就是老化规律。一般来说，文献的利用率第一年最高，以后逐渐下降，呈等级分布状态，文献的老化情况在文献学中一般用半衰期来表示。所谓半衰期，即指某学科目前尚在利用的全部文献的一半是在近期内多长的一段时间内发表的。一般地说，半衰期越长，说明老化速度越慢；半衰期越短，说明老化速度越快。文献信息资料的筛选应对其行文年代及本学科文献老化的半衰期两方面进行考察，以便确定取舍。

三、信息校核

信息校核是对经过初步甄别的信息作进一步的校验核实，分析信息的可靠性和准确性，对信息的真实性进行认定。任何信息都包含着自身的价值，其价值的大小，在于是否真实反映了客观事物发展变化的状况，即是否具有真实性。由于信息的来源不同，信息传播的渠道中难免有不客观的杂质和主观因素的干扰，因此秘书接触到的信息往往带有一定的模糊度、多余度、滞后度，有的含有虚假成分，有的可能完全是假象。信息中的不真实因素，一般表现为以下几种情况：偏颇、夸张、拼凑、添枝加叶、捕风捉影、孤证等。如果说筛选是过粗筛子，把有用的信息挑选出来，而上述各种不真实的信息则很可能因表面“有用”而漏网。这就需要校核，好比是再过一遍细筛子，把各种“有用”的水分挤干，泥沙除尽，确保信息的真实、准确。

要对信息中的事实、观点、数据、图表、符号以及时间、地点、人物等进行核实。对有关政策、法规、重要计划、主要数据、典型事例的信息，要查对出处，核实原件、地名、人名、时间、事实、数据等。进行校核有多种方法，最常用的有以下三种：

（1）分析法。即对原始信息中所表述的事实和叙述方法进行逻辑分析，发现其中的破绽和疑点，从而辨别其真伪。例如，同一材料中前后矛盾，既是这样，又是那样，依据逻辑学中的矛盾规律，就可以判定其中一个有错，或者两个都错。分析法的长处在于一般不需要借助于其他手段，仅从原始信息本身就能发现某些差错。

（2）核对法。即依据权威性的信息材料（包括权威性的书面材料或权威人士提供的口头材料）进行对照分析，发现和纠正原始信息中的某些差错。所谓权威性的材料，即其本身的正确性是毋庸置疑的。例如，用《中国统计年鉴》来对照某一部门的年终统计材料、用国家颁布的标准化规定来对照某些产品的标准程度等，这就是核对法的具体运用。这里的关键是要掌握直接的、最新的权威性材料。

（3）调查法。即对原始信息中所表达的事物的运动变化情况，通过现场的调查来验证它的真实性和准确性。这种方法需花费较多的人力和时间，因此一般只对重要的原始信息进行现场调查鉴别。我国目前信息失真率还较高，原因多种多样，而校核关未把好，就是一个重要原因。例如，我国曾一度反映全国钢材紧缺，结果进口2 000万吨，而实际国内库存量高达3 000万吨，这就是校核工作未做好而造成的失误。

阅读材料

世界一流人脉关系专家哈维·麦凯是如何整理和利用名片的

(1) 得到一张名片就把它复制成3份，一份放在屋里，一份放在办公室，一份放在总档案袋中。

(2) 把所有的名片一小叠一小叠地堆在桌上。一叠是要亲自拜访的顾客，一叠是要电话联络的顾客，一叠则是交给他的秘书，由秘书写信或是短笺给顾客的。

(3) 把所有的名片分类，按能成为顾客可能性的顺序排列，即3A级顾客、2A级顾客、A级顾客、不合格顾客。

(4) 删除或修正名片中没有用的资料。

(5) 每当与人联系时，都会在卡片上记录并标示出日期。这样做的好处就是能很快地知道哪些人已经联络了，哪些人还没有。

强化训练

训练1

中国石油集团渤海钻探工程公司的陈会芬在秘书岗位上已经战斗了17年，总结出了信息工作的八字方针：高、正、准、明、新、深、实、快。

一是站位高。“不谋全局者，不足谋一域”，要想搞好信息工作，必须高站位，从全局出发，善于从领导的角度和全局的高度去思考、策划和编写信息，做到“身在兵位、胸为帅谋”，确保信息工作与上级和本公司的中心工作合拍共振。二是方向正。信息工作必须符合党的路线、方针、政策，符合集团公司对企业信息工作的各项要求，在把牢政治方向、把清政策路线、把准领导脉搏上下功夫，确保编写的信息旗帜正确、特色鲜明，立场不移、方向不偏。三是定性准。在形式和内容上要符合信息撰写的要求，准确表达，不模棱两可。既要做到“参之有道”，编写高质量有价值的信息，又要做到“谋之有方”，准确把握领导的工作意图，还要做到“言之有效”，增强信息的针对性和有效性。四是特色明。编写的信息一定要突出本单位的生产经营和企业文化特色，不搞、少搞“大众化”“一般性”的信息，善于选择工作中最有特色、最富有创新意义的内容去编写信息。五是角度新。善于从日常性工作中去思考、研究、发掘有价值的信息，围绕“新”字做文章，突出时代特征，避免老生常谈、旧话连篇，多反映工作中的新事情、新变化、新成就、新经验、新现象、新领域、新发现、新见解、新问题。六是挖掘深。信息质量高不高，关键在于确定好选题后，能否深度挖掘信息，使信息所要反馈的要点一个不少。为此，一定要注重调查研究，摸清实情，找准“穴位”，提高信息质量。七是内容实。必须实事求是、客观公正地反映真实情况，认真谋篇布局，精雕细刻，用最简短的文字反映出信息所要反馈的全部要点。八是报送快。要注重时效性，快速收集和传递信息，做到不拖延、不迟报、不漏报，重要事故事件更不能瞒报。要在“快”字上下功夫，做到发现问题快、采编撰写快、送阅审批快、反馈落实快。信息的价值最终体现在指导和推动工作、解决实际问题上，不能“眉毛胡子一把抓”，要紧紧抓住实际工作中的亮点、热点、难点和盲点，挖掘信息的价值，使信息充分发挥服务决策的作用。

资料来源：陈会芬，等. 17 年秘书生涯谈信息工作. 办公室业务，2016（16）.

陈会芬的经验对我们开展信息整理工作有何启示？假如你是所在学院的秘书，请你在收集文秘专业改革发展最新信息的基础上，编写一篇信息稿，给文秘专业负责人参考。

训练 2

ABC 公司是一家涉外企业的大型包装公司，公司的李总经理要求到任不久的张秘书收集全国同行业中两家大公司近两年内的经营情况，诸如营业额、资金周转率、产品性能、公司运营情况等准确数据，近期送到总经理办公室，作为研究市场动态、制定本公司经营策略的参考依据。两天后，一份按要求打印的清晰表格摆到了总经理面前，表后还附有简要的对比分析。看完表格后，总经理的脸上露出了笑容，看来他对这位新秘书的工作效率十分满意。那么张秘书是如何做到高效率提供信息的呢？作为一位资深的秘书，张秘书熟知信息工作程序。

首先，张秘书到公司的市场部，从市场部经理那里获得了一些相关的信息，又到销售部收集到一些关于竞争对手产品销售和客户方面的信息。张秘书回到办公室通过网络查找两家大公司的网站，同时参考行业协会提供的数据，对现有的信息进行分类、筛选、校核，然后全面、系统地进行综合归纳分析，最后使用计算机编写出图表，撰写简要的对比分析材料。

以下是这家公司调查的一家竞争对手的问题单。主要是从产品性能、公司运营及销售代表等几个方面进行分析的。这是一种信息收集及分析的办法。

1. 产品性能

（1）它主要用在哪些行业？（2）原料有多少种？是先行配置还是根据客户的要求现配？最高及最低密度是多少？（3）它的成本如何？（4）与行业内的其他厂家相比，它的优点及缺点是什么？内容包括：技术形象；自主研发能力；大规模的宣传活动；企业性质；业务模式是否具备可持续性；其市场定位是否准确；经营理念；等等。

2. 公司的运营方式

（1）公司的规模有多大？有多少人？有多少注册资金？（2）公司的资金来源是什么？（3）公司的销售方式是什么？是直销、经销，还是两者都有？（4）有多少个制造地点？机器及材料有哪些？（5）从哪里获取原材料？（6）产品如何运输？（7）交货是否准时？(8) 这种产品是地方性的、全国性的，还是国际性的？(9) 公司是否拥有实验室？有哪些技术支持系统？

3. 竞争公司的销售代表

(1) 销售代表的背景如何？他们是否专业？(2) 他们的区域有多大？(3) 他们是否与经销商的销售代表一起工作？(4) 他们的经销商是谁？(5) 经销商如何看待销售代表、管理层、销售队伍？(6) 最终用户如何看待他们？(7) 他们的强项或弱项是什么？(8) 谁在为客户提供服务？他们的可靠性及服务响应时间如何？

假设自己就是张秘书，设想自己会如何收集信息，完成领导交办的任务，然后对照案例中张秘书的做法，分析自己的不足之处。

训练 3

张经理与久违的经销商刘经理见面时说："去年年底收到你们寄来的贺卡，上面有一句话是'理念胜于资产'，我们欣赏贵公司的经营理念，当时觉得刘经理很有心，对本公司也很了解，很受用。"刘经理笑道："呵呵，张经理更有心，这句话记得这么清楚。"双方的距离一下子拉近了很多。其实这都归功于张经理的秘书李丽。李丽为张经理整理这张贺卡时，细心地发现这句话写得很好，就在客户信息库中加进了这句话及其出处。今天听说张经理要与刘经理见面，李丽就事先调出与刘经理有关的信息，并把其中重要的打印出来给张经理看了一下。这才有了他们见面时融洽的一幕。

这个案例对你有什么启发？请把自己收到的所有贺卡，按照本任务提供的方式进行整理，看看成效如何。

任务三　信息存储

任务引入

上午 10 点重庆分公司打来电话说，公司出现重大生产事故。上司让秘书王洁赶紧给他买当天中午 12 点左右的飞机票，他要亲自过去一趟。秘书王洁打开名片册找到她经常订票的宏达公司电话，对方说他们这边已经订不到中午的机票了。王洁又找到另一家公司的电话询问，对方说有票。机票买到了，是中午 12 点 15 分的。现在已经 10 点半了，从公司到机场还有 45 分钟的路程，上司必须马上出发，可是上司的车今天又出问题了，只能打车去，还好王洁这里有几个的士司机的电话，拨通了两个，都说离公司很远，怕来不及，再打第三个，还好，离得不远，说 5 分钟后到。10 点 40 分，送上司的的士来了。虽然时间很紧，但王洁还是把上司顺利地送到了机场。到机场时，11 点 25 分了，离飞机起飞还有 50 分钟，还来得及。

任务分析

案例中，王洁如果不是平时收集、保存了那么多的名片，也许就不能及时买到机票，不能顺利地把上司送到机场，上司也不能以最快的速度赶到重庆处理突发事故了。可见，名片虽小，但作用不可小觑，秘书工作人员千万不能掉以轻心。

相关知识

一、了解信息存储装具和设备

秘书、秘书部门把已使用过或尚未使用的信息作为资料入库储存起来，叫信息资料的存储。存储的目的是供以后使用。为了查找方便，就要科学地存储。

（1）案卷存贮。即建立信息资料档案。纸质的资料比较适用，但是针对不同类型的资料，还是应该根据其特点，选择不同的存储装具和设备。

重要人物的名片可以用如图 2－1、图 2－2 所示的名片盒、名片册整理存储，客户资料可以用如图 2－3 所示的资料册整理存储，自己剪辑的资料可以用如图 2－4 所示的活页资料册整理存储，既方便取用，也可以防止破损，报刊、图书等资料可以统一规整到如图 2－5 所示的资料柜中，文件则可以按秩序存放到如图 2－6 所示的文件柜中。

图 2－1　名片盒

图 2－2　名片册

图 2－3　资料册

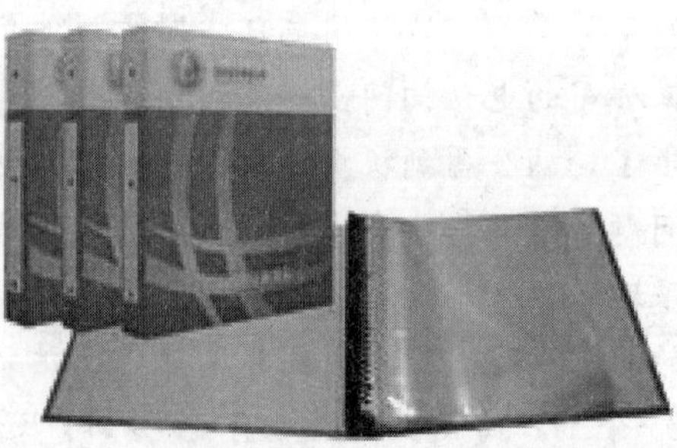

图 2－4　活页资料册

图 2－5　资料柜

图 2－6　文件柜

（2）音像存储。随着数码技术的发展，音像资料在秘书资料中的分量会越来越大，这些音像资料有的会成为档案，被企业重点保存；有的是良好的素材，为秘书工作提供良好的帮助。对于前者，本书会在第九章做统一阐述；对于后者，则一般采用计算机存储或 U 盘存储，并用多级文件夹的方式就可以轻松管理了。

（3）缩微存储。这是一种专门利用光电摄影装置把以纸张为载体的文献资料进行高精密度缩小微化的技术。使用此技术把原件摄录在新的载体上，所获得的有原件信息的载体，被称作缩微品。因为这种技术用得不多，了解即可，本书不赘述。

（4）计算机存储。即利用计算机的内外存储器存储信息，需要时可随时调阅。还可以联网，实现人类信息资料共享。

在电子化办公化境下，这是用得最多的一种方式，与案卷存储、音像存储往往并行使用，电子环境下生成的文件、资料，也应尽量打印出来保存；名片也可以采用名片扫描仪，利用专用软件进行整理，便于及时删除和更新信息。这样的实体、电子版的双套制管理，既可以防止数据丢失、案卷破损等引起的不便，也很适合现代化、电子化的办公需要。

无论选择哪种存储载体，要注意这样几点：第一，存储信息要选择质量好的存储载体。第二，加强存储载体的日常保管。第三，注意调节存储场所的温度与湿度。第四，防尘、防磁场，勿折、勿摸磁表面。第五，定期检查、复制。第六，计算机存储应采取必要的保护措施：制作备份；重要信息应制作书面备份；应将磁盘存放在磁盘盒中；不使用外来的磁盘，以防带来病毒。

二、按照程序存储信息

（一）字母编排法

1. 主题分类法的资料排列

最重要的主题名称作为排序首要因素，次要的主题作为第二个因素，以此类推，这可以直接体现在类目表中。用最基本的分类导片标示出各类资料的主题，各主题之间可以根据字母顺序进行排列。按主题分类立档的优点是所有相关资料都集中存放，可以迅速、简便地查阅。例如：××公司的管（Guan）理资料、市（Shi）场资料、客（Ke）户资料、工（Gong）艺技术资料用字母法进行排序，其结果是：

1 工（Gong）艺技术资料

2 管（Guan）理资料

3 客（Ke）户资料

3-1 艾（Ai）格公司

3-1-1 概况

3-1-2 经营范围

3-1-3 经营能力

3-1-4 市场占有率

3-1-5 资信

3-1-6 ……

3-2 比（Bi）雅公司

3-2-1 概况

3-2-2 经营范围

3-2-3 经营能力

3-2-4 市场占有率

3-2-5 资信

3-2-6 ……

3-3 才（Cai）轩公司

……

4 市（Shi）场资料

2. “内部机构—岗位（业务内容）”分类法的资料排列

即先按公司内部所设的机构分出资料的大类，然后按该机构中不同的岗位（业务内容）设小类。排列的基本原理与按主题分类的基本原理相同。比如，某电力公司内部机构资料的大类如果用字母排列法，其排列顺序就应当是：

1. 财产与产权管理部
2. 电网建设部
3. 董事管理部
4. 发输电运营部
5. 法律事务部
6. 火电建设部
7. 科技环保部
8. 农电工作部
9. 人力资源部
10. 审计部

11. 水电与新能源发展部

12. 战略研究与规划部

13. 总经理室

3. 按地区分类法的资料排列

按地区分类法，资料是按其产生的省、市、地、县等分类的，其排列基本原理与按主题分类的基本原理是相同的。只是在这种方法中，资料是按国名、省份、城市等名称的字母顺序排列的。例如，某全国连锁超市公司收集了全国省会城市与其实力相当的几家大超市的西瓜价格，其排列顺序就可以是：

1. 北京超市西瓜价格
2. 长春超市西瓜价格
3. 长沙超市西瓜价格
4. 成都超市西瓜价格
5. 重庆超市西瓜价格
6. 福州超市西瓜价格
7. 广州超市西瓜价格
8. 贵阳超市西瓜价格
9. 哈尔滨超市西瓜价格
10. 海口超市西瓜价格
11. 杭州超市西瓜价格
12. 合肥超市西瓜价格
13. 呼和浩特超市西瓜价格
14. 济南超市西瓜价格
15. 昆明超市西瓜价格
16. 拉萨超市西瓜价格
17. 兰州超市西瓜价格
18. 南昌超市西瓜价格

…………

32. 郑州超市西瓜价格

（二）数字编排法

数字编排法就是资料以数字排列，每一份资料给定一个数字。用索引卡或索引条可以查出某一数码所代表的名字。所有索引卡按所标名字的字母顺序排列，集中放在索引卡抽屉里。当需要查找某份资料时，先从索引卡抽屉中相应的字头下找出与资料相关的信息，从而得知该资料的数字代码，然后可以在对应的资料柜中找到标有该数字的资料。常用的一种数字编排法是按十进位制数码编排分类，经常与按专题分类相结合。用于图书分类的杜威十进位制数码法就是这种分类的一个很好的例子。操作起来比较简单，主要专题分别用某个整数表示。例如，宣传部门可以使用下列数字表示其常用资料的标题：

50. 广告

120. 宣传品

200. 展览

250. 材料

还可以用小数点以后的数字表示该项目的分目，如要在广告下设几个分目，可以这样表示：

50.1. 直接邮寄

50.2. 报刊

50.3. 电视

50.4. 电影院

50.5. 展览厅

如果要在报刊分目下进一步分目，还可以这样表示：

50.21.《中国青年报》

50.22.《新民晚报》

50.23.《环球时报》

50.24.《北京青年报》

（三）按时间排列

按时间排列操作十分简单，就是按照资料产生的日期先后排序。按时间排列方法通常用于同类资料的排列和分立于不同年度的资料。例如，同一主题的资料就可以按时间顺序编排。排列好的资料就可以上架了，秘书可以把资料盒从上到下、从左到右依次摆放在资料柜里，注意不要和档案混在一个文件柜里。可以专设几个文件柜用于存放资料，或者用专用的资料柜①。

实事求是地说，每个秘书收集的信息可能是千差万别的，有各自的重点和特点，所以，整理、存储的方法也没有一定之规，可以根据自己公司的情况、信息利用的习惯，设定符合自己情况的方式方法。

阅读材料

秘书个人资料的整理

可以在某一个硬盘里建立个人操作文档，比如张三文档、李四文档等，这样不仅便于快速查找，而且当你临时不在办公室时，其他同事也可以马上找到你在操作的文档。比如：(1) 公司常用文档（常用文档一一用文字标明，以便下次查找时能立马找到）；(2) 业余学习资料（存放一些对自己有帮助的网络商业资讯，比如英语宝典、某个软件教程、业务宝典等）；(3) 供应商资料（记录产品资料信息和供应商信息，比如名片、价格等）；(4) 客户联系（分为中国客户和外国客户，中国客户里再分成各省的客户，

① 陈祖．职业秘书资料与档案管理教程．北京：清华大学出版社，2008：73-78.

外国客户则分成不同国家的客户)；(5) 寄样登记资料(建立不同文档，记录寄样日期，以便定时跟进)；(6) 产品报价库(产品库里又可以建立文件夹，细分各种不同的产品价格清单及图片)；(7) 供应商合同范本(里面再分有各种产品订购合同)；(8) 客户订单合同范本(有时客户不愿自己拟合同，这时你的客户订购合同范本就有用了)。

还可以建立更多的文档，这依个人的工作量来定。虽然刚开始你可能会觉得比较麻烦，认为存一个资料要这么烦琐吗？其实如果养成这种好习惯，不仅需要时好找，而且对临时的记忆也有帮助，让你更熟悉这个资料，便于灵活操作，工作起来会得心应手，上司或同事问起来，一下子就能说出来了。

不仅要在计算机中保存资料，笔记本或文件夹也要派上用场，笔记本最起码要有两大本，用来记录客户联系方式和供应商联系方式，以防在停电或不能及时用计算机时，可以一下子找出来，而文件夹是用来归类不同资料的。

这种方法是我刚进公司时，老板指导我运用的，然后自己操作了四年，工作起来很方便。现在自己开始创业，办工厂了，还在保持这种习惯，工作起来效率很高。

资料来源：根据网络资料整理而成。

强化训练

训练 1

找一家公司调研，看看他们是用什么方法对资料进行分类、整理、存储的。

训练 2

下面是秘书小张向秘书小王请教名片整理方面的心得时秘书小王的回答。请从中选出不恰当的一项。

A. 秘书小张问是否可以按照男女性别分类整理，秘书小王回答说不能这样分类，这样分类没有意义，应该不分性别一起整理。

B. 秘书小张问应该如何处理没用的名片，秘书小王回答说，为了防止滥用，应把名片认真销毁掉。

C. 秘书小张问整理大量名片时，使用何种工具比较方便，秘书小王回答说，要使用名片簿。

训练 3

秘书张鸣收到连同个人公积金对账单寄来的某旅行社推销旅游项目的广告，看了一眼，她觉得其中有些项目还是挺优惠的，就想保留下来，因为五一劳动节期间公司打算组织一批员工外出旅游，这个也许可以做个参考。可她每天要处理的资料很多，怕放在哪里忘掉了。

你能帮她出出主意吗？

第三章

信息传递与反馈

任务一 信息传递

任务引入

小张是刚大学毕业分配到某厂办公室的秘书，这天王厂长要求小张秘书将全国同行业中十大企业最近五年每年的营业额、利润指标、资金周转率等准确数据整理好，两天内送到厂长办公室，作为研究市场动态、制定本厂经营策略的参考依据。一天后，一份按要求打印的清晰表格摆到了王厂长面前，表后还附有简要的对比分析。看完表格后，王厂长的脸上露出了笑容，看来他对这位新秘书的工作效率十分满意。

任务分析

信息传递的载体是多样的，传递渠道也很多，围绕不同的任务，针对不同的信息，秘书应该熟悉并善于选择适当的传递方式。在该案例中，小张因为主要呈报的是五年的数据信息，他非常明智地采用了表格的方式，这种传递方式结构清楚，一目了然，非常方便领导利用，领导自然就会对他的工作感到满意。

相关知识

一、信息传递的基本要求

信息传递是指把加工整理后的信息，通过各种传播途径提供给接收者和使用者。传递是信息工作的衔接手段，它使信息的收集、整理成为有效劳动。一般而言，信息传递的速度越快、范围越广，信息共享的意义就越大，信息就越有价值。信息传递的基本要求有以下几个方面。

（一）迅速

要尽量简化周转层次、审批手续，争取运用直达的、先进的通信手段，以提高信息的时效性。

（二）准确

即信息在传递过程中不能失真。这就要求信息传递本身具有客观可靠性，不受传递者主观随意性的影响。因此，减少传递层次，开辟多种传递渠道，是保证信息准确性的重要措施。

（三）保密

现代化的传递手段往往增加了信息保密难度，因此，重要的机密信息，应通过机密的通道传递，并尽量缩小传递范围。

二、利用各种方式方法传递信息

（一）语言传递

语言传递是将信息转化为语言传递给信息接收者，如对话、座谈、会议、提出请求、听取汇报、演说等，是使用语言、姿态、倾听来传递信息的。语言传递简洁、直接、快速，信息反馈及时，较少受地点、场合的限制，但获得的信息凌乱，对信息接收者来说较难储存。

（二）文字传递

文字传递是将信息转换成文字、符号、图像传递给信息接收者，它的特点是避免信息变形失真，可以进行远距离的多次传递，而且便于利用和储存。文字传递的表现形式是文本、表格、图表等。

文本是大多数信息传递的形式，人们可用文字处理技巧增加文本的影响力和清晰度。

表格用于对特定的、标准的信息进行展示，要有标题，信息应简明，应表明信息来源。

图表的基本类型有柱状图（见图 3－1）、饼状图（见图 3－2）、折线图（见图 3－3）等。柱状图中的信息用柱体标示，多用于统计数字的比较；饼状图用环形的形式展示信息，其中的圆环被分成几个区域，每个区域信息在整体中占一定百分比；折线图用于表示趋势及比较性信息。

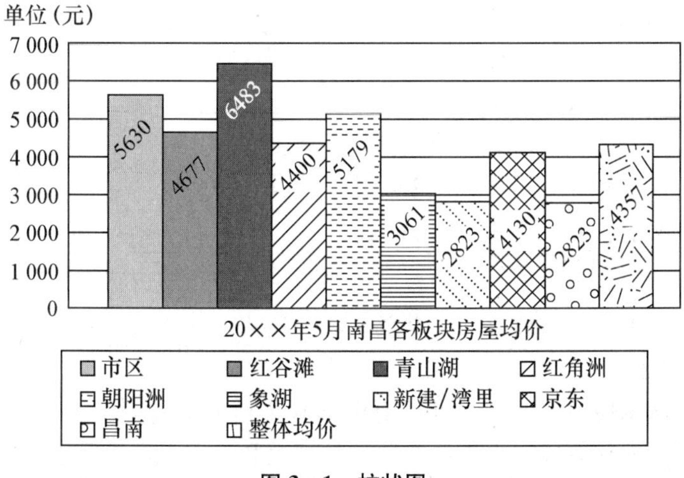

图 3－1　柱状图

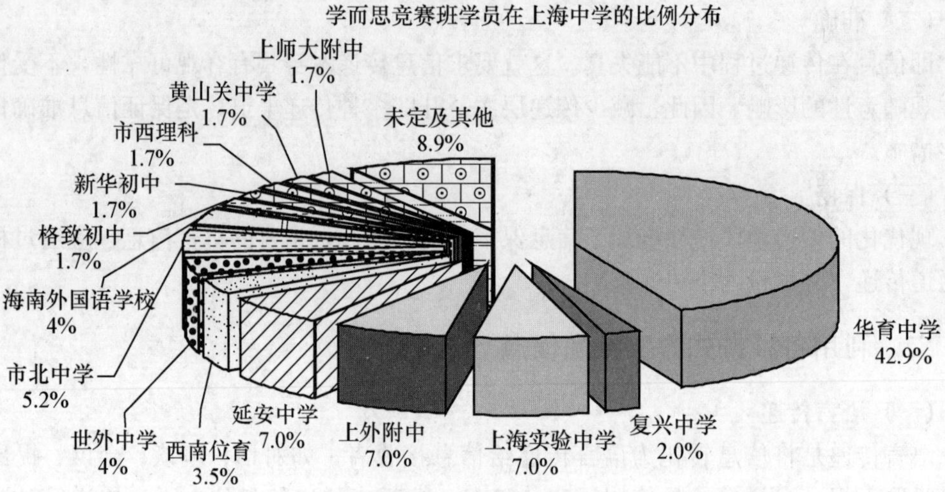

图 3-2　饼状图

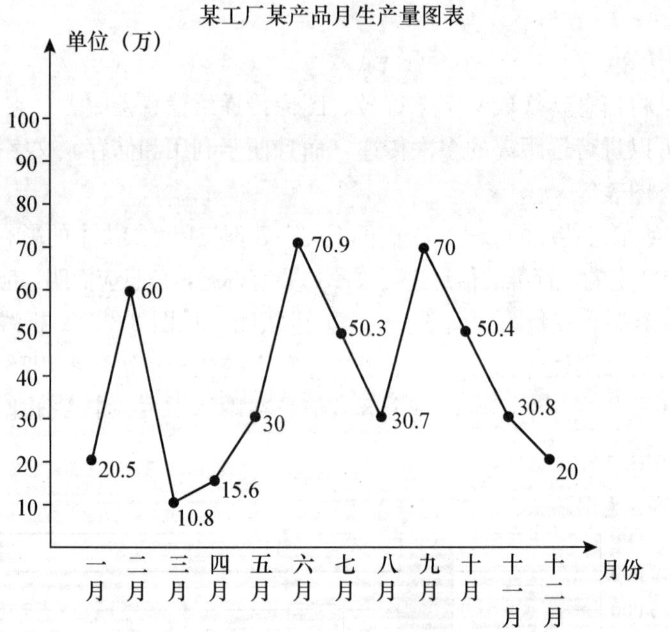

图 3-3　折线图

框图用图解的形式表示信息，有流程图（见图 3-4）、组织图（见图 3-5）。流程图以简单直观的图解表示某项工作的程序，用于分析任务的逻辑进程；组织图显示一种线性关系。秘书应根据传递信息的类型选择图表形式，并能用图表准确地表述信息。

（三）电信传递

这是先进的信息传递方式，目前已有电话（包括手机和固定电话）、传真、通信卫星、计算机联网等多种方式。由于各个单位的规模和秘书人员素质不同，通信设备的配备和使用程度有着较大的差距。

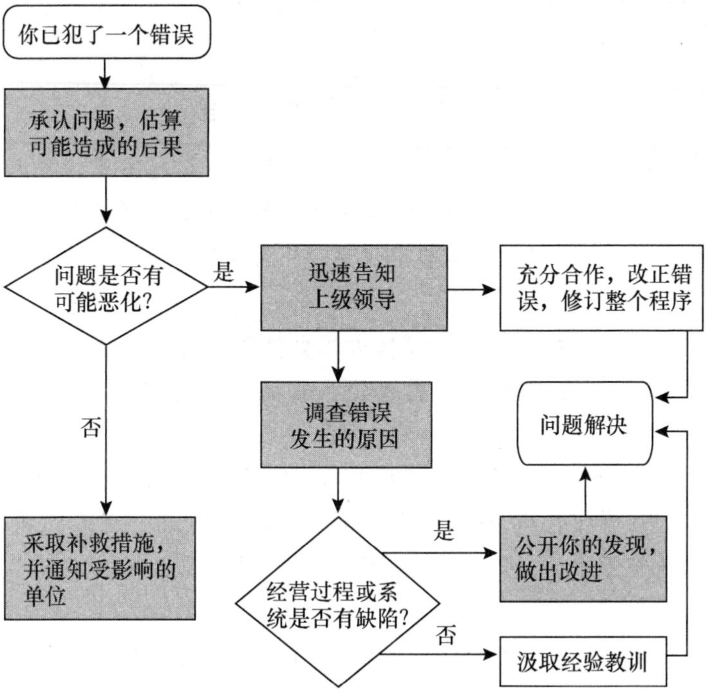

图 3-4　流程图

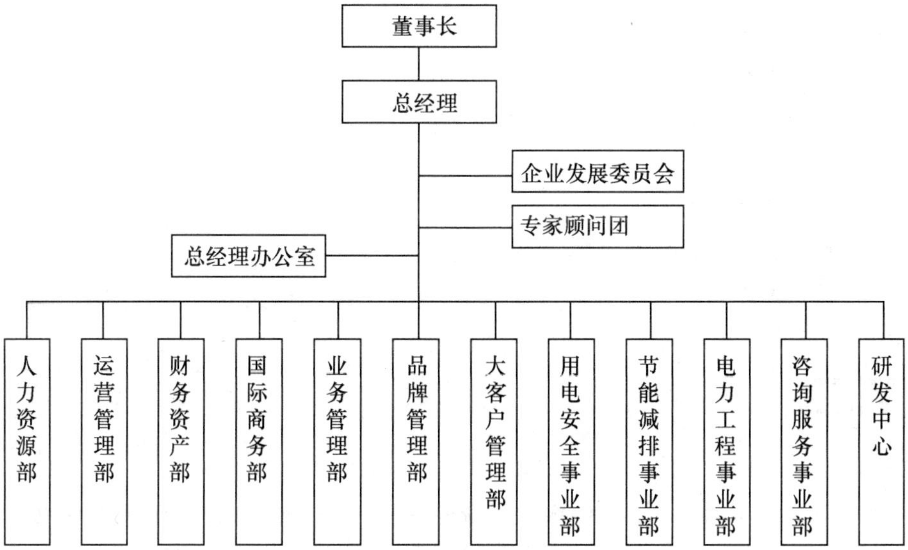

图 3-5　组织图

(四) 可视化辅助物传递

可视化辅助物传递可通过影像、投影、展示架、布告栏等形式进行，可以用来帮助理解工作任务和信息，如可用于消防、安全布告及出口标志等。

阅读材料

摩托罗拉公司的博物馆

摩托罗拉博物馆于1991年建立，该博物馆设在摩托罗拉大学，是摩托罗拉公司的档案部门。摩托罗拉大学隶属于摩托罗拉公司人力资源部，人力资源部归摩托罗拉公司首席执行官领导。摩托罗拉博物馆在世界许多国家如中国、新加坡、巴西、日本和德国等设有分部。

办馆宗旨：为摩托罗拉公司各方面提供历史信息及前景展望，从而颂扬摩托罗拉的历史，巩固公司在工业领域的重要地位，协助并促进公司的科技、产品及商业发展。

主要任务：用最好的方法记录摩托罗拉公司主要产品的发展、公司的首创精神、革新生产过程、大规模市场开发及促销活动、公司内外部的交流沟通、主要厂房设备、逐步变化的工作场所、公司行政官员及公司领袖以及公司在组织上和经营上的历史发展。

接待工作：档案利用者中2/3为内部用户，1/3为外部用户。

主要的接待对象有：

(1) 收藏家和客户。

(2) 作家和出版商。

(3) 初高中学生。

(4) 研究生和教授。

(5) 工业协会成员。

(6) 持股人。

(7) 博物馆和学会有关人员。

(8) 摩托罗拉公司退休雇员的家属。

(9) 外部法律顾问。

(10) 执法机构等。

强化训练

训练1

某市一家工厂，由于老产品积压，资金亏欠，濒临倒闭。2015年年初，这家工厂的生产科科长听说一种新产品有发展前途，就提出转产该产品的建议。为此，厂长专门召开了办公会议，对转产问题作初步讨论。可是会上却引来与会者的一连串的提问：新产品经过可行性论证没有？市场预测是怎么说的？是否属于专利产品？投产后几年能扭亏为盈？面对这一连串问号，生产科科长一时无语，会议决定暂缓转产。

厂长办公室秘书小林，虽只有大专文化程度，但却有股钻劲，在征得厂长的同意后，根据《市场信息报》的信息，向某大学技术开发公司发出了函电，请求给予技术咨询，并汇去2 000元作为咨询费。该公司接电后，即安排一位老师加班加点，为工厂查阅了国内外有关资料和专利，并复制成册寄到该厂。生产科科长如获至宝，在厂长办公会上，向与会者详细汇报了该产品的性能和发展前景，并提供了某大学开发公司查阅的有关资料。会议经过讨论，同意转产。转成新产品后，该厂以年创收逾百万的利润，引起了省内外同行的注目。秘书小林也受到厂长的表扬。

思考并讨论，在该案例中，小林、老师、科长分别采用了何种信息传递方式，为什么他们会选择该种方式。

训练 2

领导办公会上，管设备的副厂长提出技术改造方案，以提高企业的竞争力，要求把刚刚收回的一大笔资金，重点投放到购买机械设备上。管财务、管生产的副厂长都表示支持。当厂长正要拍板决断时，卢主任说他想向各位领导汇报一个新情况，供领导们参考。领导们的目光一起转向了他。

"我先说几条信息请领导们参考：第一，我国粮食进入市场后，粮价上调的趋势十分明显；第二，国际上几个主要粮食进口量大的国家今年均遭自然灾害，国际性粮食歉收趋势已定；第三，供应我厂工业粮食原料产量区今年都遭到严重的水灾；第四，今年又是乡镇企业发展很快的一年，这些乡镇企业不少是利用其资源优势从事投资少见效快的食品和酿酒业，都将以粮食为原料。根据以上情况，我预计，近期粮价必上涨，而且上涨幅度较大，可能每千克上涨0.2元至0.5元；我厂每年工业原料用粮10万吨，按每千克原料用粮上涨0.3元计算，每吨将上涨300元，10吨就是3 000元，全年就是3 000万元！因此，我建议当务之急是在粮食涨价前购进原料，这样可以降低成本，提高竞争力，获得可观的经济效益。然后再把获得的盈利投入技术改造；由于经济实力增强了，我们进行技术改造的起点可以更高些，最好能达到国际先进水平。这样，就为我们的产品参与国际市场竞争打下了坚实的基础……"

卢主任的发言结束后，会场一片寂静。领导们有的拿出计算器仔细地算着；有的掏出钢笔，在本子上写着；还有的托着腮在沉思……

过了一会儿，厂长的发言打破了寂静："卢主任提出了一个值得我们深思的问题。我同意他对粮食价格变化所作的分析和预测。摆在我们面前的问题，是先搞基本建设和技术改造，还是先购进即将涨价的原料，取得经济效益后再以更大的投入进行高起点的技术改造。请大家对这两个方案再议一议。"

大家七嘴八舌讨论起来，会议气氛十分活跃。经过反复比较、分析、论证，厂领导最后一致同意采纳卢主任的建议：先购进粮食原料，再进行技术改造。

后来的事实证明，卢主任的预测是完全正确的，他的方案使企业获得了巨大的利润，整整多赚了一个亿！

该案例中，卢主任采用了何种信息传递方式？对你有启示吗？

任务二　信息反馈

任务引入

喜讯后面的悲剧

总经理一天三次电话询问办公室信息秘书小王，了解南方市场的销售情况。小王一连打了好几次长途电话，总公司南方办事处主任都不在，得不到答复。总经理要外出办事，临出门还叮嘱小王及时了解南方市场的情况，只要南方销售形势好，便可调整下一季度的生产任务，使企业再上一个台阶。

小王中午也没有休息，终于打通了长途电话，接电话的正好是南方办事处吴主任。

“吴主任吗？我是总公司办公室王秘书。总经理急需了解你们的销售情况。”

“我们的销售形势大好啊！我正忙着与港商洽谈十万套西服的出口合同呢！面料和样式与上次一样。”

“那太好了！能成功吗？”小王问。

“估计问题不大！意向书已经草签，今天下午四时进一步洽谈细节，然后签订合同。”吴主任说。

“那我下午四点半等您的准确消息。”

“四点半我还有个应酬。我让办事处小李给你回个电话。”

小王刚放下电话，总经理的秘书小刘又打来电话问南方的销售情况。

“吴主任说，南方形势大好，正在与港商洽谈十万套西服的出口合同。”小王兴高采烈地说。

“成功的把握大吗？”小刘问。

“吴主任说，今天下午四点正式签约。面料和样式与上次一样。”

“那就是说，只有签约的手续了？”小刘又问。

“是的，”小王肯定地说，“我接到签约回电后马上告诉你。”

小刘接电话后，在总经理写字桌的记事本上写道：“办公室小王接到南方办事处吴主任电话，与港商洽谈出口十万套西服合同，面料和样式与上次一样。今天下午四点正式签约。3 月 25 日小刘记录。”

下午五点二十分，总经理回到办公室，急忙翻阅记事簿，看了小刘的记录后非常高兴。他拨通电话，要求采购员按上次要求购进面料，通知设计部门做好准备，维修部门抓紧维护设备，生产部门准备另外招收一批熟练技工。时间就是金钱，总经理抢在时间前面调兵遣将，一直忙到晚上七点半还没有吃饭。

下午四点半，办公室小王一连接到北方办事处、西北办事处的两个长途电话，一直打到下午五点半。刚放下电话，上海的男朋友又打来长途，商量结婚物品采购和蜜月旅行路线的事，一直谈了两个多钟头，柔情蜜意中连吃饭的事也给忘了。直到男朋友挂断电话，小王才想起南方办事处的重要电话还未接到。这时已快八点了，她一拨通南方办事处，小李开头一句就吼道："怎么搞的？我拨了几个钟头电话，总是占线，你的电话拨不通，总经理的电话也拨不通。"

"合同签了吗？"小王来不及解释，打断小李的话问道。

"签个屁！生意让深圳一家公司抢去了，人家更有优势。吴主任气得高血压病也犯了，住院去了。"

小王赶快拨总经理的办公室电话。总经理办公室无人接，小刘也下班了。她又把电话打到总经理家里，家里说他没回来。最后，好不容易在大富酒楼里找到了总经理。

"什么？谈判失败？"总经理一听，手里的酒杯也落地了。他知道高档面料已经购进，现在只有压在仓库里。

重大的经济损失不可避免，总经理、吴主任、小王、小刘、小李像害了一场大病。公司的前途，个人的去留，使他们忐忑不安。

任务分析

（1）秘书给领导者提供信息一定要准确可靠。

信息是领导决策的基础和依据，领导者的决策在很大程度上依赖于秘书提供的信息。正确的信息无疑对领导决策能够产生积极的促进作用；反之，错误的信息对领导决策会产生误导作用，造成的损失和影响也很大。本案例中，由于秘书小王把尚未形成事实的信息传递给秘书小刘，小刘又把这一信息以肯定的语气用书面形式传递给总经理，使正在渴求这一信息的总经理误认为已成事实，急切地作出了决策。结果，当这一信息变更后，便造成了无法挽回的损失。由此可见，秘书给领导者提供信息一定要谨慎，做到准确无误，防止信息误解。

（2）秘书一定要保持重要信息的传输渠道畅通无阻。

信息的时效性与其价值成正比。传递得越及时，其价值越大，反之，则越小。因此，秘书人员一定要保持重要信息的传输渠道畅通无阻，防止延误重要信息的传递。本案例中，秘书小王在下午四点半连续接到其他办事处的几个长途电话，这是无法预计的。但小王明知南方办事处的信息最重要，完全可以用简短的时间处理完其他办事处的电话，集中时间了解南方办事处的签约信息。但她没有这样做，从四点半一直打到五点半。这还不算，又接到男朋友的电话，两人竟然聊到八点钟，致使南方办事处方面的信息无法及时传递过来。这种办事态度和作风，是秘书人员的大忌，教训极为深刻。

（3）秘书对重要信息的跟踪与反馈一定要连续不断。

对于一些领导特别关注的重要信息及其发展趋势，秘书人员一定要连续跟踪，不能间断。一旦信息发生变化，要立即反馈给领导者，以便及时调整决策方案。本案例中，秘书小王本应对尚未签约这一重要信息跟踪反馈。但她却中断联系近 8 个小时。当得知签约已泡汤的信息时，一切都已晚了。这个沉痛的教训值得秘书人员认真吸取。

相关知识

一、信息反馈的内容

所谓信息反馈，是指控制系统把输出的信息与其作用的结果相比较后再返送回来，并对信息的再输出发生影响的过程。信息反馈能使决策执行过程中的实际情况，经过反馈系统及时送到决策者手中，帮助决策者依据不断返回来的信息，对决策不断进行修正和调整，从而达到预期的目标。

信息反馈是对信息的适用程度、信息工作的效益效率以及存在问题的考察阶段。完善的信息工作，没有不关心反馈环节的，它是检验信息工作的重要环节，也是掌握信息利用程度、效率水平的过程，是更新一轮信息工作的基础。在领导工作中，反馈信息对于实现正确的指挥、控制、协调是十分重要的。同时，反馈信息对于决策也是十分重要的。它是判断、检验决策是否正确的主要尺度，是对决策进行不断修正、不断调整，使之符合客观实际的主要依据。

对于秘书人员来说，因为其信息工作主要是为领导决策服务的，所以其信息反馈的重点主要集中在三个地方。

（一）成绩

从董事长到部门主管，从企业最高层到基层，没有哪个领导不在乎自己治下所取得的成绩的，这不仅是工作职责所在，也是为治下员工承诺上交一份答卷的使命所在。为此，在信息反馈中：一是要及时上报动态信息。按月（季、年）、分行业将辖内经济社会各项事业的进展情况以及取得的最新成就加以整理，在第一时间通过信息载体上报。这是任何一位领导都必须掌握的情况，因而认同感比较强。二是要善于总结推广经验。信息上报要着眼当前、谋划长远，及时发现、总结特色工作中显现的好思路、好经验、好典型，真正发挥信息推动工作的作用。那种既具有企业特色又具有普及推广意义的经验信息，往往容易被上级单位采用、下级单位学习、同行企业效仿。

（二）问题

问题是企业发展过程中难以绕过的羁绊。及时、准确、全面地向领导反映工作中发现的问题和困难，有利于领导科学决策，进而推动工作的进一步发展。为此，要多深入基层调查研究。没有调查就没有发言权。报喜不报忧是当前一般工作汇报中的一大痼疾，要想克服这一顽症，只有深入工作的源头，深入最基层，如卖场、车间，通过调查问卷、小型座谈会等简易亲民方式广泛调查了解，才能获取最真实的情况。这种来自实践的分析报告，可靠性强，很容易获得领导的肯定。对员工反应比较强烈的关系民生的负面信息，或者是直接质疑和问责企业主要领导的问题信息，都要第一时间收集整理上报，领导一般都会重视并批示，这将大大延伸信息工作的触角。

（三）方法

企业办公室参谋助手作用的发挥，很大程度上是通过信息工作提供有效的对策建议来实现的。一般领导掌握信息的目的就在于解决问题，而报送解决问题的方法和措施不仅是信息工作者的职责所在，更是体现信息工作水平的重要方面。为此，一要全面了解情况。要全面掌握当前企业各项规章制度及主要工作部署、各个部门的分工安排以及企业发展状况，同时对世情、国情、省情和市情也要全面了解，只有这样才能避免提出不合时宜的对策建议。二要注重利用外来成果。他山之石，可以攻玉。要积极通过实地考察、电话预约、资料检索等方式，有针对性地广泛收集其他企业工作取得成功的管理经验和具体做法，在吸纳提炼的基础上及时向领导反馈，为领导科学决策提供参考。

二、信息反馈的形式、方法

信息反馈有如下几种形式：(1) 纵向反馈和横向反馈。纵向反馈是向上级管理部门和决策层反映执行指令情况的反馈形式；横向反馈是同级组织之间的信息反馈。(2) 正反馈和负反馈。决策执行中的成绩、经验方面的信息反馈为正反馈，问题、失误方面的反馈为负反馈。(3) 前反馈和后反馈。在信息发出前信息接收者向信息发出者提出要求和愿望是前反馈；在信息发出后信息接收者对信息做出的反应是后反馈。

信息反馈有连续型、系列型、广角型三种方法。(1) 连续型反馈信息：对工作过程中的某个关键问题在短期内连续不断地进行反映。(2) 系列型反馈信息：将工作活动的全过程情况按不同的发展阶段连续反映。(3) 广角型反馈信息：对工作活动的某个过程从不同角度进行反映。

三、信息反馈的具体措施

信息反馈要求反馈时间要短，反馈内容要准确、真实、广泛、全面，要多信源、多通道反馈。根据一些地方和部门的经验，可以通过以下措施做好信息反馈工作。

(一) 建立健全信息反馈系统

要建立一个多层次、多渠道、多触角、纵横交错、通达灵敏的信息反馈网络。通过这个网络，把企业的政策、指令、任务和要求，以及领导层的意见，及时传递到企业各个层级，同时把贯彻执行情况和动态反映到有关领导层，从而加强上下左右的联系。这个系统应该包括多种信息反馈渠道，比如有的企业办公室设立了总经理、董事长电子信箱，负责解答员工问题；有的企业工会设立了员工心理热线，对员工的精神心理状态进行细密观察和疏导；有的企业建立了活动室（俱乐部），给员工提供充分放松的讨论环境；有的企业开设内部网、内部论坛，鼓励员工在匿名状态下积极参与讨论，无所顾忌地踊跃发表言论；有的企业定期开展座谈会、调研会、职工代表大会、运动会、文娱会；等等。所有这些做法、活动、制度，在信息收集和反馈方面都有着自己独特的作用，企业只有根据实际情况，构建起这样一个反馈系统，才能使信息反馈更全面、更真实、更迅速。

(二) 简化信息反馈程序

根据传播学原理，信息的传递往往受到传播层级的影响，一般来说，经过的层级越多，传递的速度越慢，“噪声”越多，也越容易失真，最后就会演变成“领导的层级越高，越难听到下面的声音”的局面。所以，在一些“金字塔”结构的大型企业、集团，要努力打破层层向上汇报和层层向下传达的办法，简化信息的审批程序，保证反馈信息的时效。比如，有的外企实行导师制，让领导与新员工结成帮助对子，及时了解他们的工作情况和问题；设立领导办公接待日，欢迎基层员工来访，都是一种简化信息反馈程序的创新之举。

（三）建立一套科学的工作制度

信息反馈工作是一项复杂而细致的工作，必须建立一套相应的工作制度，才能保证信息反馈工作的顺利进行。比如建立每日汇报制度、大事日报制度、专题报告制度、内刊报送制度、领导批示的再反馈制度等。这些制度的建立最终都需要通过规范而合理的工作制度保证执行，这样才能把信息反馈工作落到实处。

要做好信息反馈，关键是对信息工作目标的量化。质量、效率标准定在工作之先，才能对信息反馈有所分析。

阅读材料

企业信息管理师

企业信息管理师指从事企业信息化建设，并承担信息技术应用和信息系统开发、维护、管理以及资源开发利用工作的复合型人员。

职业能力要求

据企业信息管理师专业委员会主任、清华大学管理学院教授侯炳辉教授介绍，合格的企业信息管理师必须是具备一定的企业管理知识和信息知识的复合型人才。企业信息管理师首先是一名合格的企业管理人才，要有从事企业的经营管理的经验，对企业的人力资源管理、部门协调、发展战略等方面都要有比较清醒的认识；同时他还必须具备一定的信息产业知识，能够了解国际信息产业发展的潮流趋势，及时掌握最新信息管理系统的特点与功效。企业信息管理师的知识结构要横跨文理学科。拥有管理与信息方面的知识并不是说就一定能够成为合格的企业信息管理师，因为企业信息管理师这样的复合型岗位性质，要求从业人员能够将两类知识巧妙地融合，在本企业的管理与当前信息化发展中找到最好的结合点。

现状与前景

我国的企业，尤其是IT企业，正处于我国信息化的黄金时代。IT企业迎来前所未有的发展机遇和压力，这些企业不仅需要计算机软/硬件工程师、网络工程师和通信工程师，更需要信息化建设的复合型开发和管理人才，以便进行企（事）业和部门的应用系统的开发、维护，进行信息资源的开发利用。进入新世纪，我国开始了第三步战略目标的奋斗历程，国家提出了“以信息化带动工业化，以工业化促进信息化”的战略举措，提出了我国国家信息化宏伟蓝图。对于这样一个伟大的历史进程，应该而且必须有强有力的学科支持，以便培养数以千万计、几千万计的管理人才、IT人才及综合型的复合人才。

可以预期，“企业信息管理师”职业的建立必将极大地促进信息学科的发展，从而反过来促进人才的培养、凝聚和使用，促进国民经济和社会信息化进程。

企业在生产、管理、销售中无时无刻不在与信息技术打交道，于是一个专门负责信息开发和运用的职位应运而生，这一职位被称作首席信息官（CIO）。在现代企业中首席信息官是举足轻重的人物。在美国的企业中，它相当于副总经理，直接对最高经营决策者负责。

与国外成熟的CIO制度相比，我国多数企业的CIO尚处于“潜CIO”或“准CIO”的状态。目前我国CIO还只不过是一个与信息有关的职位，且绝大多数为部门级的，通常称为信息中心主任或IT部门经理，未能渗透到企业战略管理与决策层中，他们更多地关注具体信息技术的规划与实施。

尽管我国企业经历了近20年的信息化，但企业信息化效果不佳，信息化程度仍然较低，目前全部实现综合性管理信息系统的企业只占4.7%。而大多数中小企业信息化水平甚至还处于用计算机打字的阶段。但不可否认也确有像联想等的成功CIO案例，但实在是少之又少。关于CIO的职责和作用问题在我国企业界也有不少争议，不少学者对此有不同的认识和看法。有人认为，在企业中CIO或者是不负责战略的CTO（首席技术主管），或者是领导战略实施的CEO。也有人认为，CIO将成为只负责信息技术应用的CTO，或者成为咨询公司中的咨询人员。还有人认为，CIO的技术专家和战略家的双重职责应一分为二，即CIO负责推动业务的进行，CTO负责保持系统的正常运转。换句话说，CTO保障现行业务，CIO负责长远规划。还有人认为，在今后的企业信息化逐步深入的情况下，CIO的地位不仅不能被削弱，CIO作为CEO的重要延伸，其地位将越来越重要。

职业认证

本职业的认证对象包括企业内从事信息化建设的人员、从事信息化服务的人员、高校信息管理与信息系统专业的在校（毕业）生和其他准备从事企业信息化工作的社会人员等。随着我国企业进一步与国际接轨和信息化建设的不断深入，社会对既懂技术又懂管理的复合型的信息管理人才的需求越来越大，要求越来越高。

职业等级

按知识和技能水平的不同将该职业划分为助理企业信息管理师（国家职业资格三级）、企业信息管理师（国家职业资格二级）、高级企业信息管理师（国家职业资格一级）三个等级。

申报条件

1. 助理企业信息管理师（具备以下条件之一者）

（1）连续从事本职业工作6年以上。

（2）具有以高级技能为培养目标的技工学校、技师学院和职业技术学院本专业或相关专业的毕业证书。

（3）具有本专业或相关专业大学专科及以上学历证书。

（4）取得其他专业大学专科及以上学历证书后，连续从事本职业工作1年以上。

（5）具有其他专业大学专科及以上学历证书，经本职业助理企业信息管理师正规培训达规定标准学时数，并取得结业证书。

2. 企业信息管理师（具备以下条件之一者）

(1) 连续从事本职业工作 13 年以上。

(2) 取得本职业助理企业信息管理师职业资格证书后，连续从事本职业工作 5 年以上。

(3) 取得本职业助理企业信息管理师职业资格证书后，连续从事本职业工作 4 年以上，经本职业企业信息管理师正规培训达规定标准学时数，并取得结业证书。

(4) 取得本专业或相关专业大学本科学历证书后，连续从事本职业工作 5 年以上。

(5) 具有本专业或相关专业大学本科学历证书，取得本职业助理企业信息管理师职业资格证书后，连续从事本职业工作 4 年以上。

(6) 具有本专业或相关专业大学本科学历证书，取得本职业助理企业信息管理师职业资格证书后，连续从事本职业工作 3 年以上，经本职业企业信息管理师正规培训达规定标准学时数，并取得结业证书。

(7) 取得硕士研究生及以上学历证书后，连续从事本职业工作 2 年以上。

3. 高级企业信息管理师（具备以下条件之一者）

(1) 连续从事本职业工作 19 年以上。

(2) 取得本职业企业信息管理师职业资格证书后，连续从事本职业工作 4 年以上。

(3) 取得本职业企业信息管理师职业资格证书后，连续从事本职业工作 3 年以上，经本职业高级企业信息管理师正规培训达规定标准学时数，并取得结业证书。

此外，相关专业是指：计算机科学与应用、信息管理与信息系统、电子商务自动化、管理科学与工程、工商管理。

强化训练

训练 1

某公司领导的一项决策实施后，引起了公司部分职工的一些看法，这些看法不无道理。秘书小张了解了这个情况后想将这个信息报告给上司。他的好朋友却说上司一贯比较喜欢听符合他心意的话，如果把客观的信息情况告诉他，可能他会不高兴。于是小张就把反映员工意见的信息保留下来，只将反映好的一些信息告诉上司。结果遭到上司的批评。

从信息传递的角度说明这个案例给你什么启示。小张为什么受到批评？从信息反馈的角度说说你的看法。

训练 2

下午一上班，投资部就送来一份关于“天津宏星公司情况介绍”的材料，要我赶紧送给孙总，说孙总催着要。

也许是时间太急，投资部送来的材料中不仅有错别字，还有一些语法上的错误，如“非要……不可”的句子，像口语那样把后面的“不可”两个字漏掉了。于是，我把材料的文字稍作润色，重新打印送给孙总。

孙总将材料翻了翻，就皱起眉头说："小于，这份材料你加工处理过，是吧?"

"是的，"我不清楚孙总问这话的意思，"我只是对其中的文字润色了一下。"

"小于，你应该知道我要这份材料的目的。我想了解宏星公司的资产状况，但是更想了解宏星公司目前管理层的状况。他们现在有多少管理人员，管理人员的年龄结构如何，知识结构如何，管理、开发和销售人员各占什么比例，他们对我们将要进行的控股投资的态度如何……我要的是他们目前实实在在的真实情况，而不是这么几个干巴巴的数字和几条标语口号，你知道吗?"

孙总的脸越拉越长。

"小于，我是经理，你是秘书，所以，我希望你做我的眼睛，做我的耳朵，甚至做我的手和脚，但我不希望你做我的大脑！哪些材料有用，哪些材料没用，应当由我自己的大脑来判断。把我的大脑留给我，好吗?"

窗外已是电闪雷鸣。看我手足无措的样子，孙总态度缓和了一些："是不是投资部把材料给你的时候，就是这个样子？可能主要责任不在你。这样吧，你去把投资部的李部长叫来，我要听取他的口头汇报。"

投资部的人汇报完毕，我从孙总的办公室回来。孟姐见我闷闷不乐的样子，问我怎么回事，我把事情的经过大致说了一遍。孟姐安慰我说："小于，当秘书没有不出现差错的，不要紧。问题是，你知道问题出在哪里吗?"

我没吱声。孙总的批评没错，但我总觉得自己委屈。

"小于，我给你讲个小故事吧。这是我刚当秘书时，我的美国老板讲给我听的。你有兴趣听吗?"

"事情是这样的。一天，我的美国老板坐车路过一个小菜市场，看见路边小蔬菜店门口摆着一堆新鲜的洋葱。洋葱的皮晒得红红的，上边还沾着泥巴。老板的父亲是个农场主，老板小时候跟父亲种过洋葱。他来中国这么久了，第一次看到那么新鲜的洋葱，所以感到很亲切。回到办公室以后，他让秘书派人去给他买几个洋葱回来。可是，当秘书把洋葱放到他办公桌上的时候，那几个洋葱只剩中间的那一点小芯了。为什么？原来当总务科的办事员将洋葱买回来之后，马上放在水龙头下把洋葱上面的泥巴洗掉了；交给总务科科长后，科长又把洋葱外面的几层粗皮给剥掉了；科长把洋葱交给秘书后，秘书又把洋葱上的红皮剥掉了。洋葱虽然还是那几个洋葱，但早已不是老板当初想要的那种洋葱了。所以，老板当时就把秘书狠狠地训斥了一顿。"

从信息反馈的角度，谈谈这个案例给你什么启示。

第四章

信息开发与利用

任务一　信息开发

任务引入

洞口化工厂的办公室主任陈金凡在改革观念上下功夫，跳出“开会抹凳子、来客洗杯子、按照意图写稿子”的旧观念，不仅办文办事，而且出谋划策，不光做到“上传下达”传递信息，还做到综合处理、开发信息。

经过几次转产累遭失利的化工厂眼看就要倒闭了，陈金凡同志苦思救厂之道。他整天钻进信息堆里，从千头万绪的信息中，认准了“以化工救化工”的方向。陈金凡同志以独特的思维方式，运用系统工程原理，注意信息之间本质的内在联系，采用“倒金字塔”的方法分门别类地系统整理，从宏观的战略意义到微观的战术方式，均进行合情合理的分析，以便领导者采用。

他通过对北京、天津、上海、辽宁、江苏等省市的信息考察，整理出四大系列、十多个可供开发的新产品信息，并分别写出可行性报告，让领导择优选用。为了进行更深入细致的考察，他在一个月内先后四次到外地考证，并且在省图书馆里泡了三天，从而得出结论：“对氨基苯酚”最利开发，并阐述了五个方面的理由：一是省内空白，本省医药行业急需用它开发新药——“扑热息痛”；二是原料就近，主要原料“对硝基酚钠”在本市生产，每年有2 000多吨运往外省；三是市场走俏，全国医药一个行业就需“对氨”1.2万吨以上，而当时的生产能力仅为1 500吨；四是工艺简略，安全隐患较少；五是效益可观。根据投资相当、规模相似、能力相仿的纵横交错的考察，他在江苏一家企业找到了技术策源地。精辟的分析、充分的考证，保证了这一信息的可行性，促使领导下定决心拍板开发这一新产品。

开发新产品“对氨基苯酚”，使连续四年走下坡路的濒临倒闭的企业，一跃成为盈利大户。这个产品从信息的提出到产品开发成功只用了14个月的时间，并迅速占领市场，使企业一举甩掉了亏损帽子。

任务分析

作为“信息枢纽”的秘书部门，如何把纷繁复杂的信息变为有效的物化成果？这就要求秘书人员紧紧扣住信息的整理、反馈、开发、利用等关键环节，主动服务，为领导参大谋，为企业献良策，利用信息，开发出新产品，打开市场。陈金凡同志懂得，好的信息只是提供了改造世界的客观条件，还必须通过人的主观能动性去调查、研究、拿出方案、付诸实施，才能使潜在的生产力转变为物化的成果。他身体力行，成为实现信息价值的排头兵，为企业发展作出了杰出贡献。

相关知识

一、了解信息开发的途径和方法

信息开发是指对信息材料进行技术化处理，使信息更好地为各级领导科学决策和推动工作落实服务。信息开发是信息优化的重要保障，是提高信息质量的重要手段。进行信息开发要注重调查研究，通过各种渠道全面、及时获取信息，充分利用信息网络开发系统，运用信息开发技巧，加强对信息的加工、综合分析、提炼和概括，开发出有特色、利用价值大、可信度高的信息。

（一）信息开发的工作程序

1. 确定主题

角度要选准。信息开发具有很强的人为主观性，不同的信息人员对同样的信息材料会选择不同的角度。在实际操作中，信息人员只有选择那些有新意、有价值、有效用的信息进行编报，所报信息才能进入领导的决策视野，起到以文辅政的作用；如果角度不新、立意平淡，即使再重要的信息也可能被弃用。

2. 分析信息材料

题材要挖深。要把一个看似平常的、零散孤立的信息开发成精品信息，必须经过深入提炼和加工，从动态性中把握规律性，在苗头性中发现倾向性，从偶然性中揭示必然性，由局部性透视全局性。

3. 选择信息开发方法

信息开发有多种方法，在实际工作中要善于选择和运用。

（1）汇集法。把关于某一主题的信息按照一定的标准汇集在一起。

（2）归纳法。将关于某一主题的信息集中起来，进行系统综合分析，明确说明某方面的工作动态。

（3）纵深法。把若干具有内在联系的信息或不同时期的有关信息纵向进行比较，形成新信息材料。

（4）连横法。把若干不同来源的信息按照某一主题进行横向连接，做出比较分析，形成新的信息材料。

（5）浓缩法。压缩信息材料的篇幅，以求主题突出、文字简明精练。

（6）转换法。把不易理解的数字和文字转换为易于理解的数字和文字。

（7）图表法。将有一定规律的数据制成图表。

4. 选择开发信息的形式

信息的开发形式包括剪辑报纸、编制索引、制作简报、编写文摘、编写简讯、撰写调查报告六种。

5. 形成信息产品

编报要灵活。大多数信息给人的印象往往是内容枯燥、题材类同，要使信息变得生动，富有感染力，就必须在编报上讲求变化，根据不同的信息题材选择不同的编报方法。

（二）信息编写的类型

开发的信息通常被编写为如下几种类型：

（1）动态型信息。反映某项工作、活动或事件的发生、发展、变化的客观情况。

（2）建议型信息。反映问题并提出解决问题的措施。

（3）经验型信息。反映地区、单位、部门某方面经验的信息。

（4）问题型信息。即负面信息。

（5）预测型信息。预测社会动态、经济动态、市场前景、工作情况等的信息。

二、进行一次、二次、三次信息开发

信息开发具有多次性。一般物质资源经过消耗就可能丧失其功效，而信息具有共享的特性，它可以存储，可以被多次传输利用，能够不断地补充、完善和扩散，还可以进行综合和归纳，成为可增值的资源。所以，从信息加工的层次的角度出发，可以把信息开发划分成一次信息开发、二次信息开发和三次信息开发三种。这三个层次的信息产品中，信息的客观性、原始性逐渐降低，信息开发者的主观性、能动性逐渐增加，在信息编辑、材料整合中逐渐加入自己的观点、思想。

（一）一次信息开发

主要是将无序信息转变为有序信息，提高信息的利用率。这些信息基本是被原封不动地挪过来的，按照一定的主题、类别、领导的信息需求放到一起，这些原生态的信息对领导来说是鲜活的、集中的、方便的。剪报、简报属于一次信息开发。

1. 剪报

剪报是指把从报纸杂志等上面剪下的文字、图片资料，整理分类并集纳成册。20世纪八九十年代，人们平时读书看报发现自己感兴趣的文字图片时，为了便于日后使用的时候方便查找，常制作剪报。直到今天，这也不失为一种良好的习惯。对于企业领导来说，有时虽然订阅了很多报纸杂志，但是没有时间去翻阅，秘书人员完全可以通过这种方式，摸透领导的信息需求，通过剪报给领导节约时间和精力。

小链接

卫哲，2002年出任百安居（中国区）总裁，带领管理团队在5年中将百安居发展成中国最大的建材零售连锁超市。卫哲被评为“2004 年度中国七大零售人物”和 2005 年度“中国零售业十大风云人物”。2006 年 11 月正式加盟阿里巴巴，并出任集团资深副总裁兼企业电子商务（B2B）总裁。但是，谁知道，年轻有为的他，却是从实习“小秘”，从剪报、端茶等杂活干起的。

他大学学的是外事管理专业，也曾有过做外交家的梦想，不过他的第一份职业是做上海万国证券公司老板、“中国证券之父”管金生的秘书。做小小的实习生，怎么能让大老板认识到你？采访中，卫哲如是说：“当时老板不让我干什么，就是翻译个年报，剪剪报纸，到后来就是他不看我的剪报中午就吃不下饭。中午他和我们一样吃盒饭，会问小卫，剪报呢？问到这个，我就知道有成效了。”

作为秘书，卫哲也要给老板端茶送水，他说这都有技巧。什么时候去倒，估摸着老板一杯水喝了多少时间，讲话讲得多就得倒得勤一点，你在会场外边，什么时候去倒，又不能打断老板讲话的激情，什么时候光倒水不加茶叶，什么时候该带着茶叶进去，老板还抽烟，什么时候打火机里的油没了该换个打火机，这都得把握。

都是很琐碎的事情，说起来很不起眼，不过卫哲能够把这些事情做得很不一样，他在乎的是细节。因为当你是个小人物的时候，能做的只有细节。

当这些细节都做好的时候，老板知道，让卫哲再做复印、倒水、剪报等工作，那是屈才了。

资料来源：暴剑光，卫哲．以小角色思考大格局，当小秘书就在为十年后当总裁做准备．全球商业，2007（4）．

2. 简报

简报是传递某方面信息的简短的内部小报，是具有汇报性、交流性和指导性的简短、灵活、快捷的资料，又称“动态”“简讯”“要情”“摘报”“工作通讯”“情况反映”“情况交流”“内部参考”等。也可以说，简报就是简要的调查报告、简要的情况报告、简要的工作报告、简要的消息报道等。它具有简、精、快、新、实、活和连续性等特点。现在很多企业都有自己的工作简报，这些简报既可以为领导及时提供第一手的工作信息，也可以丰富企业的文化氛围。

简报的种类很多，按时间分，有定期的简报、不定期的简报；按性质分，有工作简报、生产简报、学习简报、会议简报；按内容分，有综合反映情况的简报和反映特定情况的专题简报。

简报不是一种文章的体裁，因为一份简报，可能只登一篇文章，也可能登几篇文章。这些文章，可能是报告、专题经验总结、讲话、消息等，故此，把简报说成是一种独立的文体，或只说成是报告，是不妥当的。简报不是一种刊物。因为有些简报可装订成一本，像一般“刊物”，更多的是只有一两张纸，几个版面，像一份报纸。更重要的是简报具有一般报纸的新闻特点，特别是要求有很强的时效性。而刊物的时效性则远不及报纸。故此，简报不是“刊”，而是“报”，说它是刊物，不如说是“小报”更确切些。

简报的种类尽管很多，但其结构却不无共同之处，一般都包括报头、标题、正文和报尾四个部分。有些还有编者配加按语，成为五个组成部分。简报一般都有固定的报头，包括简报的名称、期号、编发单位和发行日期。

（1）简报名称。印在简报第一页上方的正中处，为了醒目起见，字号易大，尽可能用套红印刷。

（2）期号。位置在简报名称的正下方，一般按年度依次排列期号，有的还可以标出累计的总期号。属于“增刊”的期号，要单独编排，不能与“正刊”期号混编。

（3）编发单位。应标明全称，位置在期号的左下方。

（4）发行日期。以领导签发日期为准，应标明具体的年、月、日，位置在期号的右下方。

报头部分（见图 4－1、图 4－2）与标题和正文之间，一般都用一条粗线隔开。有些简报根据需要，还应标明密级，如“内部参阅”“秘密”“机密”“绝密”等，位置在简报名称的左上方。

报尾部分（见图 4－3）应包括简报的报、送、发单位。报是指简报呈报的上级单位；送是指简报送往的同级单位或不相隶属的单位；发是指简报发放的下级单位。如果简报的报、送、发单位是固定的，而又要临时增加发放单位，一般还应注明“本期增发×××（单位）”。报尾还应包括本期简报的印刷份数，以便于管理、查对。报尾部分印在简报末页的下端。

江 苏 省 血 液 中 心

信 息 简 报

2018 年第 13 期

江苏省血液中心 办公室 **2018 年 7 月 15 日**

《血液中心、血站设备配置要求》标准制订工作启动会
在南京召开

图 4－1 简报报头示例 1

国企改革简报

2018 年第 24 期（总第 308 期）

国资委全面深化改革领导小组办公室　　2018 年 6 月 15 日

云南投资控股公司管理创新 构建新管控体系

云南省投资控股集团有限公司（以下简称云投公司）按照国有资本投资运营公司功能定位，积极开展管理创新，构

图 4－2　简报报头示例 2

报：中央政治局、书记处各同志，全国人大常委会、国务院、全国政协领导同志；中共中央办公厅、全国人大常委会办公厅、国务院办公厅、全国政协办公厅、国家财政领导小组办公室

送：中央和国务院各部委，各省、自治区、直辖市党委、人民政府

发：本部领导，各司局，各直属单位，各省、自治区、直辖市财政工作部门，各计划单列市财政局，有关单位　　（共印 100 份）

图 4－3　简报报尾示例

（二）二次信息开发

二次信息开发是对一次信息进行整理后形成新信息。索引、目录编制和文摘属于二次信息开发。

1. 索引

索引是揭示文献内容出处，提供文献线索的检索工具，旧称通检、备检或引得。组成的基本单位是索引款目。款目一般包括索引词、说明或注释语、出处三项内容。所有索引款目实现有序化编排。其本质特征是只揭示内容出处或文献线索，并不直接提供事实、资料本身。主要功能是为人们准确、迅速地获得文献资料提供线索性指引。常见的索引主要有报刊论文资料索引、文集篇目索引、语词索引、文句索引、关键词索引、专名索引、主题索引等。具体格式可以参见本书第七章任务一。

2. 目录编制

目录编制是指根据信息的题名编制目录，以表格的方式系统化记载和揭示相关信息内容。它的形式很灵活，完全可以根据需要设置项目，设置的项目可多可少。其优点在于结构清晰，查找方便。

索引与目录没有严格的界限，一般说来，目录是对信息内容和形式特征进行全面、系统的著录，项目比较完整；索引则是对信息中的某一部分特征进行著录，如文件中涉及的人名、地名等，著录项目比较简单，只有名称（人名、地名、文号）及出处（或者编号）两个项目。具体格式可以参见本书第七章任务一。

3. 文摘

文摘是指对信息简明扼要地摘录其重要内容，以便更全面地指示信息的方法，在工作中经常被俗称为“摘要”。一般来说，文摘可以分成三种：（1）报道性文摘：对原始文献进行浓缩的文摘。（2）指示性文摘：根据原文编写的带有评价的文摘。（3）报道-指示性文摘：兼具以上二者特点的文摘。

应该说，写文摘或者摘要，对于文秘人员的信息整合能力、思考能力是较大的挑战，不仅要尽可能地忠实于原信息，又能清晰、合理地表达自己的思想、观点，要持之有据，也要客观中立，这样才能保证文摘的质量，才能对领导起到真正的参谋作用。

（三）三次信息开发

三次信息开发是在一次、二次信息的基础之上，通过分析概括而形成更深层次的信息。简讯和调查报告属于三次信息开发。其中，简讯是用简明扼要的语言报道最新动态信息。调查报告是在实地调查获得第一手信息的基础上，通过分析得出反映有关事实的本质特征信息的三次信息产品。调查报告的撰写、形成，离不开扎实的调查研究功底。调查研究各阶段的具体步骤如表 4-1 所示。

表 4-1　调查研究各阶段的具体步骤

调查研究的阶段	具体步骤	要求
准备阶段	确定调查研究的课题	课题必须是必要的、可行的
	确立调查的对象、类型和方式	根据课题的性质和要求来确定

续前表

调查研究的阶段	具体步骤	要求
准备阶段	设计必要的调查问卷和表格	设计要明朗、简洁、易答、逻辑性强、选项分明，便于统计分析
	规定调查的时间和地点	包括调研的起始时间、所需时间以及时间限度，注意地域的差异性
	制订调查研究计划	一般包括：调查过程（含主要的及重要的事实、情况、资料或数据等）、调查结果（含原因、因素、评价、问题的症结、解决办法、意见或建议等）和研究结果
调查实施阶段	联系确定调查对象	建立联系，详细说明，协商配合
	实施调查	科学安排，点面结合；注意遵守有关法律、法规和制度；严守有关保密法律
研究分析阶段	对调查材料取舍、审定、核对和证实；分类整理，将初级信息通过技术手段转化为高层次信息；利用科学准确的研究方法，对调研内容进行研究、分析、统计；确定研究结果	注意突出重点；注意将全面性和重点性相结合
撰写报告阶段	一般包括：调查过程（含主要的及重要的事实、情况、资料或数据等）、调查结果（含原因、因素、评价、问题的症结、解决办法、意见或建议等）和研究结果	调查报告要求主题突出、观点鲜明；内容具体、材料实事求是；布局合理；格式规范；语言运用得当

1. 调查报告的撰写

调查报告是对整个调查研究结果客观而又具体的反映，是对调查材料的深入分析研究的总结，因此，熟练掌握调查报告的撰写方法，是秘书必须具备的基本功。调查报告一般由标题、前言、正文、结尾四个部分组成。

（1）标题。标题即题目，有正标题和副标题两种形式。正标题是全文的主要内容或中心观点的概括与说明；副标题补充交代调查对象或调查内容，并标明文种，常采用“关于×××××的调查”的形式。

（2）前言。前言也称导语，起着总领或引出全文调查对象和范围、调查采取的方法及过程的作用。主要有以下形式：

1）概述式：用叙述的方法，概括其重要意义。

2）结论式：先写调查结论，然后分别叙述调查的内容。

3）说明式：先简要说明所述对象的基本情况、背景情况，再叙述主题和其他有关材料。

4）提问式：开头首先提出问题，设下悬念，然后引出下文。

（3）正文。这一部分是调查报告的主体部分。要详尽叙述调查的情况（经验或存在的问题），并引出调查的结论。调查报告写得成功与否，主要取决于正文部分。正文部分常用的结构有以下几种：

1）横式结构：写作的方法是两段式，即把要反映的调查内容分几个问题叙述；接着归纳出规律性的东西（经验、教训或者结论）。这种结构的优点是能较强反映情况的系统性，给人以完整的感觉。

2）纵式结构：写作的方法是逐一叙述，逐一论证。即把要反映的调查内容和论证的结构有机结合，针对每一个调查内容分析归纳，作出结论。这种结构的优点在于有明确的针对性。

3）综合式结构：也称纵横式结构。即将纵式结构和横式结构结合使用，通常是按时间顺序介绍经验产生的前因后果，然后再将经验并列为几个部分加以说明。

4）逐点式结构：围绕一个主题调查若干个对象，每个对象提供的情况或经验教训各有其特点，为了充分反映调查结果，可以分几个相对独立的部分来写，逐一说明调查所得的各种情况。

（4）结尾。结尾即调查报告的结束语，从形式上看，一般是无结束语，也有简短的结束语和较长的结束语。从内容上看，既可以对调查对象的发展前景作展望，也可以对调查提出解决问题的办法和意见，还可以对调查中得出的结论从更高的层次作论述，揭示其现实的普遍意义。

2. 调查报告写作中应注意的问题

（1）提炼报告主题。所谓提炼报告主题，就是对经过调查研究得来的资料深入挖掘，从抽象中带出规律性的东西，作为报告的统帅、灵魂，并以之贯穿整个篇幅，统领所需的材料。提炼主题，一是要实事求是，不能任意拔高；二是要针对重点、难点、焦点问题，立足于解决和回答现实迫切需要解决和回答的问题。

（2）精选基本素材。材料选用要突出“精”字，即把那些最能说明观点、服务主题的材料尤其是典型事例选出来并用上去，但不能过多、过滥。缺材料的时候要沙里淘金，多的时候要忍痛割爱。同时，要十分重视数据的收集和运用，统计数据也是体现事物的质与量的有效材料，一个数据用好了，往往能起到画龙点睛的作用。

（3）合理谋划布局。就是用一个恰当的结构方式，把已经确定的主题及素材组合起来，使形式与内容得到完美的结合。开头力求开门见山，开宗明义，给人以总的概念或启迪，写法上既可直接摆结论，直接提问题，也可以从调查的经过与目的着手。主体是表现主题的核心部分，可按照事物发生、发展过程或时间先后次序来安排材料，阐明观点，也可按问题的属性与内在联系横向排开。结尾是分析问题、解决问题的必然结果。结尾可总结全文以深化主题，也可提出启示以发人深省，还可以指明方向或预示趋势等，意到言到，意尽言止，尽量做到首尾照应。

（4）讲究语言的运用。调研报告是一种以叙事为主的说明性文体。其语言要求是准确、简洁、通俗。准确，就是要实事求是，陈述事实要真实可靠，议论要把握分寸，不能任意拔高或贬低，引用数据要正确无误。简洁，就是要用尽可能少的语句，表达尽可能多的内容；对事实的叙述，不要作过多的描绘；对观点的阐释，不要作烦琐的论证；对可有可无的段落、字句要统统删去。通俗，就是要有朴素、明白、平易近人的语言，以叙述和议论为主，不要抒情和渲染的描写，不要使用生僻的专业术语和华而不实的辞藻，不随便运用夸张和奇特的比喻。同时，还要注意引用通俗易懂的语言为文章服务，不要乱用、滥用，更不要用那些不文明的语言，要用得恰到好处。

阅读材料

信息简报编写的方法和注意事项

信息简报编写是办公室的一项经常性、基础性工作，也是办公室“以文辅政”的重要组成部分。信息简报的最大特征，就是形式上的简洁性、内容上的实在性、功能上的实用性。它的编写（包括采集、加工、编写、印制、报送等）工作也有着“真实、适用，简明、准确，及时、迅速”及“新、实、短，小、快、灵”等特点和要求。笔者曾在基层办公室从事或接触过多年的信息简报编写工作，深感兹事虽小，然司之不易，做好更难。可以说，它是做好办公室的“入门之作”和文秘人员写作修成“正果”的“必由之路”，也确实是提高文秘人员语言文字表达等综合能力的有效途径。现试结合工作实践，就其编写的几个要领和注意事项谈点粗浅看法。

一、明确编写宗旨

“小信息、大文章”，“小信息、大作用”。信息简报虽“小”，但却有着“窥一斑而知全豹”“落一叶而知三秋”的功效。它主要是用以反映新情况、新动态，提出新问题、新做法，交流新经验、新成效等，为各级领导提供决策和推动工作服务的，在实际工作中往往起着辅助领导决策、协助领导管理、促进部门交流、指导基层实践、推动全局发展等方面的作用。因此其编写工作要紧紧围绕大（大事）、要（要事）、新（新情况、新问题、新做法、新成效）、急（突发性公共事件）、难（难事）、疑（苗头性、倾向性）、内（不宜公开报道，但需引起领导重视及关注的问题）等来进行。在思想内容上要保持前瞻性、预见性、典型性、代表性、针对性和指导性，在加工编写上要开门见山、直奔主题，不穿鞋、不戴帽；一事一议，直陈其事，不绕弯子、不兜圈子；语句凝练，文从字顺，不疲软、不含糊。要做到“去同”（去除人云亦云部分）、存异（保留与众不同的内容，突出事实特色特点）、“不讲理”（不空发议论），坚持“五快”（快采、快编、快签、快印、快发）、“五不”（不迟报、不瞒报、不误报、不乱报、不漏报）制度。同时，还要遵循“去伪存真、去粗存精”“多中选好、好中选优、优中选特、特中选精”等宗旨和原则。

二、熟悉采编渠道

一般来讲，基层单位信息简报的收集采编工作有以下几种常用渠道或办法。一是定期收集。在本地、本行业和系统有关单位设立固定的信息网络（主要是建立相对固定的计算机传输网络和定向信息员信息报送制度及联席会议制度等，实行定期、定向、定性的互动交流）。二是预约采编。即围绕一个时期上级党委政府的决策重点及本地贯彻实施的意见，提前给基层信息员出题目、拟观点、订要求，让他们有的放矢地编写上报。三是热点跟踪。围绕一个时期、一个阶段改革、发展、稳定的工作重心以及重点、热点、焦点、难点问题，密切关注相关领域的新动态、新进展，及时予以捕捉、跟进、了解、采编。四是重点“求索”。对综合性强、工作性质比较重要和“敏感”的部门或单位，采取经常走访、联系和沟通、询问的办法，从中索取更多的信息点、信息源、信息“面”。五是观察捕捉。随时留心观察经济社会生活中的动态动向，悉心体会身边的社情民意，及时从中获取有利用价值的各类动态、动向性信息。六是综合处理。即通过对相关会议、文件材料、领导讲话等的分析、判断、提炼，从信息简报工作的角度予以加工整理，形成富有特色的信息。这也是最为常用的一种便捷方法。此外，还有阅读收听法、交换法、共享法、委托法、预测法、数据分析法以及上下延伸法、左右拓展法、内外挖掘法等。

但无论采取何种渠道和办法，我个人认为从事这项工作的同志最重要的是要有“三心”。一是要“有心”。就是要自觉培养和提高信息意识和工作理念，在日常工作中牢牢把握领导的信息需求，切实做到“五勤”（即眼勤、耳勤、脑勤、手勤、腿勤），练就一双善于发现、挖掘有价值信息的“火眼金睛”。二是要“用心”。“有心”是根本，“用心”是关键。“用心”就是不停留于被动、表面的信息收集与编发，而是要本着积极、主动的态度，养成及时、准确、持续、广泛收集和编写信息简报的工作习惯，提高深入挖掘、分析、甄别和系统运用信息简报素材的工作能力。“用心”离不开“细心”。“细心”贵在责任，贵在具体。只有养成“心细如发”、缜密思考、周全办事的良好习惯和作风，才能在编写工作中应付自如、应对得体，减少失误率，实现“无差错”。三是要“耐心”。对信息需求的判断、对信息价值的评估、对材料的取舍、对编写角度的选择等，都有赖于实践经验的积累，这种积累往往有个从“量变”到“质变”的过程，需要极大的耐心，因为有时候可能是“高投入、低产出”的。这就特别需要我们发挥办公室的“三平”（平凡之中的伟大追求、平静之中的满腔热血、平常之中的强烈责任感）精神，兢兢业业、扎扎实实做好本职工作。通过坚持，必能渐入佳境，收到实效，得成“正果”。

三、注重编写方法

一是平中寻“亮”。就是对于语言平淡、层次不高但又有其可取利用之处的“基层来稿”，要通过仔细阅读、分析和判断，找出其中的亮点，施以“去粗存精”式的内容调整、文字加工和润色，使其合乎规范，又具新意。二是浅者深掘。对内容浅显但尚具可用、可读性的“问题性”信息，可采取“热点跟踪、难点透视、实地调查”等方式予以进一步挖掘，增加分量，提高档次。三是狭者拓宽。对观点新颖、事例典型，但范围较狭窄的信息点，要站在全局的高度，通过分析、综合、提炼，从中找出带有规律性、普遍性和代表性的东西，以拓宽其内涵和外延。四是陈者换新。对于那些看似普通平凡但仍有借鉴意义的信息源，可采取另辟蹊径，如换位思考、逆向思维、“旧瓶装新酒”等办法，从全新的角度加工出富有新意的信息，则能收到“横看成岭侧成峰”之效。五是零者储备。对于一些内容单一、零碎、貌似残缺不全，暂时好像用不上的信息，要“多长个心眼”，及时予以“储备”，以便需要时“化零为整”所用。六是深度加工。对多视点、内容宽、含量重又具有普遍性和指导意义的信息，还可通过“顺藤摸瓜”、解剖“麻雀”等进一步调查研究的办法，由表及里、由点及面地进行拓展、延伸，使其上升为有分量的调查报告，以指导和推动实际工作。

四、几点注意事项

（一）坚持“五原则”

一是真实性原则。真实准确是信息简报的生命，而失真、“存伪”则是其“大敌”、大忌。作为提供领导决策依据的信息简报，编写工作一旦失去真实性，不仅信息本身会失去价值，而且会造成管理、决策上的失误，并产生不良甚至严重的后果。因此在加工编写工作中一定要把“去伪存真”、保持信息简报内容的真实性和准确性作为首要原则、铁的纪律。二是时效性原则。政务信息具有强烈的时间性要求。一条有价值的信息，如果不及时收集、整理、编发和传递，就会变成旧时“新闻”，失去其价值和意义。所以我们做信息简报的加工编写工作，一定要养成闻风而动、积极主动、快速果断、敏捷行事的习惯；否则，就无法把握稍纵即逝的“战机”，难以胜任本职岗位工作。三是层次性原则。信息虽然具有共享性，但编发传递却必须讲究层次性。实践工作中，因领导者职级层次的不同，对信息掌握的层次也不同。比如，对县级领导有用的信息，对市级领导可能就未必适用；在本地适用的信息，到异地就未必适用；等等。必须根据不同层次的领导（包括部门）来收集、编发和传递不同层次的信息，才能保持信息工作的实用有效性，使信息服务工作发挥最大的效益。四是适度性原则。信息的突出作用，在于帮助各级领导排除各种不确定性。因此，为领导收集、编写、发送信息，必须适度，做到“适销对路”：（1）要适量。也就是因时、因地、因事“制宜”，适度适量，除非特殊情况，在数量（期数）上不能过多过滥。（2）要适用。就是要有明确的目的性和针对性，不盲目而为。（3）要适中。要分清轻、重、缓、急，在篇幅上做到长短结合，宜详（长）则详（长），宜短则短，保持灵活、生动性；编发上，要做到快慢结合，该快的快，该慢的慢（一般都要快，也有个别特殊情况），力求“恰到好处”。五是创新性原则。创新是信息简报编写工作的灵魂，也是做好办公室一切工作的动力。信息简报加工编写，实际上也是一种创新性实践活动。这就要求我们在解放思想、实事求是的前提下，积极更新观念，不断以新的思维方式，从新的角度研究和分析问题。要根据形势任务的要求，结合工作需要，捕捉难以听到、不易看到和意想不到的新情况、新苗头，找出解决问题的新视角、新思路、新方法，加工编写出有新意、有创意、有价值、有分量、有生命力的信息简报，才能更好地发挥参谋、助手、“喉舌”、“耳目”的作用。

（二）做到“四个要”

一是标题要醒目。标题是文章的“眼睛”，好标题能起到“画龙点睛”的作用。一篇好的信息简报稿（除了简讯、一句话短讯等外），应当通过标题来很好地传达信息的内容，在标题里就直指要害。所以标题要做到越醒目越好、越“提神”越好。有时候标题实际上就是一条信息或“新闻”。标题要醒目，重点要做到题文一致、一语道破、简洁明快和准确“干净”。二是主题要集中。主题是一篇信息的中心。“意多必乱”。一般而言，一篇信息只能突出一个主题。因此对于分散或游离主题的内容，要像鲁迅先生说的那样：“写完后至少看两遍，竭力将可有可无的字、句、段删去，毫不可惜！”三是内容要新鲜。信息的价值守则在“新”，即思想新、内容新、角度新、时段新，事实新、经验新、问题新、办法新，理念新、认识新、见解新、结论新，等等。事实上，办公室一切文稿要体现其创新性，都莫不如此。四是篇幅要简短。篇幅简短是建立在结构简单、语言简洁、文风简约、开门见山、直奔主题等基础之上的。这一点，我们在前面已经提到，就不再展开赘述。

（三）把握“三关系”

一是质与量的关系。数量是基础，质量是关键；数量反映的是工作热情，质量反映的是工作水平。信息简报编写，既要有数量，更要有质量。如果只满足于“路不平”、“灯不明”、“车乱停”及“四季歌”、“编者按”之类，势必难以引起领导的重视和发挥其应有的作用。实践工作中要特别注重“三突出”：(1) 突出重要性。要站在改革、发展、稳定的高度，紧紧围绕当地党委政府和本机关单位的工作中心和重点来做好“采、编、发”。(2) 突出建议性。不仅要反映表象，更要反映本质；不仅要提出问题，更要“出谋献策”，特别是要针对矛盾和问题的症结，提出相应的思路办法或可操作性的意见和建议。(3) 突出警示性。要抓住经济社会生活中带苗头性、倾向性的问题，认真思考，深入挖掘，力求编发出有前瞻性、预见性、参照性的信息简报，使领导或有关部门、基层单位以从中获得启发和收益。二是喜与忧的关系。“喜”指的是好的做法、成功的经验、取得的成绩和正面的典型，“忧”指的是失败的教训、存在的问题和反面的事例。“报喜不报忧”是信息简报编发工作常见的误区。在不违反信息简报编发工作制度和要求的前提下（也就是遵守编、发审核程序，不能随意擅自传阅；特别是对突发性、重要性事件的报送工作更要如此），应该坚持喜忧并重，有喜报喜、有忧报忧。报喜时实事求是，恰如其分；报忧时“敢”字当头，抓住要害。只有这样，才能更好地体现信息简报编写的作用和意义。三是热与冷的关系。“亮点”固然是信息简报编写的主流，但“冷点”（难点、疑点、盲点）问题也不能忽视和放过。在处理“热”与“冷”的关系上，关键是要做到热的题材冷静写，冷的题材热心写，才能抓住根本，准确行文。

资料来源：根据网络资料整理而成。

强化训练

训练 1

中信集团是个大型企业，为了提高员工的工作积极性和增强工作中的竞争意识，公司决定实行人事制度改革，实行“末位淘汰制”，该项工作具体由人事部负责。公司颁布这项制度已经两个月了。公司 1 000 多员工的反应如何？是否真正提高了每位员工的工作积极性？尽管公司各职能部门和分公司送上来的汇报材料都说好，但人事部部长让秘书钟倩去做一番调查研究。

如果你是钟倩，你会怎么去做调查研究？如何撰写调查报告？

训练 2

秘书小周的工作任务之一就是每天把公司办公室订的各种报纸浏览后，将摘要提供给总经理。大家都觉得他的工作好，既完成了任务，也满足了自己阅读的需求。可是小周却觉得很难做，原因一是报纸的种类太多了，二是每份报纸上的重要内容太多了，自己无从下手。所以开始时他经常挨批评，要么提供的量太大，要么提供的内容无必要。

你觉得小周的问题是什么？他应该怎么做好这份工作？

任务二 信息利用

任务引入

张林从秘书专业毕业，刚到某石油集团公司行政办公室工作时，办公室主管让他负责了解与分析石油市场价格运行情况，不定期提交报告，为公司提供石油原料购买与储运方面的决策建议。张林觉得自己的任务并不难完成，所以当主管问他有没有困难时，他毫不迟疑地回答："没问题。"可是不久他发现完成这项工作不仅有问题，而且问题很大。当时正值美英发动伊拉克战争前夕，海湾石油价格呈直线上升趋势，而国内石油价格由于进口关税下调却呈下降趋势。张林据此在提交的第一份报告中建议：减少国际采购量，增加国内采购量。他的报告很快就被退了回来，上面批示的意见是：情报不实。明明是真实的市场油价，怎么却被判定为不实呢？张林百思不得其解，只好去请教主管。主管告诉他，受运输等因素的影响，国际石油价格对国内石油市场的影响需要一定的时间，现在进口石油的到岸价，是国际市场一段时间以前的价格。所以，目前国内油价下跌是短期的，很快就会上升。这之后欧佩克为稳定油价决定增加产量，扼制了油价的继续大幅攀升，但是，美伊战争一触即发，张林觉得油价上涨的大趋势还是必然的。于是他撰拟了第二份报告，建议在国际油价相对平衡时，增加期货购进，以防止油价继续上调使公司受损。当他第二天把报告交上去后，当天即被退回，上司批：情报过时。他赶快上网查阅，情况使他目瞪口呆：伊拉克战争已经爆发，油价继续大幅攀升。在石油制品价格未发生较大变化的情况下，按现在油价购进石油原料，将使公司严重亏损。连续两次受挫，张林的自信几乎完全丧失了。这之后，他采取了自认为慎重的态度，再也没有提交新的报告，觉得这样做虽不能立功，但也不至于惹祸。不料有一天总经理却亲自找他，对他进行了严厉的批评。巴格达突然被美军占领，萨达姆下落不明，伊拉克战争已无悬念，国际油价受此影响迅速下跌，而张林对此信息无任何反应。后来又是欧佩克干预，才使油价止跌回升，到总经理找他时，油价已恢复到"9·11"前的水平，公司丧失了低价购进的最好时机。

任务分析

张林所从事的是信息的收集和利用工作。做好这项工作，除了悟性之外，还必须要掌握专门的知识，具备熟练的技能。张林接收信息被动，处理信息草率，对信息的价值完全靠直觉来辨别，出现问题是必然的。出现问题之后又不认真从自身找原因，没有主动学习，虚心求教，而是消极被动，这样就导致他的工作出现更大的问题。由此可见，做好信息工作对于秘书人员来说是非常重要的。

相关知识

信息利用服务是秘书信息工作的核心阶段、终极目的。如果信息得不到利用或者利用价值较低，那么围绕信息的一切工作都毫无意义或事倍功半。在秘书工作中，信息的利用最重要的是将有价值的信息汇报递送给有关领导和有关管理部门。无论信息起到什么作用，只要它对领导和有关部门“有用”，秘书的信息工作就有意义。用处越大，意义越大。

对于秘书人员来说，提供信息利用服务是他们的常规工作。这项工作可以是常规性的服务，如定期报送信息；也可以是临时性的，如为完成领导的特定任务而组织起来的；还可由专门机构、专门人员承担，如很多办公室下设研究室、信息科、情报处等，或是由领导指定某个秘书来完成。所以，信息利用服务的情况很灵活，不好一一赘述。但是，对于企业和秘书人员来说，必须形成规范和管理制度，抓住以下几个方面，才能抓好企业的信息利用工作，以有效的方式为上司提供良好的信息服务。

一、明确标准，实行规范化管理

（一）完善职责

科学定岗定责是优化人力资源配置的有效方式，也是最大限度激发个人潜能的重要手段。办公室秘书人员历来人手紧张、任务繁重，如果对信息工作职能进行合理分配、组合，有利于激活现有的信息力量，提升工作效能。

可依据标准化管理的要求，逐项梳理现有工作职能，把信息工作细分为若干个具体岗位，如领导岗、编辑岗、网络建设岗、综合服务岗、全会简报岗、业务监督岗等。每个岗位都科学定岗定责，从岗位职责、工作规范、管理制度三方面进行规范，明确工作标准和质量“标杆”，力求让各个岗位的秘书人员“一看就懂，一学就会，迅速上手”。可根据各岗位的具体工作量，合理调配人员，实行“一岗一责，一人多岗”，尽量避免“忙闲不一、苦乐不均”。可实行 AB 岗负责制，明确岗位第一责任人 A 角和第二责任人 B 角，确保各项工作不受人员出差以及事、病假等因素的干扰。

这样，通过明岗位、定职责，层层分解、细化、落实，每个人都各有其岗、各司其职、各负其责，在管理科学化基础上较好地实现了履职自觉化。

（二）规范业务

发挥标准的功能，用标准对刊物编辑的各要素、各环节进行合理约束和统一规范，实行标准化管理，使刊物编辑活动有序进行。对刊物的信息收集、筛选、录入、编辑、校对、刊物送审、定刊存档、分发送阅等 8 个环节分别制定详细规则和标准，通过细化工作环节，明确评价依据，规范工作流程，实行全程监控，降低失误概率，实现过程质量的可控性。

（三）强化考核

应强化考核的引领指导作用，以考核促进发展。以信息编辑数量为主的考核指标已经过时，应该制定以领导批示率为导向的考核指标，有效促进信息刊物质量的提高。

二、设定流程，打造精品信息

质量是信息的生命线。质量过硬的好信息，必须符合以下价值判断标准：导向正确，过得了政治关；参谋到位，过得了决策关；体察民情，过得了群众关；言简意赅，过得了文字关。信息工作者要以决策需不需要、员工满不满意为标准，进一步发挥信息服务的参谋助手作用。

（一）把好选稿源头关

信息工作具有很强的政治性，是非常严肃的工作，必须坚持正确的政治导向。要以标准化为指导，将主观色彩较浓的选稿原则细分为政治导向正确、合乎政策法规、观点新颖、客观真实、文字简洁等具体指标，建立起相对明确、客观和统一的选稿、用稿标准，从源头上确保报送的信息经得起考验、过得了“政治关”。

（二）把好信息质量关

自觉加强对信息质量的严格把关，按照“服务决策需要”的标准进行深加工、再创造，杜绝来稿照登，可以建立编辑点评信息制度，由刊物编辑与信息员面对面或电话沟通，具体分析信息的优与劣、得与失，指导信息员找准信息报送方向，提高信息报送质量。

（三）把好过程控制关

要打造“精品”信息，必须优化刊物编辑程序，实行“流程再造”，推动整个编辑过程全程“无缝衔接”。应对刊物编辑各环节实行流程管理、过程控制，每个环节都有明确的工作标准和工作流程，清晰指导编辑如何具体操作，避免出现失误。刊物编辑过程控制图覆盖了信息工作的各个环节，每个环节都有明确的操作指引以及需要注意的事项，帮助最大限度减少编辑主观因素对信息的干扰。

（四）把好文稿审校关

应做到审校工作制度化，硬性约束，确保“把关到位”。每期刊物付印之前均要过“两审三校”关，即刊物清样内部初审、二审，并经刊物编辑首校、代岗培训信息员二校、综合文印岗三校，切实做到“四个不放过”（即观点不论证不放过、数据不核实不放过、疑点不弄清不放过、文字不简练不放过），确认文字、内容、观点、数据以及标点符号无误后才能付印、分送。通过层层把关，降低刊物差错率，保证刊物质量。

三、管控源头，夯实信息工作基础

完善的基层信息网络是信息工作的“源头活水”。要提高信息服务水平，就必须依托基层、夯实基础。为此，在系统梳理的基础上，将信息培训、信息网络建设、信息走访服务等做法制度化，使之成为信息工作者自觉深入基层、服务基层的工作指南。

（一）提升信息员队伍的战斗力

将提高信息员队伍素质作为信息工作的“固本强基”工程来抓，采取有力措施，培养思想素质过硬、业务能力强、工作作风好、充满激情活力的信息员队伍。如果是大型公司、集团，要注意信息员队伍的梯队建设，储备后备人才，防止出现断层，有计划、有目的地多向信息报送薄弱的分公司、部门倾斜，加大人才扶持力度，帮助这些组织提高报送质量。采用与信息网络成员组织座谈、协助举办培训班等方式，加强对网络成员单位和信息员的业务指导。

（二）提升报送信息的质量

围绕中心工作，确定信息专题，开发“订单信息”，及时向基层约稿，提高信息报送的适用性。对一些比较重大、敏感的问题，事先与相关分公司、部门沟通联系，反复核对，协调推动有关工作。

（三）提升信息网络的覆盖面

构建一个“横向到边、纵向到底”的信息网络是做好信息工作的重要前提。要不断延伸信息工作触角，逐步消除信息报送“冷门”公司、部门，实现信息报送全覆盖。例如，主动联系信息报送工作质量起伏较大的单位和部门，尽可能协调解决信息工作中碰到的困难和问题。又如，由分管信息工作的领导带队，定期走访信息报送单位、部门，促使他们信息报送的积极性进一步增强。

（四）提升信息报送的针对性

为进一步提高上报信息质量，办公室不仅要深入基层，也要及时听取上面的意见，与领导层加强沟通，主动了解上级的信息需求和要求，确保信息上报有的放矢，少走弯路。

阅读材料

一次信息“事故”带给我的启示

我在党委办公室信息科工作。前不久，市委统战部发来市政协委员、九三学社湘潭市专职副主任、湖南科技大学教育学硕士生导师张××关于教育的一则建议信息，我把它编进了市委信息刊物《要情汇报》的“献计献策”栏目版块，小标题为：市政协委员、湖南科技大学教育学硕士生导师张××建议教育的均衡发展要着力在“五个更加”上。

不料，第二天一早，市委统战部的一位工作人员打电话给我说：“请问《要情汇报》是你们这儿出的吗？这期有一个很严重的错误。市委常委、统战部部长把我们的信息员给批评了。我现在来找你讲一下。”我顿时丈二和尚摸不着头脑了：以我的知识范围来讲，确实没发现什么错误啊。平时出现个别错别字的现象也还是有的，但也不至于出现“很严重的错误”吧？

忐忑中，统战部的同志来到了我们办公室。

“你就是编者吧，这里张副主任的职务怎么没有写全呢？”

“他的职务太长了，我们版面有限，因为内容和教育有关，所以就把他的党派任职给省掉了。”我辩解道。

“中央规定民主党派领导干部的党派任职一定要体现，这可是硬性规定啊！所以这三个职务你其他两个不写都可以，唯独这个要保留，知道吗？”

听了这番话，我真是懊悔不已。由于自己平时不注重加强学习，政治敏锐性不强，竟然导致了这种错误的出现，真是太不应该了。我向统战部的同志表示了歉意和感谢。

事后，我就“党外领导干部职务注明”问题专门请教了统战部的同志，得知：对于民主党派领导干部的职务说明，中央有关部门的文件中都有明确规定。这主要是出于扩大我国多党合作与政治协商制度影响的考虑。往大里讲，这是讲政治的表现，是落不落实政策的表现；往小的说，也是体现对民主党派成员的尊重。

通过这次“事故”，我得到了很多启示。如果对国家的方针政策都不熟悉，如何做好信息报送工作？又何谈通过信息工作为党委和领导谋大局提供服务？作为一名信息工作人员，只有加强学习、不断学习，才能防止类似错误的发生。

资料来源：马小鸽. 一次信息“事故”带给我的启示. 秘书工作，2010 (7).

强化训练

训练 1

圣诞节要到了，北京某公司总经理要冯秘书召集公司聘用的外籍人员开一个座谈会，并要求冯秘书将会议的全部情况用录像机录下来，并告诉冯秘书说这个录像要放给公司领导看。冯秘书在经理例会上播放了录像，可是公司领导一看有点傻眼，外籍人员发言全部用的是英语，而且时间也很长，座谈会开了两个小时，冯秘书就放了两个小时。总经理告诉冯秘书，如果他这样当秘书的话，那谁都可以当。

如果你是冯秘书，你认为自己怎样做才能让总经理满意？

训练 2

为期十几年的大型工程就要全面竣工了。工程局上上下下正忙着准备盛大的竣工庆典。据说中央领导人要来出席指导，国际上还有不少专家和知名人士也要来表示祝贺。局领导像儿子娶媳妇、女儿出嫁一样忙得整天乐呵呵的，局机关充满了节日的气氛。为了总结成绩，表彰先进，局办公室秘书班子的人员下基层调查，写总结，印典型材料，忙得不亦乐乎。

秘书李玲跑了几个工区后发现，职工们似乎还有不少忧虑。有的认为全面竣工后，生产任务得“找米下锅”，若任务不饱满，工资奖金、生活福利就会有困难；有的认为，当前市场不景气，今后的前途难以预料；还有的打算正式竣工后，联系调动，另找出路……

李玲看到、听到这些情形，心里很不是滋味。多年的理想就要变成现实，全局干部职工的心血已经变成了举世瞩目的成果，怎么会泄气吹冷风呢？这情况若如实反映上去，真令人扫兴。特别是为工程熬白了头、操尽了心、累垮了身体的老局长，正打算胜利竣工后光荣离休，在这时候再让这可敬的老人操心劳神实在不忍。但是，如果不及时如实汇报，这可不是个别现象，任其发展，产生的消极影响不可低估。她左右为难。后来她心想，这类问题是思想工作“软任务”，不像施工质量、工期要求、安全性能那些硬指标，迟几天待竣工庆典后再汇报也不迟。于是，她把写好的情况汇报放进了自己的抽屉里。

调查情况的汇报会上，老局长听完汇报后十分高兴地说：“好哇，大功告成，英雄辈出！没有辜负中央和全国人民的殷切期望啊！不过，你们说的尽是成绩、功劳、经验，就没有了解到一点缺点和问题吗?”

各调查组的人都没有出声。

老局长脸上的笑容消失了。他说：“人长了两只耳朵，就是要听各方面的情况，兼听则明嘛！在高兴的时候，如果听不到一点缺点和问题，心里就不能踏实，不是觉得在做梦，就是感到反常。”老局长紧锁眉头，会场寂静无声。

李玲不忍心再瞒住这位可敬的老领导了，她拿出了那份情况反映材料说：“老局长，本想竣工庆典后再交的。现在，我知道错了……”她双手把材料呈递给了老局长。老局长接过材料，仔细地看了一遍，然后对李玲说：“小李呀，可真要谢谢你!”接着，他对办公室主任说：“请通知今晚七点开局党委会，讨论李秘书的情况反映材料，研究当前的工作要点。”

晚上，会议室里静悄悄的。党委委员们正在专心地读李玲写的情况反映材料。老局长请他们先读两遍再开会。

“同志们，”老局长讲开场白了，“数十年工作经历使我懂得一个规律：凡是有喜就有忧；凡是报喜没报忧时，心里就发虚，往往就预感到可能要出什么问题。这份情况反映材料是否能使我们在喜庆的日子里头脑更清醒一点儿呢?”

接着，党委委员们进行了讨论，一致认为，材料反映的情况是客观存在的，如果任其发展和蔓延，势必会涣散军心，削弱战斗力。会议决定，在总结成绩、表彰先进、迎接胜利竣工的同时，要大力宣传企业的前途和长远目标，做好思想工作，迎接新的任务，并且要求下属各单位，保持清醒的头脑，制定今后工作的要点。最后，老局长说：“我还要再次表扬李秘书。她那份情况反映材料，写得及时，针对性强，给了我们一针清醒剂，真正起到了参谋助手作用。”

从信息利用服务的角度，说说这个案例给你什么启示。

第五章

档案的收集和鉴定

任务一　档案收集

任务引入

王昊是鼎盛公司档案室的工作人员。为了把公司的档案收集工作做好，王昊制定了《鼎盛公司归档制度》，及时收集平时办毕的各类文件材料。此外，他还注意与各部门保持密切联系，提醒相关部门收集、整理材料。在他的努力下，鼎盛公司的档案比较齐全、完整。

任务分析

档案收集，就是通过接收、征集、寄存等方式，把分散在机关、个人手中以及散失在其他地方的档案集中到档案馆（室）。档案收集工作是档案管理工作的第一个环节，是整个档案工作的起点。收集工作开展得好坏，对其后各环节工作有直接影响。企业开展档案收集工作，首先必须确定档案收集的范围，其次要掌握档案收集的方法和要求。

相关知识

一、企业档案收集的范围

企业档案是围绕企业的生产经营活动产生的。企业档案一般包括党群工作类、行政管理类、经营管理类、生产技术管理类、产品类、科研类、基本建设类、设备仪器类、会计类、职工类、特种载体类等 11 个大类的档案。其中党群工作类、行政管理类、经营管理类、生产技术管理类档案统称为管理类档案；产品类、科研类、基本建设类、设备仪器类档案统称为科技档案；会计类、职工类档案统称为专门档案；声像档案、实物档案统称为特种载体类档案；另外，企业根据需要还可以建立客户销售类档案（客户资信档案）和企业信用档案等。企业档案通常有如下几种形式的文件：

（1）红头文件，如批复、决定、通知等。

（2）白头文件，如经验介绍、会议材料等。

（3）公布性文件，如公告、通告、布告等。

（4）记载性文件，如大事记、组织机构沿革、年鉴、厂志、工作日记等。

（5）内部使用文件，如会议记录、规章制度、工作总结、工作计划等。

（6）报道性文件，如新闻媒体报道本企业的信息报道（如热点新闻、人物素描、大事追记、重点事情跟踪报道等）。

（7）证明性文件，如介绍信存根、党组织关系转移证明等。

（8）信访处理材料，如人民代表和政协委员提案、提案处理材料等。

（9）契约性文件，如协议、合同、意向书等。

（10）登记性文件，如干部（职工）登记表、干部（职工）花名册等。

二、档案收集的要求

（一）加强档案馆（室）外的调查与引导工作

收集工作是要解决档案的分散形成与集中管理的矛盾，这就要求在收集工作中必须正视馆（室）外档案工作的调查，把握收进档案馆（室）的档案的形成、流动、管理、行使等方面的信息，以便科学地安排和引导各相关单位或部门的档案移交工作。基层档案室必须注意研究和把握本单位档案的形成规律和特点，严格实行归档制度。对档案的内容、种类、保存价值、数目、收拾整理、保管等情况进行调查研究，科学确定应移交档案的范围、时间和数目。既要防止因急于丰富馆藏把档案形成部门尚在常常使用的档案过早地接收进馆，给业务部门工作带来不便；又要防止个别部门把需要移交的档案当作私有财产或"小家底"不愿移交。

（二）保证归档档案的齐全完整

保证档案在归档和接收进馆时的齐全完整是贯穿收集工作始终的基本要求。企业或单位应该在归档制度的保障下，将本企业/单位文书部门以及各业务部门形成的、属于归档范围的文件材料及时、系统地接收入档案室，该归档的都要归档，反对由承办部门或个人分散保存。对于国家规定的应当归档的文件，有关部门必须按照规定，定期向档案机构移交。国家规定不得归档的文件材料，不得擅自归档。

（三）积极推行入馆（室）档案的标准化

在档案收集工作中推行标准化，就是对档案工作中的一些管理原则和方法按照规范化的要求统一起来。档案工作标准化，应从收集工作做起。企业档案室应严格按照国家或地方及专业主管机构制定的有关标准，对入室档案进行检查，对全宗划分、分类、案卷质量与格式、编目等方面的情况进行详细检查，大力提高归档档案的质量，减少不符合标准要求的档案产生。

（四）维护全宗和全宗群的完整性

全宗是一个单位档案的整体。一个机关的各项工作的运动都不是孤立进行的，相互之间有着密切的联系。在工作中形成的文件材料，在来源、内容、形式、时刻等方面都存在着固有的联系，是一个不可分割的整体。接收档案时必须把一个单位形成的档案，作为一个全宗，集中在一个机关档案室或档案馆，不可人为分割。不同全宗的档案也不能混杂。对于那些在同一时间、地点和社会历史条件下保存的，既有严密分工又密切协作、相互储存的若干立档单位形成的全宗，档案部门应该注意维护它们之间的相互联系，并集中收藏在一个地方，以维护全宗群的历史有机联系。

三、归档制度

各机关、企业、事业单位在工作活动中不断产生的文件材料，处理完毕由文书或业务部门整理立卷后，定期移交给档案室，通常称为归档。对于归档具体的规定和要求即为归档制度。文书立卷归档是文书部门的任务，它是文书工作的终结，又是档案工作的起点。实践经验证明，没有归档制度，或者归档制度不健全，就没有完整的档案，也就没有健全的档案工作。因为档案是由各种文件材料转化来的，而文件材料转化为档案一般又是通过归档来实现的，所以，建立和健全归档制度是非常重要的，它不仅能够确保企业档案室有连续不断的档案来源，为企业开展各项业务工作提供条件，而且也是为国家积累档案财富的重要保证。企业档案室要做好档案收集工作，首先应该以主要力量搞好企业内文件材料的归档。

归档制度主要包括四方面的内容：归档范围、归档时间、归档的质量要求、归档手续等。文书部门整理归档的档案是企业档案最主要的来源。承担文书档案工作的部门要建立归档制度，并以此为标准，对文书、业务部门的归档工作进行指导和协助。

（一）归档范围

归档范围即确定办理完毕的文件材料哪些应该归档，哪些不应该归档。是否归档主要取决于文件本身的价值。各企业单位应根据国家统一的规定和要求，结合本单位实际情况，确定归档范围。确定归档范围的一般原则是：归档文件材料必须具有一定的保存价值，必须符合各部门文件材料的实际状况。凡是本单位工作活动中办理完毕的、具有保存价值的各种文件材料，均应归档。在归档时应该抓住重点，不能有文必档，以防止文件过于庞杂。同时也不要遗漏重要文件，以保证归档的文件能够全面地反映本机关的职能活动和基本情况，便于今后各项工作的利用。注意：国家规定不得归档的有关文件材料，禁止归档。

（二）归档时间

归档时间指文书和业务部门将初步整理的需要归档的文件材料向档案室移交的时间。《机关档案工作条例》规定：“机关文书部门或业务部门一般应在第二年上半年向档案部门移交档案，交接双方根据移交目录清点核对。”专业性、机密性较强以及形成规律较为特殊的文件可适当延长归档时间。

（三）归档的质量要求

归档的质量要求有：遵循文件的形成规律和特点，保持文件之间的有机联系，区分不同价值，便于保管和利用。

（四）归档手续

移交档案时，交接双方应根据案卷目录详细清点，核对无误后，履行签字手续。必要时，移交单位须编写归档文件简要说明，交接双方还应填写交接清单或移交清单。

四、档案收集的方法和措施

档案收集的方法主要有例行接收、征集和寄存三种形式。例行接收制度是指按照法定的原则、程序和规定制度（即归档制度）移交和接收档案，是档案部门补充档案资源的最基本形式。征集主要是针对"账外"档案，分为非强制性的和强制性的两种。一般在协商的基础上，通过复制、交换、捐赠、有偿转让等方式，将档案集中到档案馆。寄存一般是通过协议的形式将档案存放到档案馆。寄存档案的单位或个人不失其所有权，并享有优先使用权以及能否准许其他人利用的决定权。

对于企业日常工作来说，收集档案可采用以下几个措施。

（一）严格执行文件的收发文登记制度和归档制度

把账内、账外文件材料一起纳入登记、清退和归档范围。档案人员要督促、指导文书立卷人员通过各种渠道，把好数量关、质量关、政策关等关口。如按登记如数清退，不交定稿不予编号，用铅笔、圆珠笔起草的不予打印，底稿、附件不齐不予盖章等。把应归档的文件材料全部收集起来，并注意提高归档文件的质量。

（二）加强对零散文件和"账外"文件的收集

一个单位即使建立、健全了归档制度，也有可能遗漏一些文件，特别是未经收发登记的文件往往不能按规定及时归档。由于种种原因有些单位的档案材料分散保存在内部机构、领导人或业务承办人手中，有些单位历史悠久，中华人民共和国成立前形成不少档案，但不够齐全且分散在各处，则需要加强平时收集和征集工作。要加强对"账外"文件的收集。"账外"文件指的是未经收发登记的机关内部文件或外部文件。如：会议材料；本单位的规章、制度、办法、统计数字、报表，内部机构形成的材料；关于本单位重要活动、事件的新闻报道、照片、录音、录像带；不经过收发登记的由领导人"亲启"的文件；等等，这些反映本单位主要职能活动的文件材料，因为它们未经收发登记，容易失控和遗漏，更需要加强跟踪收集整理。

（三）重视对专门文件的收集

在档案收集过程中，不能忽视对专门业务文件的平时收集工作。除了纸质文件，还有其他载体档案，如声像图片材料等。专门文件不能及时归档，长期散存在各处，容易造成遗失或损坏。从档案室的档案门类齐全、馆藏结构合理这一要求出发，也不能忽视专门文件的收集。

阅读材料

××公司文书档案归档制度

第一条　归档范围

一、凡是反映集团公司各项经营活动和管理工作的，具有查考利用价值的文件材料均属归档范围。

二、集团公司《文书档案归档范围》是参考国家档案局《机关文件材料归档和不归档的范围》等规定，并结合集团公司实际情况制定的。

第二条　保管期限

文书档案保管期限分为永久、定期两种。

定期分为 30 年、10 年。

第三条　归档时间

集团公司各部门兼职档案员（资料员）负责将本部门已办理完毕的文件材料按年度分类、整理、立卷，于第二年 4 月底以前交公司档案室统一保管。

第四条　归档文件材料的质量要求

一、各部门文件材料归档率应达到 95%以上，完整率应达到 90%以上。

二、各部门归档文件材料的种类、份数及每份文件的页数应齐全、完整（包括附件、图表、制表说明、统计分析及有领导批示的底稿等），保持原文件的有机联系。

三、公司制发的文件应归档原件或正本。

四、字迹、印鉴清晰，不得有圆珠笔、纯蓝或红墨水、复写及铅笔字迹。

五、档案室与移交部门依据移交目录清点核对归档文件，履行签字手续。

六、对于不归档的文件也要加强管理，有的文件可以作为资料保存。对确实没有保存价值的文件材料，经有关领导、部门和档案室审定后销毁处理。

强化训练

训练 1

和同学分角色扮演公司档案管理人员和各部门联系人，模拟如何收集档案。

训练 2

调查一家企业的档案工作，讨论其收集工作中存在的问题，并提供对策。

任务二　档案鉴定

任务引入

王昊把档案收集齐全之后，要对档案进行鉴定，确定哪些档案值得保存，哪些不值得保存，哪些档案要永久保存，哪些档案只需要短期保存。王昊根据公司档案保管期限表对收集到的档案进行初步鉴定，并邀请公司有关领导、办公室主任和主要部门的负责人审核把关。

任务分析

档案鉴定就是对收集到的档案进行甄别并判定其价值，挑出有价值的档案交给档案部门保管，剔除无价值的档案予以销毁。档案收集工作保证了档案的齐全完整，档案鉴定工作则旨在提高归档文件材料的质量，它直接决定档案的存毁，是档案管理中最重要也是难度最大的工作。

相关知识

一、档案鉴定的原则和标准

档案价值鉴定的思想原则是：从国家和人民的整体利益出发，用全面的、历史的、发展的、效益的观点判定档案价值。

（一）档案鉴定的原则

1. 全面的观点

企业档案既是企业的财富亦是国家的财富，分析判定其保管价值，要从国家的利益出发，从政治、经济、科学、文化等方面分析企业档案的现实作用与长远作用。

2. 历史的观点

企业档案是生产经营管理的记录，也是企业历史发展的记录。它是在一定历史条件下形成的，与国家发展的历史命脉息息相关。对具有历史性质的企业档案，我们必须用历史的观点准确地判断其保存价值。

3. 发展的观点

随着社会的不断进步，企业也会不断地发展变化，其产生的档案价值也会随之发生变化。有些档案现在看来价值平平，若干年后也许会成为无价之宝。所以判断一卷档案的保存价值，要有较深远的科学预见性，要对企业档案的现实作用与历史作用做出正确的预测，那种只注重现实作用而轻视历史作用，只注重依据与凭证作用而忽视历史作用的认识是错误的。

档案鉴定工作中全面的观点、历史的观点、发展的观点应该是辩证统一的，只有在鉴定工作中统筹兼顾，才能做到正确地贯彻档案鉴定的原则，准确判定档案的保管期限。

档案鉴定的工作原则是效用原则，即文件是否有用、有效使用时间有多长、效用有多大、在什么范围内使用。

（二）档案鉴定的标准

1. 来源标准

档案的来源是指档案的形成者。档案形成者在社会上以及单位内的地位、作用和职能会影响甚至决定档案的价值。一般来说，重要单位、著名人物形成的档案价值相对较大；本单位形成的档案比外单位形成的档案价值大；以单位名义形成的档案价值比单位内部组织机构形成的档案价值大。

2. 内容标准

档案内容是决定档案价值最重要、最本质的因素，档案文件的用途是和内容联系在一起的。鉴定档案价值必须分析档案内容及其意义，要着重分析档案内容的重要性、独特性、时效性、真实性和完备性等。看其所记述的史实是反映机关主要职能，还是非主要职能；是重要事项，还是一般活动；是重要业务，还是行政事务；是政策性法规、条例，还是参考性普发文件；内容针对多年、一年，还是季度、月度等。文件记载和说明的内容越重要，其价值就越大，反之越小。一般来说，反映党和国家主要方针政策、重要事件、主要业务活动的文件比反映一般性事务活动的文件重要；反映本机关主要职能活动、中心工作和基本情况的文件比反映日常工作和一般情况的文件重要；反映全面问题与典型问题的文件比反映局部问题和一般问题的文件重要。

3. 形式标准

档案的形式标准是指文件的名称、形成时间、稿本、载体形态、记录方式等。

（1）名称。文件的名称具有特定的性能和用途，可以在一定程度上反映出文件的价值。一般来说，命令、指示、决定、总结、决议等文件比通知、通报、公函、规划、计划、预算等文件的价值大，保管期限要长。此鉴定标准相对简单明确且具有可操作性，是档案人员在鉴定时往往采用的最直观的方法。但是有些文种的使用范围较宽，有的企业行文时使用文种不一定准确，因此不能用文件名称作为判定文件价值的主要依据，必须结合文件的内容加以评价。

（2）形成时间。一般来说，文件产生的时间与文件的保管价值成正比，产生时间越早，保存量越小，价值越大。

（3）稿本。文件有草稿、定稿、正本、副本等不同稿本。一般来说，定稿、正本的保存价值大，草稿、副本的价值相对较小。在特殊情况下，已无正本的文件、某些重要的立法文件或著作，其草稿、草案等也有较大的保存价值。

（4）载体形态。文件的制成材料、记录方式、笔迹等外形特征也影响着档案的价值。凡具有历史的、文化的、科学研究等方面特殊意义的文件，则比文件的本来价值高；有一定价值的文件，如果外形已被破坏得无法恢复，则会失去其原有的价值。

4. 相对价值标准

这是针对全宗内档案数量少、完整程度不高而采取的鉴定标准。在一定的情况下，某些文件的保存价值和保管期限可以相对提升或降低。通常的方法是分析全宗和全宗内档案的完整程度。针对档案数量极少的全宗，可以采取将短期档案全部升入长期保存的办法，以弥补档案材料的严重不足。针对档案完整程度不高的全宗，可将其部分短期档案提升为长期，填补永久、长期档案的欠缺。

5. 效益标准

这里所说的效益包括经济效益和社会效益。文件之所以要保存，是因为其对将来的社会发展有用处。与此同时，保存档案需要库房、设备、装具、管理人员、信息存储、复制、修复等各项费用，保管期限越长的档案所需费用越高。但任何一个企业/单位所能提供的档案保存能力都是有限的，因此在档案鉴定工作中必须确保要转为档案的文件价值大于保存它所需消耗的费用。

以上标准，在档案鉴定工作中很少单独使用，要根据实际工作需要把几种标准综合起来加以运用。

二、档案保管期限表

档案保管期限表就是用表册形式列举档案的来源、内容和形式，并指明其保管期限的一种标准性、指导性文件，它是鉴定档案保存价值和确定档案管理期限的依据。

（一）档案保管期限表的作用

第一，以档案保管期限表为依据和标准，容易统一认识，可以避免个人认识的局限性、片面性，以及由此造成的判定档案价值过宽或过严的偏向，确保档案价值鉴定的准确性，提高工作质量。同时，又可避免由于鉴定工作人员思想不一致而造成的争论不休、犹豫不决的现象，加快工作进度，提高效率。

第二，档案保管期限表上具体规定何种档案必须保存，何种档案应该销毁，标准准确，界限清楚，再加上有严格的销毁档案的批准、监销、注销制度，就能有效防止有意或无意地错误销毁档案，维护档案的完整与安全。

第三，在立卷时，一般要求适当照顾文件的保存价值，将具有不同保存价值的文件组成不同的案卷，一个案卷内只能有一种而不能有两种或两种以上的保管期限。以档案保管期限表作为参考，文书立卷人员能较容易地区分文件的不同保存价值，比较准确地将它们组成不同的案卷，并且初步确定其保管期限，为以后档案馆鉴定档案的价值打下基础。

（二）档案保管期限表的结构

档案保管期限表一般由顺序号、条款、保管期限、附注以及说明等部分组成，其中条款和保管期限是最基本的项目。

1. 顺序号

顺序号是在系统排列的各条款前面统一编排的号码，用以固定条款的位置。

2. 条款

条款是一组类型相同的档案文件的名称或标题。拟制条款一般要求反映出同一组档案文件的来源、内容和形式，可以指出具体的作者、问题和文种，也可以概括出其类型，如“省市各局”“各医院”“指导性文件”“报表”等。来源、内容和形式三者并不是绝对要求一应俱全，而应当根据档案保管期限表的适用范围、各种档案文件的特点及其价值来决定。必要时，在条款中应当指明档案文件的用途和可靠程度。用途是指“执行”“批准”“备案”“参考”等。可靠程度是指“草稿”“定稿”“正本”“副本”等。每一条款应当代表一组有内在联系的价值相同的档案文件。有时为了使条款简洁醒目，也可以将具有不同价值而有联系的一组档案文件写成一个条款，在条下各款后分别指出其不同的保管期限。条款文字要力求简明扼要，准确无误，合乎语法逻辑。同时，条款一般不宜拟得过多过细，但也不要过于概括，应当以便于使用为原则。

3. 保管期限

应根据文件的保存价值所确定的保存年限，将保管期限列在条款之后。1987 年国家档案局颁发的《机关档案保管期限的规定》把保管期限分为永久、长期（16 年～50 年）、短期（1 年～15 年）三类。2007 年国家档案局发布新的规定，将我国档案保管期限重新界定为永久、定期两种，定期一般分为 30 年、10 年。保管期限的划分是档案价值鉴定工作的主要任务，保管期限划分得是否恰当，是衡量档案价值鉴定工作质量高低的主要标准。

4. 附注

即在条款之后对条款及其保管期限所作的注解或说明。

5. 说明

一般用于指出档案保管期限表的适用范围，制定档案保管期限表的依据，该表的结构及其他应当说明的事项。通常以红头文件的形式置于档案保管期限表之前。

（三）档案保管期限表的类型

档案保管期限表有五种类型。

1. 通用档案保管期限表（又称标准档案保管期限表）

通用档案保管期限表是由国家档案事业管理机关编制的，供全国县以上机关、团体、企业、事业单位鉴定文书档案通用的标准和依据。它是全国各机关确定一般性档案保管期限的标准和制定其他类型档案保管期限表的指南，如国家档案局 1987 年制定的文书档案保管期限表。

2. 专门档案保管期限表

专门档案保管期限表是由国家档案事业管理机关会同有关主管部门编制的，供各机关、团体、企事业单位鉴定专门性档案时通用的依据和标准。专门档案一般由专用公文转化而来，因其是在一定工作部门和业务范围，根据特殊需要专门使用的公文，所以有其特殊性，保管期限与通用保管期限有所差别，特单列出。

3. 同系统机关档案保管期限表

同系统机关档案保管期限表是由主管领导机关编制的，供同一系统内各机关、单位使用的档案保管期限表。这种档案保管期限表须经过本部门领导人批准后执行，并要报送国家档案局，抄送各省档案局，如中国人民解放军文书档案保管期限参考表。

4. 同类型机关档案保管期限表

同类型机关档案保管期限表是由档案事业管理机关或主管领导机关编制的，同一类型（如学校、医院、工厂等）单位鉴定档案时通用的依据和标准。

5. 机关档案保管期限表

机关档案保管期限表是各机关根据本机关档案的具体情况编制的，专供本机关鉴定档案时使用的期限表。

通用档案保管期限表对其他四种档案保管期限表具有指导意义。

（四）档案保管期限表的编制方法

1. 准备

制表之前必须仔细调查企业的工作职能、地位、组织机构、业务分工、文书工作及以往文书的数量、种类等情况，对企业材料情况有比较全面的把握。

2. 起草

在前期调研的基础上，设计档案保管期限表的结构体系，确定文件划分保管期限的原则，拟写条款，形成草案。

3. 征求意见和修正草案

把草案分送企业各部门征求意见，总结经验及意见形成定稿，报上级审查批准。

三、档案鉴定的方法和要求

（一）档案鉴定的方法

档案鉴定最基本的方法是直接鉴定法，要求鉴定人员逐件逐张地审查档案材料的价值，从它的内容、作者、名称、可靠程度等方面，全面考查档案的价值。不能只根据文件题名、名称、文件目录、案卷题名、案卷目录等确定档案的价值。一般说来，题名和目录应该正确反映文件或案卷的内容和成分，但有的文件题名、文种使用不当，有的案卷内容比较复杂，或组卷不合理，在这些情况下，题名和目录就不能正确揭示文件或案卷的内容和成分，若根据它们去判定文件的价值，就可能发生错误。因此，为了保证鉴定工作的质量，必须直接审查档案材料。一般是以“件”为基础，以案卷和相应的综合体为单位进行鉴定。直接鉴定法可以有效防止对档案价值的错误判断，是保证档案鉴定工作质量的重要手段，一般情况下必须采用。

（二）档案鉴定的要求

1. 制定本部门切实可行的归档范围

应由领导、文书人员、专业人员共同划定归档范围。各部门文书人员熟悉本部门业务工作情况，是文件材料的经手人，熟悉整个办文过程，他们最清楚每份文件的价值。因此档案人员在确定归档范围之前，应首先深入本单位各部门，请各部门文书人员将本部门工作活动中形成的各类文件材料就其性质、种类、载体等列出清单，然后，档案人员同部门领导、文书人员和业务人员共同研究确定本部门归档范围。这样确定的归档范围条款更细、更具体、更明确，操作性更强，更适合各部门实际情况，能够有效避免各部门之间的重复归档。

2. 选择本单位形成的文件材料作为归档重点，即“以我为主”

本单位形成的文件材料，直接反映本单位职能活动，只有把本单位重要文件、有查考利用价值的文件材料收集齐全、完整，才能全面反映本部门的历史全貌和活动规律，有利于日后利用，为以后的工作查考与借鉴服务。要注意收集“账外”文件及内部文件，如领导在各种会议上的讲话稿、各种会议记录、重要的专题调查材料、统计报表等文件材料。这些文件往往是反映本部门主要职能活动和历史面貌的主要文件，是应当重点保存的。否则一旦在归档时被剔除，无法从其他途径弥补，将会影响本单位档案的完整性，影响利用工作。

3. *充分考虑社会需求对文件价值的影响，即“效益为先”*

档案的使用价值是由档案的内容及其满足利用者需要的程度所决定的，文件归档鉴定是否正确、科学，最终要由档案利用实践来验证。对档案借阅登记和利用效果记录进行统计和分析，研究利用情况，有利于了解哪些文件具有保存价值应归档，从而准确制订归档范围。但利用率低的档案不一定就没有价值，对利用率还应作具体分析，可以参考档案借阅登记和利用效果记录。

4. *要克服“多多益善”的思想，保存确有永久保存价值的档案*

不能因省事或操作方便随意提升文件的保管期限，否则“永久档案”数量越来越多，势必造成人力、物力、财力的浪费，同时也使有价值的珍贵档案混杂于无价值的档案中，无法实现对珍贵档案的重点保存。

四、档案鉴定工作的程序和方法

档案鉴定工作通常分三个阶段实施。

第一阶段，在单位文件归档时确定归档范围，同时剔除没有保存价值的文件，由单位文书处理部门或业务部门保存一两年后销毁。归档的过程首先是一个对文件选择的过程，是对文件能否转化为档案的“资格审查”，确定文件归档与否的基本标准，说到底是判断该文件是否具有保存价值，因此归档实际上是对文件价值的初步判定，是档案鉴定工作的第一关口。国家档案局对归档和不归档文件的范围做出了规定，各企业单位亦可根据国家档案局的原则精神及本单位的具体情况确定本单位的归档范围。文书工作、档案工作人员在归档工作中应增强档案价值意识，用档案价值鉴定的原则和方法指导对归档文件的选择。

第二阶段，确定归档文件保管期限，即确定档案的“生存期”。通常的做法是各单位在每年的立卷类目中预定每个案卷的保管期限，平时根据每份文件的内容和保存价值分别归卷，正式立卷时再以卷为单位确定其保管期限。这一阶段的鉴定工作主要由企业文书立卷人员具体实施。

第三阶段，到一定年限时进行档案价值复审。复审主要采取两种形式：

(1) 移交复审，即需要向档案馆移交档案的单位在移交档案时，由本单位档案室工作人员和档案馆有关接收人员共同对移交档案的期限加以审查。档案馆工作人员除对进馆档案自身的价值加以考查外，还特别需要从馆藏整体出发，考查各机关档案的内容特色及消除馆内档案重复等问题。

(2) 到期复审，即对于短期和长期保管的档案在保管期满后重新审查这些档案是否确实丧失了保存价值，确已丧失保存价值的予以销毁，如尚存一定保存价值则需要重新确定新的保管期限，继续保存。到期复审工作不仅需要在企业档案室开展，地（市）、县以下档案馆对于接收进馆的长期档案、各级档案馆对于接收进馆的撤销机关档案也必须开展这项工作。

对保管期满档案的复审可逐年进行，亦可若干年进行一次。除上述两种主要复审形式外，档案馆还可以结合审查档案开放范围、编写全宗指南等工作检查档案价值鉴定得是否准确，必要时加以调整。

五、档案销毁

档案的销毁，是指对没有保存价值的不归档文件和保管期限已满无须继续保存的档案进行销毁处理。档案销毁必须按照国家规定档案销毁的标准，严格进行鉴定。未经鉴定和批准，任何单位和个人不得销毁任何档案，违章或误销档案者负有行政以至法律责任。档案销毁的程序如下所述：

（1）编制销毁清册。经过鉴定确需销毁的档案，必须写出销毁档案内容分析报告，列出档案销毁清册。销毁清册登记的内容包括顺序号、案卷题名、所属时间、数量、密级、审查意见等项目。销毁清册一般以全宗为单位来编制，每一清册至少一式两份，一份留档案室，一份报领导审批。

（2）严格执行审批制度，履行批准手续。档案一经销毁无可挽回，必须慎之又慎。在鉴定结束之后，必须将销毁清册报有关领导审批；准备销毁的档案，在未批准前应单独保管，以便审查时检查。

（3）销毁的方法。批准销毁的档案，应及时送造纸厂化为纸浆，离造纸厂远的单位或机密档案可自行焚毁。严禁将需要销毁的档案作其他用途，更不允许出卖。无论采取什么方法销毁，必须两人在场监销；销毁完毕，监销人要在销毁清册上写明某日已销毁并签名盖章。

（4）销毁完毕后必须在相应的案卷目录、档案总登记簿和案卷目录登记簿上注明“已销毁”。

注意：为慎重起见，对已经确定销毁的档案，可保存一段时间后再执行销毁，避免因档案的潜在作用尚未被发现而造成无法挽回的损失。

阅读材料

文书档案的保管期限如表 5-1 所示。

表 5-1　　文书档案保管期限表

序号	归档内容	保管期限
1	本级党的代表大会、人民代表大会、政治协商会议，工会、共青团、妇联代表大会的文件材料	
1.1	请示、批复、通知、名单、议程、报告、领导人讲话、选举结果、讨论通过的文件、决议、纪要、公报、主席团会议记录等文件材料	永久
1.2	大会发言，人大代表建议和意见、人大议案及答复，政协委员提案及办理结果，简报，快报	永久

续前表

序号	归档内容	保管期限
1.3	重要的贺信、贺电，筹备工作、选举过程中形成的文件，小组会议记录、会议服务机构的计划、总结等文件材料	30 年
1.4	讨论未通过的文件	10 年
2	本级党委、人民代表大会、政治协商会议、纪律检查委员会、共青团、工会、妇联的常委会、执委会、主席团、全体委员会会议，政府常务会、办公会议的文件材料	
2.1	公报、决议、决定、记录、纪要、议程、领导人讲话、讨论通过的文件、参加人员名册	永久
2.2	讨论未通过的文件	10 年
3	本机关党组（或实行党委制的党委）会议和行政办公会的纪要、会议记录	永久
4	本机关召开工作会议、专题会议的文件材料	
4.1	请示、批复、通知、名单、日程、报告、讲话、总结、决议、决定、纪要	永久
4.2	典型材料、代表发言材料、交流材料、简报	30 年
5	机关联合召开会议的文件材料	
5.1	本机关为主办的	
5.1.1	请示、批复、通知、名单、日程、报告、讲话、总结、决议、决定、纪要	永久
5.1.2	典型材料、代表发言材料、交流材料、简报	30 年
5.2	本机关为协办的	
5.2.1	请示、批复、通知、名单、日程、报告、讲话、总结、决议、决定、纪要的复制件或副本	30 年
5.2.2	典型材料、代表发言材料、交流材料、简报的复制件或副本	10 年
6	本机关承办国际性会议、大型展览会、博览会的文件材料	
6.1	请示、批复、申办和筹办组委会主要活动安排、议程、名单、主报告（原文及译文）、辅助报告（原文及译文），上级领导人贺词、题词、讲话，会徽设计	永久
6.2	代表发言材料、交流材料、简报、新闻报道	30 年
6.3	委员会、分会会议和学术会的讨论记录，会议代表登记表、接待安排	10 年
7	上级机关、上级领导检查、视察本地区、本机关工作时形成的文件材料	
7.1	重要的	永久
7.2	一般的	30 年
7.3	本地区、本机关工作汇报材料	30 年
8	本机关业务文件材料	
8.1	本机关制定的方针政策性、法规性、普发性业务文件，中长期规划、纲要等文件材料	永久
8.2	本机关的请示与上级机关的批复、批示	
8.2.1	重要业务问题的	永久

续前表

序号	归档内容	保管期限
8.2.2	一般业务问题的	30年
8.3	同级机关、下级机关的来函、请示与本机关的复函、批复等文件材料	
8.3.1	重要业务问题的	永久
8.3.2	一般业务问题的	30年
8.4	本机关代上级机关起草并被采用的重要法规性文件、专项业务文件的最后草稿	30年
8.5	机关联合行文的文件材料	
8.5.1	本机关为主办的	
8.5.1.1	重要业务问题的	永久
8.5.1.2	一般业务问题的	30年
8.5.2	本机关为协办的	
8.5.2.1	重要业务问题的	30年
8.5.2.2	一般业务问题的	10年
8.6	本机关编辑、编写的文件材料	
8.6.1	大事记、组织沿革等	永久
8.6.2	简报、情况反映、工作信息等	10年
8.7	行政管理、执法活动中形成的文件材料	
8.7.1	行政管理工作制度、程序、规定等文件材料	永久
8.7.2	执法检查情况汇总、通报，整改通知等	永久
8.7.3	行政管理工作中形成的审批、审查、核准等文件材料	
8.7.3.1	固定资产投资、科技计划等项目的审批（核准）、管理、验收（评估）等文件材料	永久
8.7.3.2	不动产、自然资源的所有权、使用权确认的文件材料	永久
8.7.3.3	20年（含）以上有效或未注明有效期的许可证、执照、资质证、资格证等的审批、管理文件材料	永久
8.7.3.4	20年以下有效的许可证、执照、资质证、资格证等的审批、管理文件材料	30年
8.7.4	行政管理工作中形成的备案文件材料	10年
8.7.5	行政处罚、处分、复议、国家赔偿等工作中形成的文件材料	
8.7.5.1	重要的	永久
8.7.5.2	一般的	30年
8.8	计划、总结、统计、调研等方面的文件材料	
8.8.1	年度和年度以上的计划、总结、统计材料	永久
8.8.2	年度以下的计划、总结、统计材料	10年
8.8.3	重要职能活动的总结、重要专题的调研材料	永久
8.8.4	一般活动的总结、一般问题的调研材料	10年
8.9	出国或出境访问考察、参加国际会议，接待来访等外事活动形成的文件材料	

续前表

序号	归档内容	保管期限
8.9.1	发表的公报，签订的协议、协定、备忘录，重要的会谈记录、纪要等	永久
8.9.2	出国审批手续、执行日程、考察报告、一般性会谈记录	30年
9	本机关机构编制、干部人事、党、团、纪检、工会、保卫、信访工作文件材料	
9.1	机构设置、机构撤并、名称更改、组织简则、人员编制、印信启用和作废等文件材料	永久
9.2	人事工作制度、规定、办法等文件	30年
9.3	人事任免文件	永久
9.4	先进单位、劳动模范、先进工作者的文件材料	
9.4.1	受县级（含）以上表彰、奖励的	永久
9.4.2	受县级以下表彰、奖励的	30年
9.5	对本机关有关人员的处分材料	
9.5.1	受到警告（不含）以上处分的	永久
9.5.2	受到警告处分的	30年
9.6	职工录用、转正、聘任、调资、定级、停薪留职、辞职、离退休、死亡、抚恤等文件材料	永久
9.7	人事考核、职称评审工作文件材料	永久
9.8	职工调动工作的行政、工资、党团组织关系的介绍信及存根	永久
9.9	职工名册	永久
9.10	党、团、工会工作活动中形成的文件材料	
9.10.1	工作报告、总结，换届选举结果	永久
9.10.2	重要专项活动的报告、总结等	永久
9.10.3	党团员、工会会员名册，批准加入党团、工会组织的文件材料	永久
9.10.4	情况反映、工作简报	10年
9.11	纪检、监察工作中形成的综合性报告、调查材料	
9.11.1	重要的	永久
9.11.2	一般的	30年
9.12	保卫部门的安全检查、调查记录	10年
9.13	本机关处理人民来信来访的文件材料	
9.13.1	有领导重要批示和处理结果的	永久
9.13.2	其他有处理结果的	30年
10	本机关事务管理文件材料	
10.1	房产、土地所有权和使用权的文件材料	永久
10.2	与有关单位签订的合同、协定、协议、议定书等文件材料	
10.2.1	重要的	永久
10.2.2	一般的	10年

续前表

序号	归档内容	保管期限
10.3	接待工作的计划、方案	
10.3.1	重要的	30年
10.3.2	一般的	10年
10.4	机关财务预算	30年
10.5	机关物资（办公设备及用品、机动车等）采购计划、审批手续、招标投标、购置等文件材料，机动车调拨、保险、事故、转让等文件材料	30年
10.6	国有资产管理（登记、统计、核查清算、交接等）文件材料	
10.6.1	重要的	永久
10.6.2	一般的	10年
10.7	职工承租、购置本单位住房的合同、协议和有关手续	永久
10.8	职工住房分配、出售的规定、方案、细则，职工住房情况统计、调查表、职工住房申请	30年
11	上级机关制发的文件材料	
11.1	上级机关制发的属于本机关主管业务的文件材料	
11.1.1	重要的	永久
11.1.2	一般的	10年
11.2	上级机关制发的非本机关主管业务但要贯彻执行的文件材料	10年
11.3	上级机关制发的关于本机关机构设置、领导人任免、人员编制等文件材料	永久
12	同级机关制发的非本机关主管业务但要贯彻执行的文件材料	10年
13	下级机关报送的文件材料	
13.1	重大问题的专题报告	30年
13.2	年度和年度以上的计划、总结、统计材料	10年

强化训练

训练1

从来源、内容、形式等方面分析下面这份文件的价值。

陕西省人民政府办公厅关于对省林业厅违反政府新闻发布制度问题的通报

各设区市人民政府，省人民政府各工作部门、各直属机构：

2007年10月5日，镇坪县林业局向省林业厅报告称：镇坪县农民周正龙10月3日在该县神州湾一处山崖旁，用数码和普通胶片照相机拍摄到华南虎照片71张，其中数码照片40张、胶片底片31张。省林业厅委托镇坪县林业局进行核实后，在没有派员进行实地调查的情况下，仅由本厅技术力量和省内有关专家对照片进行了鉴别，就于10月12日召开新闻发布会，宣布“镇坪县发现野生华南虎”，公布了周正龙拍摄的两张华南虎照片，并向其颁发奖金2万元。此后，新闻发布会上公布的2张照片引起了媒体和公众的质疑，导致政府公信力成为社会舆论的热门话题。

事情发生之初，省政府就对省林业厅提出了严肃批评，责成其认真查找工作中的失误和不足，向省政府作出深刻检查。省政府认为，媒体和公众对华南虎问题的关注，对林业厅发布华南虎照片的质疑及责问，既反映了对野生动物保护事业的高度重视，也体现出对省林业厅工作的关心和监督，告诫省林业厅要高度重视、正确理解、积极对待社会舆论，并要求按照国家林业局和省政府的决定，委托国家专业鉴定机构对周正龙拍摄的华南虎照片进行鉴定。

政府新闻发布是一项极其严肃的工作，有着严格的程序和要求。省林业厅举行此次新闻发布会，既未按规定程序履行报批手续，也未对华南虎照片拍摄情况进行实地调查，在缺乏实体证据的情况下，就草率发布发现华南虎的重大消息。当引起媒体和公众质疑后，有关人员又一再违反纪律，擅自发表意见、参与争论，加剧了舆论的关注程度，造成了不良的社会影响，在一定程度上损害了政府形象。省林业厅的做法，很不严肃，极其轻率，违反了《陕西省政府信息公开规定》《陕西省人民政府办公厅关于建立政府新闻发布制度的意见》的有关规定；有关人员的行为，反映出该厅存在着工作作风漂浮、工作纪律涣散等问题。

为了严肃纪律，省政府决定，除对省林业厅有关负责同志追究纪律责任外，对省林业厅违反政府新闻发布制度、擅自发布未经全面核实重大信息的问题予以通报批评。省林业厅要吸取教训，深刻反思和查找工作中存在的问题，进一步完善工作制度，严格工作程序，严肃工作纪律，整顿工作作风，切实抓好各项工作。

省林业厅的做法尽管是个别的，但反映出的作风漂浮、纪律涣散等问题，在其他地方、其他部门也不同程度存在。各地、各部门都要以此为戒，在处理各类重大问题、敏感问题时，一定要以对党和人民事业高度负责的态度，认真调研，审慎决策。要坚持政务公开，不断完善各类公开办事制度，努力提高政府工作的透明度和公信力。要进一步加强作风建设，严肃纪律，提高效率，狠抓落实，为加快建设西部强省作出应有贡献。

陕西省人民政府办公厅

二〇〇八年二月三日

训练2

到学校档案室调阅档案保管期限表，并根据保管期限表对上一学期学校的主要文件进行鉴定，形成鉴定结果后与专门的档案管理人员讨论，对比分析你的鉴定结果是否合适。

第六章

档案整理

任务一　编制档案分类方案

任务引入

王昊在鼎盛公司从事档案管理很长时间，近来公司新聘了一个秘书小李，办公室主任让小李学习管理公司的档案材料，并让王昊对她进行指导。王昊认为档案分类方案是档案整理的基础，熟悉公司的档案分类方案是小李学习档案整理工作的第一步。

任务分析

档案分类就是把档案按照一定的标准划分为若干类别，使其进一步条理化、秩序化。这是档案管理行之有效的方法，也是档案整理工作的基础。一个企业在开展档案工作之前，必须事先确定档案分类的方案。档案分类方案包括企业所采用的档案的分类方法、分类的级次、每一级类目名称。

相关知识

一、档案整理工作的内容和原则要求

（一）档案整理工作的内容

把处于相对凌乱状态的档案，经过分类组合、排列和编目使档案系统起来，便于保管和利用，这就是档案的整理工作。档案整理工作的具体内容包括区分全宗、分类、立卷、编目、案卷的排列和案卷目录的编制。

（二）档案整理工作的原则要求

档案整理工作的基本原则是：按照档案形成的特点，保持档案之间的历史联系，充分利用原有的整理基础，便于档案的保管和利用。

按照档案形成的特点整理档案，在整理档案时要考虑到如下因素：

（1）档案是由文件转化来的，文件形成时的特点，也会很自然地成为档案形成的特点。企事业单位及单位内部组织机构在行使工作职责时，会分别形成一定数目的档案，而该档案是一个有机的整体，即全宗，在整理档案时不应随意拆散这个整体。

（2）档案具有鲜明的时间特点。不同时期企事业单位形成的档案反映着特定时期的特点，这些档案之间有着密不可分的联系。整理档案时要考虑到这个特点，要把不同时期、不同部门的档案分开进行管理。同时，企事业单位的工作活动，无论计划或总结工作，无论检查或布置工作，基本上是逐年进行的。保持一个年度内档案的完整与安全，已被实践证明是行之有效的整理方法。

（3）应该保持档案之间的历史联系。档案之间的历史联系，主要表现在档案的来源、时间、内容和形式等几个方面。

档案来源方面的联系主要指档案是以机关、组织或一定的个人为单位形成的。一定的组织单位构成了档案来源方面的联系，整理档案时必须首先保持这种固有的联系。

档案时间方面的联系主要指形成档案的机关、组织进行工作活动都有一定的过程和阶段性，因而使档案之间具有一定的时间联系，整理档案时就不能忽视这种联系。

档案内容方面的联系主要指档案是单位、组织行使职权的产物，是在解决一定问题过程中产生的。一项工作、一起案件、一次运动、上届会议形成的档案，在内容上有密切的联系，在整理档案时必须考虑到这种密不可分的联系。

（4）应该对于档案原来整理的基础给予充分重视，档案不能轻易打乱重整。应该认真分析研究原整理方法的利弊，凡是合理的部分，都应该继承下来，为今后的整理工作所用。已经初步整理过的档案，是不同时期的整理工作成果，反映着档案整理工作的水平与特点，应该尊重它，而不要轻易否定。档案打乱重整，只会越整越乱，浪费极大。

（5）档案的整理应该达到便于保管和利用的目的。一般说来，按照档案形成的特点和保持档案之间的历史联系来整理档案，基本上能达到便于保管和利用的目的，所以它们基本上是一致的。但是如果处理不好，两者也会发生矛盾。档案之间虽然有一定的联系，但是由于保管价值不同，就要分开立卷，以便于档案的鉴定和保管。某些制成材料比较特殊的档案，或者机密程度显然不同的档案，都应该根据情况分别整理。

二、全宗

（一）概念

全宗是档案整理中一个非常重要的概念。所谓全宗，就是一个机关、社会组织和个人在执行职责活动中形成全部档案的总和。按照档案整理的一般原则，机关、企业、事业单位档案室都应按全宗来整理和保存档案，不可随意分散。

（二）类型

全宗的类型，主要包括以下几种：按形成全宗的单位和全宗内容的性质，分为机关组织全宗和人物全宗两种；按全宗的范围和构成方式，分为独立全宗、联合全宗、汇集全宗和档案汇集四种。

（三）全宗的构成条件和立档单位

在通常情况下，一个独立从事活动的单位，如一个机关、一个工厂、一个学校所形成的档案应该组成一个全宗；机关内部的组织机构如业务处、科、室所形成的档案则作为相应全宗的组成部分。形成全宗的机关单位称为“全宗构成者”，又称为“立档单位”。确定档案全宗划分的界限，即研究拥有档案的机构能否成为一个立档单位，通常被称为全宗构成者的条件，或立档单位的条件。立档单位的主要标志是它们在工作上、组织上和财务上是否具有一定的独立性。一般具备下列条件的机构就是立档单位，它所形成的档案即构成全宗：

（1）可以独立行使职权，并能主要以自己的名义单独对外行文。

（2）是一个会计单位或经济核算单位，自己可以编造预算或财务计划。

（3）设有管理人事的机构或人员，并有一定的人事任免权。

上述三个方面往往互相依存，也有时并不完全具备，其中以第一条作为最基本的标志和主要条件。立档单位确定之后，对整理完毕的每个档案全宗，均标明立档单位的名称，如“××股份有限公司全宗”，并编一个全宗号。

全宗内档案的分类，是档案整理的中心环节，是整理工作中一项十分重要的内容。一个全宗内有很多档案，这就需要按照一定的方法，对全宗内的档案进行系统的分类，即把全宗内的档案按照一定的方法分成若干个类别。

三、常用的档案分类方法

（一）保管期限分类法

保管期限分类法根据划定的不同保管期限对归档文件进行分类。采用保管期限分类法，能够将不同保管价值的归档文件从实体上区分开来，使档案部门能够有针对性地采取整理和保护措施，同时为库房排架管理、档案移交进馆和到期档案鉴定等工作提供便利。按照我国的档案整理规则，一般保管期限分为永久、长期、短期三类。保管期限在1年～15年的为短期，期限在16年～50年的为长期。2007年国家档案局发布新的规定，将我国档案保管期限重新界定为永久、定期两种，定期一般为30年、10年。

（二）组织机构（问题）分类法

1. 组织机构分类法

组织机构分类法是按照立档单位的内部组织结构设置对档案进行分类，每一个具体的内部组织机构就是一个具体的类别。组织机构分类法适合企业内部组织结构较为健全且稳定的企业。如某企业档案按组织机构分类，可以分为办公室类、人事处类、财务处类、生产处类、基建处类，其中生产处类，可能大部分文件是记述和反映生产问题的，也有少部分是记述经生产处办理的其他方面的问题的。采用组织机构分类法，能较好地保持文件来源方面的联系，客观地反映企业内部各组织机构的工作职责和状况，能较好地反映出企业的历史面貌。同时由于每个机构都承担某方面的职能和任务，按机构分类在一定程度上集中反映了某一方面工作内容的文件，便于按照一定的专题查找和利用档案。机构名称就是类目名称，这也方便档案工作人员掌握。按组织机构分类可以保持档案在来源上的一致性，但不一定能保证档案内容的一致性。

2. *问题分类法*

问题分类法是按照文件材料内容所说明的问题对归档文件分类。

问题分类法适用于小型企业，因为这类企业往往存在档案数量少、形成年度少、年度界限不清、内部组织机构经常变动或是机构不健全等问题。

采用问题分类法，可以避免或减少同类问题的文件分散现象，便于查找和利用。但是由于这类分类方法的标准不像年度和机构那样清晰可见，而且档案人员的知识结构和认识能力也存在差异，在类目的设置和归类上不好把握。一般只有在不可能或不适宜采用组织机构分类法的情况下才使用问题分类法。一般以下情况可以考虑采用问题分类法：

(1) 企业小、内部组织机构只有简单的分工，工作常有交叉。

(2) 企业内的档案已经混淆，很难再按组织机构分类。

(3) 企业内部虽有组织机构，但经常变动，按组织机构分类有实际困难。

在按问题分类时，要注意以下问题：

第一，类、属的设置力求符合实际。在按问题分类时，类的设置不像按组织机构分类那样明确，需要认真地调查研究，才能提出切合实际的分类方案。

第二，类目体系要符合逻辑。按问题分类所设的类，概念要明确，层次要清楚。一般情况下，按问题分类类目的设置取决于全宗的大小和企业档案数量的多少。所设各类之间是平行关系，不能互相交叉，更不能互相包括。比如设“经济类”，平行类中就不能再设“社队企业类”，而“社队企业类”只能成为“经济类”的属类（二级类）。

第三，类项的确定应逐步完善。一个全宗内的档案分类，设立哪些类别不是整理工作一开始就能确定下来的，而是要经过反复研究和实践，了解掌握情况，初步确定分类方案，在实际归类过程中，对分类方案补充和修订，最后确定类和属类。

（三）年度分类法

年度分类法，就是根据形成和处理的年度对归档文件进行分类。年度分类法是运用最广泛的分类方法。归档文件按年度特征分类，可以反映出一个机关单位每年工作的特点和逐年发展变化的情况，并且同现行机关以年度为单位将文件整理归档的制度相吻合，类目设置准确、清楚、明确。

采用年度分类法，应准确地判定档案的所属年度。在判定年度时会遇到下面几种情况：

(1) 文件上面没有明确的日期。文件上如果没有日期或者日期不准确时，应该运用多种方法判定文件的准确日期或者接近准确的日期。可以从分析文件的内容、研究文件的制成材料，或者从文件的字体、格式、编排和标记等来判定，同时还可以利用已有准确日期的文件与没有日期的文件比较对照的方法来判定，而且这些方法还应当结合起来使用。

（2）文件上有两个以上日期而又属于不同年度。在这种情况下应根据文件的不同特点，确定一个最能说明文件时间特点的日期作为分类的根据。法规性文件以批准日期为根据（公布之日生效的文件，应以公布日期为根据），领导性文件以签署日期（即落款日期）为根据，会议记录以开会日期为根据，计划、总结、预决算以内容针对时间为根据，来往文书中的收文以收到日期为根据。例如，2017 年工作总结，是 2018 年 2 月形成的，这份文件内容是针对 2017 年的，应该放到 2017 年为好。再如，2016 年形成的 2017 年的经费预算，应归入 2017 年。

当档案文件的形成时间和文件内容记述的时间不一致的时候，当文件的制成和发布、收到和办理跨了年度的时候，就要具体分析实际情况确定各类文件归入哪一个年度内最适宜。

（3）跨年度文件。跨年度文件有两种情况：

一是单份文件内容跨了两个年度。例如一份文件既有前一年的工作总结，又有后一年的工作计划，内容针对两个年度。这份文件如果是以工作总结为主要内容的，应该归入前一个年度，如果是以工作计划为主要内容的，就应该归入后一个年度。如果分不清主次，而是平分秋色，一般应归入形成文件的最后年度。还有的计划和总结，其内容不是针对一个年度，而是涉及几个年度，如五年计划、三年总结、十年规划等，此时，属于计划性的，应该归入计划开始的一年；属于总结性的，应该归入总结针对的最后一年。

二是一组有密切联系的文体形成于两年或者两年以上，比如，一次会议是 2017 年 12 月 20 日召开的，2018 年 1 月 5 日结束，跨了两年，这次会议所形成的文件，在分类时应归入 2018 年。有些具体问题和专门案件都可采取类似办法处理。

（4）专门年度的文件。在实际工作当中，除了一般通用的年度即自然年度以外，各专业部门还采用专门的年度来开展工作，如学校的“教学年度”，时间上跨两年。这类档案一般按专门年度整理。

四、档案复式分类法

在企业实际档案工作中，当归档文件数量较多时，分类工作需要分层次进行，单纯采用一种分类方法的情况较少见，多数采用几种分类方法结合使用，称之为复式分类法。根据《归档文件整理规则》提供的年度、保管期限、机构（问题）三种分类方法，可以组合成多种复式分类法。

在复式分类法中，年度、保管期限是必备项，必须选择，而机构（问题）为选择项。至于年度、保管期限、机构（问题）组合时的先后顺序，《归档文件整理规则》未加限制，各单位可根据工作实际需要进行组合。规模较小的企业、形成文件材料少的企业可不选择机构（问题）作为分类方法。经过组合形成的复式分类法，常用的包括七种：年度-期限分类法、期限-年度分类法、期限-年度-机构分类法、期限-年度-问题分类法、问题-年度-期限分类法、年度-机构-期限分类法、年度-问题-期限分类法。下面举 3 个例子。

例 1：2015 年：办公室……永久、30 年、10 年
人事处……永久、30 年、10 年
管理处……永久、30 年、10 年
…………

2016 年：办公室……永久、30 年、10 年
人事处……永久、30 年、10 年
管理处……永久、30 年、10 年
…………

2017 年：…………
（年度-机构-期限分类法）

例 2：2015 年：党群类……永久、30 年、10 年
业务类……永久、30 年、10 年
行政类……永久、30 年、10 年
…………

2016 年：党群类……永久、30 年、10 年
业务类……永久、30 年、10 年
行政类……永久、30 年、10 年
…………

2017 年：…………
（年度-问题-期限分类法）

例 3：永久：2015 年办公室、人事处、管理处……
2016 年办公室、人事处、管理处……
2017 年……

30 年：2015 年办公室、人事处、管理处……
2016 年办公室、人事处、管理处……
2017 年……

10 年：2015 年办公室、人事处、管理处……
2016 年办公室、人事处、管理处……
2017 年……
（期限-年度-机构分类法）

五、档案分类方案的编制

（一）分类方法

首先把全部档案划分为通用类型和职能类型两大部分，然后分别在每部分内进行档案的分类。

全宗＝通用类型＋职能类型

（1）通用类型档案的一级类目，一般包括党群工作类、行政管理类、业务管理类、

基本建设类、设备仪器类、会计类、声像类、干部职工档案类等。其中“声像类”不是按职能标准，而是为保管方便按载体特征划分出的类。这类档案在各单位都存在，所以列入通用类型。上述各类档案按顺序统一给定类号，由于各单位的建制、规模不同，有些单位可能不完全具备这些类的档案，可以从实际出发不设有关类目。但是给定的类号应予保留，不可被其他类占用。

（2）职能类型档案的一级类目，依其基本职能的分工为标准设立。主要依据是本单位“三定方案”规定的基本职责任务。单位内部组织机构是以现职能划分为基础设立的，因此可参考内部机构设置进行职能分类。但在实际工作中，每个内部机构的具体职能任务可能不止一项，且组织机构变化频繁，具有不稳定性，因此机构设置不能作为分类的主要依据。只有按立档单位的基本职能项目来划分档案的类别，才具有客观准确性和相对的稳定性。

（二）档案分类方案的结构

档案分类方案由编制说明、分类表、使用说明三部分组成。

1. 编制说明

编制说明是分类方案的编制目的、分类的依据、规则、体系结构、类目设置以及若干重要问题的说明，是使用方案的指南。

2. 分类表

分类表是分类方案的主体部分，该表是将一个立档单位各职能活动中所形成的全部档案按类目进行划分排序，以图表的形式表示出来。档案类目排序一般是先通用类型后职能类型。分类表有三种形式：分类体系表、分类类目细分表、分类主题词表。

3. 使用说明

说明档号标识和案卷排列方法。编制分类方案的要求包括：

（1）统一性。在编制分类方案时首先要确定采用何种分类方法。第一级采用哪种方法，第二级采用哪种方法，都应明确规定、标示清楚，而在同一级分类中，不能同时并列采用两种以上分类标准。比如：第一级分类是采用年度分类，就不能同时并列组织机构或问题名称。如果是采取两种分类法的联合，那么不仅分类的第一级是统一的，而第二级也应该是统一的。比如采用年度-机构分类法，第一级分类是年度，第二级分类是机构。

（2）排斥性。分类方案中同级的各类，地位相等，内容互相排斥（不能你中有我，我中有你），类的范围必须明确。比如，按问题分类，所设问题各类地位相等，不能相互包括。第一类中设“教育类”，同位类就不能再设“高等教育类”“中等教育类”，因为教育类已经包括高等教育、中等教育，只能把它们设为属类。同级中设有“人事类”，就不能再设“干部任免类”。同理，设“财务类”，也就不能再设“经费类”。

（3）伸缩性。档案是企业实践活动的产物，而企业实践活动是丰富多彩的。工作内容时而增加，时而减少，组织机构时而撤销，时而合并，因此，分类方案中的各类均应留有伸缩的余地，可以增加或减少类别，以适应客观变化的需要。

阅读材料

××集团公司档案分类方案

一、目的

为了加强××集团公司档案工作整体建设与科学化、规范化、标准化管理，促进档案信息的开发利用，根据《企业档案管理规定》(档发〔2002〕5号)、《工业企业档案分类试行规则》(1991年7月4日国家档案局发布)，使档案资源更好地为企业生产经营服务，结合档案管理工作的实际情况，特制定本分类方案。

二、适用范围

本方案主要适用于××集团公司医疗制药、地产开发公司档案的分类整理、组织案卷和排架管理，是上述企业档案分类的基本依据，其他单位可参照执行。

三、定义

(1) 企业档案——是指企业在生产经营和管理活动中形成的对国家、社会和企业有保存价值的各种形式的文件材料。

(2) 类号——是指类目的标识符号，用以表示类目在分类体系中的位置和排列顺序。

四、管理职责

(1) ××集团公司负责制定企业档案分类方案。

(2) ××集团公司所属各单位执行企业档案分类方案。

五、分类原则

(1) ××集团公司企业档案分类原则是以企业全部档案为对象，依据企业管理职能，结合企业档案构成的内容及形成特点，保持档案之间的有机联系，既可满足企业档案分类管理的需要，又适当考虑了今后发展的需要，具有一定的包容性和延伸性，便于科学管理和开发利用。

(2) ××集团公司企业档案分类以办公职能为基础，类目设置考虑了企业档案的实际情况。为了便于管理利用，本方案只设到二级类目。二级以下类目的设置，根据有关规定或企业实际可自行调整。

六、类目的设置

(1) ××集团公司企业档案分类设置八级类目。即党群工作类、行政管理类、经营管理类、生产技术管理类、科学技术研究类、房地产类、医疗档案类、会计档案类。一级类目应保持稳定，不得变动。

(2) ××集团公司企业档案分类二级类目按照企业管理职能和档案特点设置。“档案分类、归档范围与保管期限表”中所设二级类目是企业档案分类的基本二级类目，一般不予变动。

(3) 二级以下类目的设置，企业可根据有关规定和自身实际，参照“档案分类、归档范围与保管期限表”中基本范围自行确定，一般不宜超过三级。

(4) 类目的级位表示上下位的隶属关系。档案数量少的单位，可只分到一级或二级类目。没有档案实体的类目可空号不用。

七、分类方法

(1) 党群工作类、行政管理类、经营管理类、生产技术管理类的归档文件采用“问题—年度—保管期限”进行分类。

(2) 房地产类的二级类目按工程程序设置，三级类目按建设项目或单位工程设置，其中一些三级类目属类设置自定。

(3) 科学技术研究类的二级类目按管理性文件和项目设置，三级类目按科研课题设置。

(4) 医药档案类的二级类目按管理性文件和医疗设备仪器的种类设置，三级类目按单级设置。

(5) 会计档案类的二级类目按文种设置。

八、标识符号

(1) ××集团公司企业档案分类中的类目标识符号，一律采用英文字母与阿拉伯数字标识。

(2) ××集团公司企业档案分类一级类目采用英文字母（大写）标识。

党群工作类————————A
行政管理类————————B
经营管理类————————C
生产技术管理类——————D
房地产类————————E
科学技术研究类——————F
医疗档案类———————H
会计档案类————————I
特殊载体（电子文件类）————————*G
特殊载体（声像档案类）————————*S
特殊载体（信用文件类）————————*X

九、档号编制与排列

(1) 在编档号时，目录号、案卷号、件号之间用“—”隔开；在编案卷号时，一级类目与二级类目之间不用隔开。类目与案卷顺序号之间均用“·”隔开。

编号排列有下列三种方式：

1) 改革后文书立卷以文件级排列示例：A. 2001. Y. 001

件号
保管期限
年度
一级类号

2）改革前除文书类以外档案各类排列示例：00—G1.0001—001

```
00—G1.0001—001
|  |  |    |______卷内顺序号
|  |  |___________案卷顺序号
|  |______________一级和二级类号
|_________________目录号
```

3）特殊载体（声像、电子、信用）档案排列示例：

```
00—＊X. 0001—001
|   | | |    |______卷内顺序号
|   | | |___________案卷顺序号
|   |_______________一级类号和载体
|___________________目录号
```

（2）党群工作类、行政管理类、经营管理类、生产技术管理类的归档文件以件为单位进行整理，编号排列方法为：

1）归档文件在分类方法最低一级类目内，按事由结合时间、重要程度等排列。会议文件、统计报表等成套性文件可集中排列。

2）归档文件依分类方法和排列顺序逐件编号，在文件首页上端的空白位置加盖归档章并填写相关内容。

（3）房地产类、科学技术研究类、医疗档案类的编号排列方法为：

1）均采用按大类流水分属类的排列方法，即在每个一级类目内按顺序编号排列。其中房地产项目类中的商务资料不能与工程施工资料同时归档，特此规定房地产项目类设两个流水号，即商务资料与工程施工分别进行流水编号。

2）均不考虑案卷的保管期限与年度特征，以维护文件材料的系统性和完整性，便于统计、鉴定、利用等工作。

（4）会计档案类的编号排列方法：

1）按大类分属类编号排列，即在会计档案类下分别按财务报告、账簿、凭证、其他等四个二级类目顺序排列，每个二级类目内再分别按年度顺序排列。

2）案卷编号排列采用按属类内年度流水编号。

（5）各类档案的案卷排列，均按该类档案分类编号体例依次排列，即按各类案卷顺序排列。个别企业由于档案形成规律和利用特点不同，为方便提供利用，在保持档案有机联系和成套性的原则下，可以采取灵活的排列方法，但必须做到系列规律，井然有序。

强化训练

训练 1

根据上述介绍的编制档案分类方案的相关知识，请同学们分组分角色扮演一下“任务引入”中的王昊和小李，并对此情景进行模拟演练。

训练 2

对自己所在学校进行调查，然后编制档案分类方案，最后和学校档案室的分类进行比照，分析自己所编制方案的不足之处。

任务二　归档文件的整理

任务引入

小李在王昊的指导下，对鼎盛公司的档案管理业务渐渐熟悉起来，到了一年一度的归档整理时间，王昊带着小李对公司上一年的文件进行归档整理。

任务分析

归档文件的整理工作是秘书人员的一项基本工作。要完成此任务，秘书人员首先要熟练掌握文件的归档范围，能够对需要归档的文件进行准确分类，然后对照《归档文件整理规则》，按照文件的归档要求，对公司上一年度的文件进行归档。

相关知识

一、确定文件的归档范围

在一个企业里，需要归档的文件主要是与企业各方面活动有关的文件。

（一）国有企业的归档范围

（1）党群工作形成的文件材料。

（2）行政管理工作形成的文件材料。

（3）经营管理工作形成的文件材料。

（4）生产技术管理工作形成的文件材料。

（5）产品生产或业务开发工作形成的文件材料。

（6）科学技术研究工作形成的文件材料。

（7）基本建设和技术改造工作形成的文件材料。

（8）设备仪器管理形成的文件材料。

（9）会计工作形成的文件材料。

（10）职工个人管理形成的文件材料。

（11）其他对国家、社会和企业有保存价值的文件材料。

此外，与以上这些内容相关的电子文件、声像档案、数据库文件、计算机程序、OA 系统档案也都属于秘书应当收集的档案范围。

（二）非国有企业的归档范围

（1）企业设立、变更、撤销的请示、批复、注册、登记、申报、评审、验证等文件材料。

(2) 企业章程、注册资金、经营场所、投资者的审核验证材料。

(3) 企业董事会、监事会、股东会和党、政、企管理机构的会议记录、纪要。

(4) 企业机构设置、职务任免、职工花名册文件等。

(5) 劳动工资、人事、法律事务文件材料等。

(6) 财务会计、资产管理、资金信贷、税收审计等方面的文件材料。

(7) 生产技术、质量管理、环保计量、质量认证等方面的文件材料。

(8) 材料采购、产品成本、市场销售、售后服务、宣传广告等方面的合同、协议等文件材料。

(9) 企业产品设计、制造、鉴定、应用等方面的合同、协议、图纸、图样等文件材料。

(10) 新建、改建工程的规划、设计、建设、施工、监理等方面的请示、批复、任务书、许可证、协议、合同、洽商、图纸、评审、验收、总结等文件材料。

(11) 技术引进、技术改造项目立项、引进、安装、评定、验收、运行等方面的请示、批复、合同、报关单、开箱单、说明书、图纸、评审、验收、记录等文件材料。

(12) 科研活动中的立项、实验、鉴定、应用等阶段的请示、批复、报告、合同、数据、图纸、认定、鉴定等文件材料。

(13) 经济活动中形成的会计凭证、会计账簿、会计报告等文件材料。

(14) 政党、社会团体组织在企业活动中形成的文件材料。

(15) 具有法律凭证和查找利用价值的照片、录音、录像、磁带、光盘等声像、磁性载体、电子文件材料。

(16) 其他具有利用和保存价值的文件材料。

同时，在企业来往的文件中，有一部分是不需要归档的，主要包括：

(1) 未定稿的文件。

(2) 仅供工作参考的文件。

(3) 无查考利用价值的事务性、临时性文件。

(4) 文件草稿。

(5) 从正式文件中摘录的、仅供参考的非证明性材料。

(6) 重份文件。

(7) 无特殊保存价值的信封。

(8) 来访者的介绍信。

(9) 企业内部互相抄送的文件。

(10) 非隶属单位发来的不需要办理的文件。

二、归档整理的步骤和要求

(一) 档案整理改革

档案由单份文件构成，把单份文件组合成案卷称为立卷（或组卷)。2000 年 12 月国家档案局颁布《归档文件整理规则》，文书立卷改革在全国得到迅速推广。改革前，整理单位是“卷”，改革后是“件”。于是，产生了文书档案整理的两种方法，即传统的按“卷”整理与改革后的按“件”整理。

案卷是由来源、时间、内容和外形上互有联系的若干文件组合而成并放入卷夹、卷皮的档案保管单位。一个案卷包括案卷封面、卷内文件目录（归档文件目录）、卷内文件（案卷正文实体内容）、卷内备考表等组成部分。

关于“件”的定义，详见下述有关“件的确定”的内容 。

以“件”为单位与以“卷”为单位整理的区别有以下几方面：

（1）取消案卷，界定“件”的概念，从检索的实际需要及减轻工作量出发，实现文件级管理，免除了烦琐、复杂的组卷过程。装订以“件”为单位进行，对装订材料不作统一规定，只要符合档案保护要求即可。

（2）分类方法固定为年度、保管期限、机构（问题），并允许各单位视具体情况组合及简化分类层次。

（3）取消案卷、卷内文件两级目录，只编以“件”为单位的归档文件目录。以件（份）为单位装订，不用拟写案卷题名，跨盒编流水件号，不编页号，只记页数。

（4）归档章的位置不限，同时对归档章的项目加以调整，只保留检索必备项目。

（5）文件排列方法灵活，便于查阅，利于保密。

（6）归档文件直接装盒保管，档案盒的项目设置有了较大的变化。无须撰写案卷题名和填写案卷封面，只需填写盒脊。

（二）确定“件”

企业档案的整理是以“件”为单位进行的，因此在进行系统整理前我们必须按照一定的原则确定“件”。“件”的确定一般包括以下几种情况：

（1）单份文件，即自然件，一份文件为一件。

（2）特殊文件材料，主要是各种报表、名册、图册、书刊等，每册（本）内容相对完整，具有独立的检索价值，应按照其原来的装订方式，一册（本）作为一件。

（3）文件的正本与定稿作为一件，过厚时可作为若干件。此外，计算机及网络环境中形成的文件，没有定稿的或打印稿上无修改手迹和领导人批示，其打印定稿与正文完全一致的，可将正文与发文稿纸一并归档。

（4）文件的正文与附件，作为完整的一件。

（5）会议记录应以每次会议作为一件。来文与复文作为一件。

（6）有重要内容的文件处理单，应与被处理文件合为一件。文件处理单可继续放在文件的前面，算页数。

（7）转发件与被转发件应视为一件。

（8）复制件应和原件作为一件归档。

（三）档案装订

1. 装订前文件排序

一般来说顺序如下：正本在前，定稿在后；正文在前，附件在后；原件在前，复制件在后；转发文在前，被转发文在后；复文在前，来文在后。汉文本在前，少数民族文字文本在后。不同文字的文本，无特殊规定的，中文本在前，外文本在后。另外有文件处理单的，可放在最前面，编号时作为首页加盖归档章。

装订前应将“件”内的各页按一定方式对齐，便于将来翻阅利用。一般来说，采用左上角装订法，应将左、上侧对齐；采用左侧装订法，应将左、下侧对齐（见图 6－1、图 6－2）。

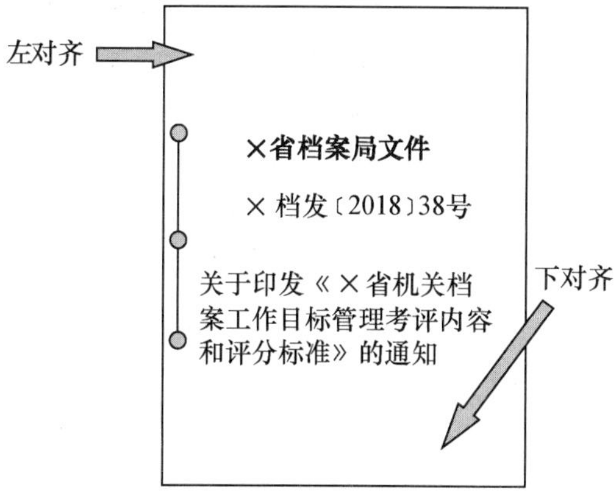

图 6－1　三线一孔左侧装订法

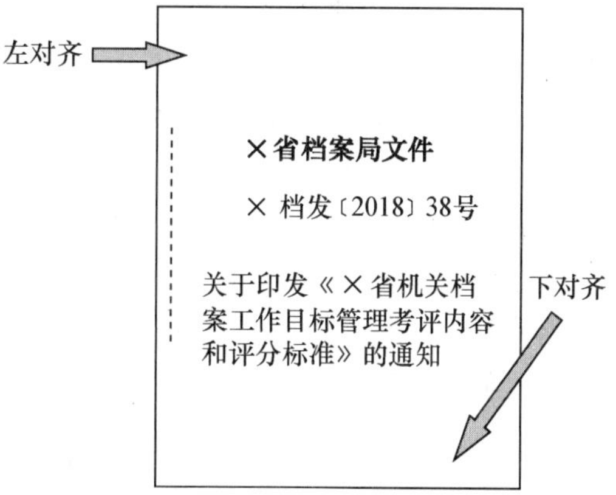

图 6－2　缝纫机左侧装订法

2. 装订方式和装订用品

对于装订方式和装订用品的选择，《归档文件整理规则》中并未进行统一规定，只提出装订材料应符合档案保护要求。建议使用不锈钢订书钉装订，方便快捷，成本低。文件采用左侧装订的方法，左边和下边要整齐。

具体方法有线装法、变形材料装订法、粘接式法、穿孔式法、铆接式等。

注意：从 2000 年开始，对文书立卷的方法进行了改革，简化整理，深化检索，实行单份文件装订，简单分类，划分保管期限，装盒管理，便于操作，便于掌握，提高了工作效率。

（四）按分类方案进行归档文件的排列

归档文件的排列是指按照分类方案的最低一级类目，即条款和条目，根据一定的方法确定归档文件先后次序，并以“件”为单位进行排列。如分类方案采取“年度—问题—保管期限”进行归档，最低一级类目指“保管期限”。“事由”不同于分类方法中的“问题”，而是指一件具体的事、一个具体的问题，或一般联系紧密的工作过程等。例如，申请一项拨款可看作一个事由；任命一名干部可看作一个事由；一项工程、一次活动或一次会议，也可看作一个事由。而“问题”则是指一类相同性质的事情，如机关党务工作、财务工作、人事工作等。归档文件的排列方法具体来说有四种：

一是按事由结合时间排列。一般应将相同事由的文件排列在一起，然后将相同事由的各“件”结合时间进行排列，即时间早的排在前，时间晚的排在后。这里的“时间”主要是指文件形成的时间，有些文件也可依据文件的处理时间排列，如工作计划等。

二是按事由结合重要程度排列。首先将相同事由文件排列在一起，再把主要职能活动或重要活动形成的文件排列在前，其他工作形成的文件排列在后，或将综合性工作形成的文件排在前面，具体业务性工作形成的文件排在后面。

三是按事由具有的共同属性分别集中排列。例如，排列成套性的文件像会议文件、统一报表等时，应将会议文件依次排列在一起，各种统一报表集中一起，然后结合时间或重要程度进行排列。不可将成套文件同其他文件混排在一起，但某份文件内表格除外。再如，一个事由几个作者时，可先按作者，再按时间排列；一个事由几个地区时，可先按地区，再按时间排列等。

四是短期（10 年）保管的文件可按办理完毕后归档的先后顺序排列。

（五）加盖归档章

给归档文件编号的方法是在文件首页上端的空白位置加盖归档章。归档章的位置不限于首页右上角，首页上端空白处都可以，但在整个案盒文件中，其位置应一致。归档章设置的必备项目有：全宗号、年度、保管期限、室编件号、馆编件号、机构（问题）。必备项目编号必须填写。归档章示意图如图 6－3 所示。

全宗号	年度	室编件号
机构（问题）	保管期限	馆编件号

图 6－3　归档章示意图

（六）填写案盒事项

1. 填写归档文件目录

归档文件排列编号完毕后，应依据分类方案和室编件号顺序编制归档文件目录，用于介绍盒内文件的成分和内容。归档文件应逐件编目。归档文件目录内容一般包括件号、责任者、文号、文件题名、日期、页数和备注七项（见表 6－1）。归档文件目录应装订成册，一般一年一本，并编制封面。

表 6－1　　归档文件目录

件号	责任者	文号	文件题名	日期	页数	备注

（1）件号参照“归档章”的室编件号填写，每件编一个号。

（2）责任者是指制发文件的组织或个人，即文件的发文机关或署名者。使用全称或通用简称。责任者可以是一个机关或机关内部的一个机构，也可以是几个机关，或者一个人或若干人。注意：一般应使用全称或通用简称，不能使用含义不清、难以判断的简称；联合发文时一般应将所有责任者照实抄录，责任者过多时可适当省略，但立档单位是责任者的必须抄录，以体现“以我为主”的精神；机关内部文件等“白头文件”在编目时应尽量根据文件内容和形式等特征加以考证并填写。

（3）文号是填写制发机关的文件编号。公文一般填写发文字号，由机关代字、年度（用六角括号“〔〕”括入）、顺序号三部分组成。文号栏内不得填写诸如“会议文件之一”“简报一”等文件顺序号，也不得填写“情况快报”等刊物名称。

（4）文件题名即为文件的标题，一般应照抄实录。对于原无标题的文件应根据内容补拟后填写，自拟标题外加“[]”号。附件标题抄录，外加“( )”号。注意：一般情况下，文件只有一个题名时，填写目录中题名项时应照实抄录。有的文件有副题名或并列题名的，正题名能反映文件内容时，副题名无须抄录；副题名不能反映文件内容时，与正题名一并抄录。会议记录须重拟题名时，应写明会议的时间和主要会议内容。有些归档文件的附件独立性强，如果目录中只著录正文题名，不能反映附件的内容，可能造成漏检，此时可在正件题名后抄录附件题名，外加“[]”号。

（5）日期是指文件的形成日期，以 8 位阿拉伯数字标注年月日，如 20171106。几份文件作为一件时，应以装订时的首份文件日期为准。有的文件上未注明日期，编目时应根据文件内容加以考证并填写；填写目录时，为避免日期项占用的列宽过长，影响其他项目的填写，可将表示月日的数字回行填写，即填写为两行，如：

2017

1106

（6）页数为每一件归档文件的总页数，文件中有图文的为一页，空白页不计数。归档文件上无页码时，需要编页码，当文件上有页码时，无须重编，一件内的文件页码可累计；页码编在归档文件有图文的页面，正面编在右下角，反面编在左下角。文件处理单放在每份文件的首页。

（7）备注：注释文件需说明的情况（文件的移出、修改、补充、破损、销毁、秘级等）。内容较多时，可在备注栏中加注“*”号，将具体内容填入备考表中。

2. 填写备考表

备考表是对盒内归档文件夹的缺损、修改、补充、移出、销毁等情况进行必要的注释说明的，无论是在归档文件整理阶段，还是在档案保管阶段，都需要有备考表来填写这些内容。案盒的备考表放在案盒文件最后，并填写登记日期及归档文件整理完毕的日期、整理人、检查人（见图 6-4）。

备考表

盒内文件情况说明

整理人：________

检查人：________

年　月　日

图 6-4　归档文件备考表

3. 装盒及填写案盒封面、盒脊

调整后的归档文件按档案室编件号顺序装入档案盒，并需要填写档案盒封面、盒脊。档案盒应根据摆放方式的不同，在盒脊或底边设置全宗号、年度、保管期限、起止件号、盒号等必备项，并可设置机构（问题）等选择项。其中起止件号填写盒内第一件文件和最后一件文件的件号，中间用“—”连接；盒号即档案盒的排列顺序号，在档案移交进馆时按进馆要求编制。归档文件应严格按照件号的先后顺序装入档案盒；不同年度形成的归档文件不应放入同一档案盒；不同保管期限的归档文件不应放入同一档案盒；分机构（问题）的情况下，不同机构（问题）形成的归档文件不应放入同一档案盒；档案盒只是归档文件的装具，只需按照排列的先后顺序依次装盒，一盒装满后，顺次装入下一盒即可。

档案盒的外形尺寸为 310 mm×220 mm（长×宽），盒脊厚度可视情况制作，厚度一般为 20 mm、30 mm、40 mm。

阅读材料

××集团公司归档文件整理办法

一、目的

为适应档案现代化管理的需要，规范简化归档文件整理工作，提高档案工作的效率和质量，根据《归档文件整理规则》《归档文件整理工作指南》，结合××集团公司具体情况，特制定本办法。

二、适用范围

本办法适用于××集团公司各单位办公文件归档的整理。

三、定义

（1）归档文件。是指立档单位在其职能活动中形成的、办理完毕的、应作为文书档案保存的各种纸质文件材料。

（2）归档文件整理。是将归档文件以“件”为单位进行装订、分类、排列、编号、编目、装盒，使之有序化的过程。

（3）件。是指归档文件的整理单位。一般以每份文件为一件，文件正本与定稿为一件，正文与附件为一件，原件与复制件为一件，转发文与被转发文为一件，报表、名册、图册等一册（本）为一件，来文与复文为一件。

四、管理职责

（1）档案室负责归档文件整理工作的指导、检查。

（2）职能部门负责文件的整理和归档工作。

五、整理要求和整理范围

（1）遵循文件的形成规律，保持文件之间的有机联系，区分不同价值，便于保管和利用。

（2）反映本单位职能活动，具有查考利用价值的文件材料均应整理归档，并按要求填写“档案分类、归档范围与保管期限表”。

六、整理

（一）质量要求

(1) 归档文件应齐全完整。已破损的文件应予修整，字迹模糊或易退变的文件应予复制。

(2) 整理归档文件所使用的书写材料、纸张、装订材料等应符合档案保护要求。

（二）装订、分类、排列、编号、编目

1. 装订

归档文件应按件装订。

(1) 装订时，正本在前，定稿在后；正文在前，附件在后；原件在前，复制件在后；转发文在前，被转发文在后；来文与复文作为一件时，复文在前，来文在后。

(2) 装订时，尽量保持文件的原始面貌。采用左上角装订法，应将左、上侧对齐；采用左侧装订法，应将左、下侧对齐。永久保存的文件用线或无酸纸封套等符合档案保护要求的材料。长期、短期保存的文件可用金属材料装订，但使用金属材料装订的归档文件禁止使用微波设备消毒。

2. 分类

(1) 归档文件按照企业档案分类方案进行分类，即问题—年度—保管期限，其中问题内只设一级类目。

(2) 形成的文件数量少，内部机构设置简单的小单位可简化分类方案。归档文件可以采用年度、机构（问题）、保管期限等特征进行分类，或将上述特征结合使用。

(3) 每个立档单位内的归档文件只能采用一种分类方案，同一全宗应保持分类方案稳定。

3. 排列

归档文件应在分类方案的最低一级类目内，按事由结合时间、重要程度等排列。会议文件、统计报表等成套性文件可集中排列。

4. 编号

归档文件应依分类方案和排列顺序逐件编号，在文件首页上端的空白位置加盖归档章，并填写相关内容。填写归档章时应使用符合档案保护要求的书写材料。归档章设置全宗号、年度、保管期限、页数、室编件号、馆编件号、机构（问题）项目。

(1) 全宗号：档案馆给立档单位编制的代号，此项空置，暂不填写。

(2) 年度：文件形成年度，以四位阿拉伯数字标注公元纪年，如“2001”。

(3) 保管期限：归档文件保管期限的简称或代码。简称为“永、长、短”，代码为“Y、C、D”。

(4) 页数：每一件归档文件的页数。文件中有图文的页面为一页。当归档文件上有页码时，无须重编；当归档文件上无页码时，需要编页码。一般使用阿拉伯数字，每件从“1”开始流水编制，正页编在文件的右下角，反页编在文件的左下角。

(5) 室编件号：其编制方法为，在分类方案的最低一级类目内，按文件排列顺序从“1”开始标注。

(6) 馆编件号：按进馆要求编制，没有进馆任务的企业不用填写。

（7）机构（问题）：为分类方案类目的一级名称或代码。

5. 编目

归档文件应依据《××集团公司档案分类方案》和室编件号顺序编制归档文件目录。归档文件应逐件编目；来文与复文作为一件时，只对复文进行编目。归档文件目录设置件号、责任者、文号、题名、日期、页数、备注项目。

（1）件号：填写室编件号。

（2）责任者：制发文件的组织或个人，即文件的发文机关或署名者。填写责任者项时使用全称或通用简称，不能使用“本部”“本局”“本公司”等含义不明、难以判断的简称。

（3）文号：文件的发文字号。填写文号项时应照实抄录，不能省略。

（4）题名：文件标题。没有标题或标题不规范的，可自拟标题，外加“[]”号。

（5）日期：文件的形成时间，以 8 位阿拉伯数字标注年月日，如 2001 年 9 月 9 日，标注为“20010909”。

（6）页数：每一件归档文件的页数。

（7）备注：注释文件需说明的情况。

（三）纸张尺寸、编制封面、电子版归档的要求

（1）归档文件目录用纸幅面尺寸采用国际标准 A4 型（长×宽为 297mm×210mm）。

（2）归档文件目录应装订成册并编制封面（表式自拟），目录编制成册的方式与分类方案一致。归档文件目录封面设置全宗名称、年度、保管期限、机构（问题）等项目。其中全宗名称即立档单位的名称，填写时应使用全称或规范化简称。

（3）各单位档案部门应同时保存归档文件目录的电子版，并以年度为单位将归档文件目录刻制光盘保存。

（四）装盒

将归档文件按室编件号顺序装入档案盒，并填写档案盒封面、盒脊及备考表项目。不同年度、保管期限、机构（问题）的归档文件不应放入同一档案盒内，装不满一盒时，应通过使用不同厚度的档案盒来解决，使文件不至弯曲受损。

1. 档案盒尺寸、著录项

（1）档案盒封面应标明全宗名称。档案盒的外形尺寸为 310 mm×220 mm（长×宽），盒脊厚度可以根据需要设置为 10 mm、20 mm、30 mm、40 mm 等。

（2）档案盒应根据摆放方式的不同，在盒脊或底边设置全宗号、年度、保管期限、机构（问题）、起止件号、盒号等项。其中，起止件号填写盒内第一件文件和最后一件文件的件号，中间用“—”号连接；盒号即档案盒的排列顺序号，没有进馆任务的企业可不用填写。

2. 备考表

备考表置于盒内文件之后，项目包括盒内文件情况说明、整理人、检查人和日期。

（1）盒内文件情况说明：填写盒内文件缺损、修改、补充、移出、销毁等情况。

（2）整理人为负责整理归档文件的人员姓名。

（3）检查人为负责检查归档文件整理质量的人员姓名。

（4）日期为归档文件整理完毕的日期。

强化训练

训练 1

根据本任务介绍的归档文件整理的相关知识，请同学们分组分角色扮演“任务引入”中的王昊和小李，并在学校档案管理实验室里进行模拟演练。

训练 2

王昊负责公司的档案管理工作。对于公司往来文件的管理，王昊非常认真负责，对办公室工作中形成的、办理完毕的、具有参考利用价值的管理性文件、会议文件、重要文件的历次修改稿、电话记录、电报、公司内部简报等，都认真细致地进行登记、收集、定期归档。由于王昊管理认真、细致、科学，熟悉文件归档的制度和方法步骤，到了一年一度文件归档的时候，办公室主任要求王昊负责将公司上年度文件整理归档并移交档案室。

假如你是王昊，请你完成以下任务：

（1）将公司文件进行分类。

（2）确定文件的保管期限。

（3）按照《归档文件整理规则》要求的步骤，对公司文件进行归档。

第七章

档案的检索和编研

任务一　档案的检索

任务引入

小李在鼎盛公司工作数年，对档案的收集、整理等业务已经比较熟悉。恰逢公司十周年庆典，很多部门的同事来调用以前的文件资料，档案利用频率很高。但是最近两年的档案还未及时进入检索系统。王昊决定让小李帮忙，在原有检索系统的基础上重新编制几种实用的检索工具，方便档案的利用。

任务分析

档案检索就是对档案信息进行分类存储以及根据需要进行查找。检索是档案管理工作中承上启下的环节，是档案收集整理和档案提供利用的中间环节。档案检索包括存储和查检两个阶段，存储是将档案中具有检索意义的特征标识出来编制成检索工具或档案信息数据库；查检是利用检索工具查找所需要的档案。

相关知识

一、档案的著录和标引

（一）档案著录

档案著录是指在编制档案检索工具时，对档案的内容和形式特征进行分析、选择和记录的过程。通过它可以具体描述每份文件或每份案卷的特征，揭示其主题内容、科学价值，指明出处，区别相互之间的异同，从而便于档案人员和利用者了解档案，更好地管理和利用档案。著录工作是编制检索工具的前提和基础。根据国家标准《档案著录规则》的规定，档案著录工作主要包括著录项目、标识符号、著录格式、著录项目细则等内容。

1. 著录项目

揭示档案内容和形式特征的记录事项。档案著录项目主要有七大项：

第一，题名与责任者项，包括正题名、并列题名、副题名及说明题名文字、文件编号、第一责任者、其他责任者。

第二，文本项，包括文种和稿本两个单元。

第三，密级与保管期限项，包括密级和保管期限两个单元。

第四，时间项。

第五，载体形态项，包括数量及单位、规格、附件三个单元。

第六，丛编项、附注项和提要项。

第七，排检与编号项，包括分类号、档案馆（室）代号、档号、缩微号、电子文档号、主题词六个单元。

以上项目中，正题名、第一责任者、时间、排检与编号项为主要著录项目，其他几项是选择著录项目。

2. 标识符号

标识符号是用来表示不同著录项目和著录含义的人工语言符号。常用的标识符号有：

“.—”：文本项、密级与保管期限项、时间项、载体形态项、附注项。

“=”：并列题名。

“:”：副题名及说明题名文字、文件编号、规格、数量及单位。

“/”：第一责任者。

“;”：其他责任者、保管期限。

“+”：附件。

“( )”：责任者所属机构名称、责任者真实姓名、责任者职务、中国责任者时代、外国责任者国别及姓名原文、丛编项。

“[]”：自拟著录内容、载体类型标识。

“?”：推测的不能确定的著录内容，与 [] 结合使用。

“□”：每一个残缺文字。未考证出的责任者、时间及难以计数的残缺文字用三个“□”号。

“.”：外文缩写。

“～”：起止连接。

3. 著录格式

按不同著录对象，著录格式可分为文件级和案卷级两种。以一份文件为著录对象的称文件级，以一卷（册、袋、盒）文件为著录对象的称案卷级。文件级著录时一文一卡，案卷级著录时一卷一卡。

文件级著录格式：

分类号 档案馆（室）代号
档号 缩微号
正题名＝并列题名：副题名及说明题名文字：文件编号［载体类型标识］第一责任者；
其他责任者．—文本．—密级：保管期限．—文件形成时间．—数量及单位：规格＋附件．—（丛编）．—附注
主题词
提要

案卷级著录格式：

分类号 档案馆（室）代号
档号 缩微号
正题名＝并列题名：副题名及说明题名文字［载体类型标识］．—密级；保管期限．—案卷内文件起止时间．—数量及单位：规格．—附注
主题词
提要

文件级和案卷级条目著录格式，按其载体形式均可分为卡片式和书本式。

（1）卡片式著录格式将著录项目划分为四个段落。

第一段落：分类号与档号分别著录于卡片左上角的第一、二行。档案馆（室）代号与缩微号分别著录于卡片右上角的第一、二行。

第二段落：从档号下一行与档号齐头处依次著录题名与责任者项、文本项、密级与保管期限项、时间项、载体形态项、丛编项和附注项，各项目回行时，齐头著录。

第三段落：主题词，另起一行齐头著录。

第四段落：提要，另起一行空两字著录，回行时与一、二、三段落齐头。

卡片尺寸为 12.5cm×7.5cm。著录时，卡片四周均应留 1cm 空隙。如卡片正面著录不完，可接背面连续著录，并在正面右下角用“（ ）”注明“转背面”。

文件级卡片式条目：

J06052　　000108
4058　　754—755
中型催化裂化高效再生试验报告［胶片］蒋重仁．—副本．—长期．—1976.6.—2张：16mm
催化裂化再生工艺 Y型分子筛催化剂 侧馏分 馏分油 中试装置
再生烟气中的一氧化碳在稀相再生管燃烧时，温度及停留时间对其燃烧反应的影响。

案卷级卡片式条目：

I080932	000102
16—2—30	92—1

各省、自治区、直辖市 1972 年粮食产量统计表. —永久. —1973.3.14～1973.5.20. —西藏自治区统计表因污渍大部不清

1972 年全国各省、自治区、直辖市耕地面积、粮食作物播种面积、总产量和各种粮食作物产量。

（2）书本式著录格式除在正题名前加顺序号（以黑体字印刷）其后空一格，且第二段落著录项目相应后移外，其余与卡片式著录格式相同。

4. 著录项目细则

（1）题名与责任者项。

1）题名是直接表达档案内容特征、中心主题并区别于另一档案的名称。

2）责任者是指对档案内容进行创造，负有责任的团体或个人。

正题名是档案的主要题名，一般指单份文件文首的题目名称和案卷封面上的题目名称。正题名照原文著录。

并列题名是以第二种语言文字书写的与正题名对照并列的题名。必要时并列题名与正题名一并著录。并列题名前加“＝”号。

副题名是解释或从属于正题名的另一题名，副题名照原文著录。正题名能够反映档案内容时，副题名不必著录。副题名前用“：”号。说明题名文字是指在题名前后对档案内容、范围、用途等的说明文字，照原文著录，其前加“：”号。

没有题名的单份文件，可依据其内容拟写题名，并加“[]”号。

单份文件的题名不能揭示内容时，原题名照录，并根据其内容另拟题名附后，加“[]”号。案卷题名不能揭示案卷内容或题名过于冗长时，一般应重新拟写，改写原案卷题名后再著录。

（2）文件编号。

文件编号是文件制发过程中由制发机关、团体或个人编写的顺序号，包括发文字号、图号等。文件编号照原文字和符号著录，其前加“：”号。例如：“：中发〔1999〕16 号”“：J6—021—001”。

（3）责任者。

第一责任者是指文件上列于首位的责任者。其前加“/”号。责任者只有一个时作第一责任者照原文著录，如“/南京久盛责任有限公司”。

单份文件有多个责任者时，除著录第一责任者外，其他责任者最多著录 2 个，以“；”号相隔，并加“等”字。立档单位本身是责任者的必须著录。

团体责任者必须著录全称或通用简称。如“中国共产党中央委员会”简称“中共中央”，“中华人民共和国外交部”简称“外交部”，原“中国人民解放军总参谋部”简称“总参”，“河北省人民政府人事局”简称“河北省人事局”，“国家档案局档案馆业务指

导处”简称“国家档案局二处”等。不得著录为“本部”“本委”“本省人事局”“二处”等。

历代政权机关团体责任者，著录时其前应冠以朝代或政权名称，并加“( )”号，如（清）内阁、（民国）教育部。

个人责任者一般只著录姓名，必要时在姓名后著录职务，并加“( )”号，如吴学谦（外交部部长）。

文件所署个人责任者为别名、笔名等时，均照原文著录，但应将其真实姓名附后，并加“( )”，如茅盾（沈雁冰）。

外国责任者，应著录各历史时期易于识别的国别简称，统一的中文姓氏译名、姓氏原文和名的缩写，一般采用姓在前、名在后的顺序。国别、姓氏的原文和名的缩写均加“( )”号，如：（美）爱因斯坦（Einstein，A.）。

未署责任者的文件，应著录根据其内容、形式特征考证出的责任者，并加“[ ]”号。经考证仍无结果时，以三个“□”代之，著录为“□□□”。

（4）文本项。

文本是文件稿本的名称。依实际情况著录为正本、副本、草稿、定稿、手稿、草图、原图、底图、蓝图等，其前加“.—”号。

（5）密级与保管期限项。

一般按文件形成时所定密级著录，对已升、降、解密的，应著录新的密级，其前加“.—”号，如“.—机密”。

一般在案卷组成时拟定保管期限著录，对已更改的，应著录新的保管期限，其前加“;”号，如“；永久”。

当密级与保管期限项中不著录密级时，保管期限前不加“;”号，例如：“.—长期”。

（6）时间项。

时间项视著录对象分为文件级的文件形成时间和案卷级的案卷内文件起止时间。其前均加“.—”号。

以单份文件为著录对象的，著录文件的形成时间。一般公私文书、信札为发文时间，决议、决定、命令为通过时间或发布时间，条约、合同为签署时间，报表计划为编制时间，工程、产品图纸为设计时间等。

时间著录，可省略年、月、日，在表示年、月的数字右下角加“.”号。例如：1982年6月5日著录为“.—1982.6.5”。

历史档案应著录原纪年，将换算好的公元纪年附后，并加“( )”号。例如：清乾隆十年九月二十六日著录为“.—清乾隆10.9.26（1745.10.21）”。

没有形成时间或形成时间不清的文件，应根据其内容、形式、载体特征等考证出形成时间著录，并加“[]”号；或著录文件上的其他时间（收文时间、审核时间、印发时间等），并在附注项中说明。如考证无结果，且无其他时间，则以三个“□”代之，著录为“□□□”。

时间记载有误的文件，仍照原文著录，再将考证的时间附后，并加“[]”号。

以一组文件、一个案卷为著录对象的，著录案卷内文件最早和最迟形成的时间，其间用“～”连接。例如：1980 年 3 月 4 日至 1980 年 12 月 7 日著录为“.—1980.3.4～1980.12.7”。

（7）载体形态项。

1）载体类型。载体类型有甲骨、金石、简牍、纸、唱片、胶片、胶卷、磁带、磁盘、光盘等，除纸张不著录外，其他载体类型据实著录，其前加“.—”，如：“.—胶片”。

2）数量及单位。数量用阿拉伯数字，单位用档案物质形态的统计单位，如：“页”“卷”“册”“盒”等。著录时其前加“.—”号。

3）规格。指档案载体的尺寸及型号等，著录时其前加“:”号，如：“.—1 盒：35mm”“.—5页：16 开”。

（8）附件。

即文件正文后的附加材料，一般只著录附件题名，其前冠“+”号。载体形态项中不著录小项数量及单位和规格时，附件前不加“+”号。例如：“.—中共温州地委办公室转发平阳县委办公室‘关于水头区委档案被烧情况的报告’”。

（9）附注及提要项。

附注项著录各个项目中需要解释和补充的事项，依各项目的顺序著录，项目以外需解释和补充的列在最后。每个附注项前加“.—”，如“.—原件有缺损”。

提要项是对文件和案卷内容的简介和评述，应力求反映其主题内容。一般不超过 300 字。

（10）排检与编号项。

排检与编号项是目录排检和档案馆（室）业务注记项。包括以下项目：

1）分类号。依据《中国档案分类法》《档案分类标引规则》有关规定著录，置于条目左上角第一行。

2）档案馆（室）代号。依据《编制全国档案馆名称代码实施细则》所给的代码著录，置于条目右上角第一行。

3）档号。即档案馆（室）在档案整理过程中对档案的编号。档号通常包括全宗号、案卷目录号、案卷号、件号或页号。各号之间用“—”连接。著录于条目左上角第二行，与分类号齐头。

4）缩微号。缩微号是档案缩微品的编号，著录于条目右上角第二行，与档案馆（室）代号齐头。

5）电子文档号。电子文档号是档案室（馆）在管理电子文件中所形成的一组号码，著录于条目第二行中间，各层次之间用“—”连接。

6）主题词。主题词是揭示档案主题内容的规范词。著录时参照《中国档案主题词表》《文献主题标引规则》的原则进行标引。文件级条目一般著录 3 个～8 个主题词，案卷级可适当增加。主题词著录于第二段落之下，另起一行齐头著录。各主题词之间空一格，一个词不得分作两行。

（二）档案标引

档案标引是在档案著录过程中，对档案的内容特征进行分析和选择，并赋予其规范化检索标识的过程。根据其所使用的检索语言的不同，可以分为分类标引和主题标引。标引是著录的核心。

1. 分类标引的步骤与方法

分类标引就是分析档案的主题，根据主题赋予档案分类号的过程。

（1）研读分类法和分类标引规则。档案分类标引依据的是《中国档案分类法》和《档案分类标引规则》。档案工作人员必须熟练掌握这两份文件的内容，正确理解各类目的含义和范围，把文件归入恰当的类目，并根据档案内容确定合适的标引深度，保证标引的全面、准确。

（2）档案主题分析。即分析档案内容以确定档案主题概念的过程。恰当的主题分析是保证标引工作质量的基础和前提。

分析档案主题可以从档案的题名、正文、作者、形式特征等方面入手，最主要的是分析主题的类型和构成因素。

1）主题的类型。

主题的类型依据档案内容可分为单主题和多主题两种。单主题是指一件（卷）档案只有一个主题。例如《中国南方电网有限责任公司专业技术资格管理办法》的主题只有一个，即“专业技术资格管理”；多主题则由两个或两个以上的单主题组成，例如《××市规划局关于继续实施有关城市规划管理、道路建设四个文件的请示》中就有两个主题，即“城市规划管理”和“道路建设”。

2）主题的构成因素。

构成主题的因素，根据《文献主题标引规则》有五种：主体因素、位置因素、时间因素、文件类型因素以及通用因素。

主体因素是指文件或案卷所论述的关键性概念，是主题词表中具有独立检索意义的主题词，能作为该份文件的检索入口，为利用者提供检索途径。它几乎包括各种事物、问题、学科领域中的最基本概念，通常有研究对象、材料、方法、过程、条件等。

位置因素是指表明文件或案卷所论述事物、对象和问题所处的空间、地理位置的主题因素。它包括主题词表中的国家、地区、地名、机构名称等方面的主题词。位置因素没有独立的检索意义。

时间因素是档案文件内容所研究和论述的事物、对象和问题所处时间范围的主题因素，包括朝代、年代、年度、时间等。时间因素指明主题的时间属性，对主体因素起限定和修饰作用，一般也没有独立的检索意义。

文件类型因素是文件的种类或形式名称的主题因素，如会议记录、论文集、条例、指示、报告、通知等。

通用因素是指为使档案文件内容的主题概念表达完全，用以补充说明主体因素的因素，是主题因素中的次要部分，对主题因素起细分的作用。它在主题词表中是一些没有独立检索意义的主题词，不能作为查找文件的检索入口，不能为利用者提供检索途径。

上述五种主题构成因素基本上概括了档案文件可能出现的主题因素。其中主体因素是首要因素，是主题构成的核心因素，是利用查找文件的主要检索入口，必须加以标引，作为主标题使用。通用因素处于次要的地位，没有独立的检索意义，但对主体因素有细分和修饰的作用，能与主体因素结合而成为一个完整的主题。位置因素和时间因素是对主体因素在位置或时间方面的一种限定和修饰，是一种辅助性的属性。文件类型因素与主体因素没有必然联系，但有助于了解论述的对象，所以放在最后。

3）分析主题可以从以下几个方面入手：

第一，分析题名。题名是指文件和案卷名称，是责任者或立卷人对档案内容的概括，在题名准确反映档案的中心内容的情况下，分析题名能直观地把握档案的主题。但有些文件、案卷的题名，由于存在拟写上的缺陷，不能准确地、直接地揭示主题内容，所以不能作为分类标引的唯一依据，还应浏览正文。

第二，浏览正文。通过分析题名不能确定档案的确切内容和类别时，应浏览文件、案卷的正文。重点阅读文头、文尾、段落题名，了解作者的撰写目的和意图，从而确定档案内容论述或涉及的主题。

第三，查阅文件版头和案卷封面。党、政机关行文都有固定的文件版头，标明发文机关的全称或通用简称、发文字号，文尾有发文机关、抄送机关、成文日期、盖印与签署。此外，附加标记有密级、缓急时限、阅读范围等。案卷封面上有机关全称和组织机构名称、案卷题名、年度日期、保管期限、档号以及卷内目录、卷末备考表等。它对于了解文件、案卷的主题、起草目的、利用范围、使用价值等，都能提供一定的参考。

（3）根据分析结果，赋予分类号。

（4）审校。审校是分类标引的最后一道工序，是确保标引质量的最后关口。审校内容包括检查验证档案的内容是否得到全面的分析，主题概念是否准确、恰当，辨类是否准确，同类档案是否归类一致，标引的类号是否充分、完整、准确，书写是否正确无误。

2. 主题标引的步骤与方法

主题标引就是赋予档案主题词的过程。它在档案检索中有两项任务：一是从档案中分析提取有关某主题的情报信息；二是将得出的主题概念，按照主题词表标出主题词。

（1）掌握主题标引规则。主题标引的依据是《中国档案主题词表》，标引人员要熟练掌握该表的结构体例、使用方法和主题标引的有关规则。

（2）分析档案主题。首先要熟悉档案的内容，浏览正文是最主要的方法；然后对主题进行分析。浏览正文的方法，重点是阅读文件的前言、简介、提要、说明、批语、结论、大小标题等，就可以大体了解作者的意图、文件的重点和主题内容。此外，还应查看文头、文尾和附加标记等。主题分析的内容与分类标引相同。

（3）查表选词，进行概念转换。主题概念提炼出来以后，要把它转换为主题词，方法是由标引人员根据选定的主题概念，查看主题词表中有无与该主题概念相对应的正式主题词，若有就将该主题词作为标引词记录下来，便完成了转换过程。如果选定的主题概念在词表中没有相应的主题词就应通过组配的方法来解决。

（4）审校。重点审查主题概念的提炼、主题词的选择及书写形式是否正确、贴切等。

二、档案检索工具

（一）档案检索工具的作用

档案检索工具是记录、报道档案内容和查找利用档案资源的工具。它的基本职能有两个方面：一是存储信息，即把档案可供检索的特征著录下来，按照一定的顺序加以排列或进行客观的描述，以二次文献或三次文献的形式将档案信息集中起来；二是查检信息，即向利用者提供档案线索，供利用者了解和查询档案时使用。档案检索工具对检索效率的提高具有重要的甚至可以说是决定性的影响。档案检索工具的作用具体来说有以下几种。

1. 桥梁作用

档案的数量庞大，内容繁杂，对于利用者来说犹如档案之海，如果不借助科学的方法和手段，便无法从中获取所需档案。档案检索工具在档案和利用者的特定需要之间架设了一道“桥梁”，沟通了二者的借需关系，利用者借助检索工具便可以较为迅速准确地获取所需档案。

2. 交流作用

档案检索工具中存储了大量的档案信息，它不仅可以提供查询，同时可成为档案馆（室)与利用者、档案馆（室）之间的交流工具。利用者借助它可以了解档案的分布、内容、价值等信息，档案馆（室）借助它可以互相了解馆藏情况，互通有无，提高服务质量。

3. 管理作用

档案检索工具记录了档案的主要内容和形式特征，集中、浓缩地揭示了馆藏情况，档案工作人员可以通过检索工具概要了解馆藏档案的内容、形式、数量等情况，为档案管理业务活动提供一定的依据。尤其是馆藏性检索工具反映档案实体顺序，在库房管理、档案数量统计等管理活动中直接发挥作用。各种检索工具还是档案工作人员查找档案、提供咨询、开展档案编研工作的必要手段。

（二）档案检索工具的种类

（1）按编制体例分为目录、索引、指南。目录是将档案著录条目按照一定的方法编排、组织，并提供查找信息线索的检索工具。索引是将档案材料的某一方面的内容或外形特征及其出处按一定方法排列起来而形成的检索工具。指南是用文章的形式综合介绍档案馆（室）概况、全宗概况或某一内容档案情况的工具。

（2）按载体形式分为书本式检索工具、卡片式检索工具、缩微检索工具、机读式检索工具。

（3）按检索范围分为全宗范围检索工具、档案馆范围检索工具、专题范围检索工具、馆际检索工具。

（4）按功能分为馆藏性检索工具、查检性检索工具、报道性检索工具。

馆藏性检索工具是档案馆（室）收藏档案的总清册，并反映档案的分类整理和排架的顺序及状况，与档案的实体排列一致。它是保藏档案、统计和移交档案、维护档案完整的主要工具，有案卷目录、卷内文件目录、存放地点索引等。

查检性检索工具是为了解决从不同角度检索档案而专门编制的，是对外服务和馆（室)内查找档案的重要手段，主要有全宗、文件目录、分类目录、专题目录、主题目录、人名目录（或索引)、全宗文件卡片目录、分类卡片目录、专题卡片目录、主题卡片目录、人名卡片目录、文号目录、存放地点索引、地名索引等。

报道性检索工具是为了报道和介绍馆（室）藏、开展馆（室）际交流而编制的，主要有档案馆指南、全宗指南、专题指南等。

档案检索工具往往是成体系存在的。企业档案室应根据企业自身的规模、特点、利用对象和需求为依据，结合人力、物力条件，建立一套实用的档案检索工具体系，把质量放在首位，以能发挥实际效益为目的，不要一味追求数量和多样化，真正发挥检索工具的作用，方便档案的利用。

(三）档案检索工具的编制

1. 编制案卷文件目录

案卷文件目录亦称“卷内文件目录汇集”“全引目录”，它由案卷目录和卷内文件目录汇编而成，是能以案卷和单份文件为检索单位，揭示和介绍档案馆（室）所存档案内容和成分的一种检索工具。

编制案卷文件目录，只需要把案卷目录和卷内文件目录依次打印或复印后装订起来即可。案卷文件目录如表 7－1 所示。

表 7－1　　案卷文件目录

××号案卷						
顺序号	责任者	文件字号	文件题名	文件日期	所在页号	附注

2. 分类目录

分类目录是按档案分类表的体系组织起来的以分类号为排检项的一种检索工具。优点是将同一内容的档案信息集中在一起，便于按族性进行查找；还具有灵活机动的特点，可以根据需要变换组合成多种性质的专题目录。分类目录主要以卡片的形式编制，一般以案卷为单位，一卷一卡；也可以件为单位，一件一卡。编制步骤为：

(1) 填卡。按《档案著录规则》的规定，把有关内容分成条目格式著录在卡片上。

(2) 排列。首先按时期分开，同一时期的卡片排列在一起；然后，每一时期内，按照《中国档案分类法》的体系，把各卡片按大类、属类依次排列；在每一类，再按年度、作者、时间或地区、级别等特征排列。

(3) 设置指引卡。指引卡是一种上端带有耳状突起的卡片，使用时在其导耳部分标明分类号、类目名称或指出本类档案的范围、排列方法等。

3. 主题目录

主题目录是将文件或案卷的主题词按字顺排列而形成的一种检索工具，其优点是专指性强，查找方便，准确率高，适合计算机检索。

编制主题目录必须以《中国档案主题词表》为依据，编制步骤为：

（1）编制条目。一般一文一卡，将该文件的主题词按一定的顺序著录在卡片上，形成一个条目。如果一份文件有两个主题，就需填写两张卡片。

（2）排列。按照字顺排列，字顺包括拼音、部首、笔画等。

4. 文号索引

文号索引是把档案的文号与档号相对应，提供按文号检索档案途径的一种检索工具。因为这种检索工具一般采用表格形式，所以也称为文号档号对照表。编制方法是：把同一年度、同一发文机关的文件编成表格，再把所有的表格装订成册即可。文号索引格式较灵活，最常见的有号码对应表（见表7－2）和位置对应表两种形式。号码对应表一般以100个号为一张表，在与文号并列的空格中填写档号。位置对应表以纵横坐标读数表示文号，在空格中填写档号。

表7－2 号码对应表

00		10		20		30		40		50		60		70		80		90	
01		11		21		31		41		51		61		71		81		91	
02		12		22		32		42		52		62		72		82		92	
03		13		23		33		43		53		63		73		83		93	
04		14		24		34		44		54		64		74		84		94	
05		15		25		35		45		55		65		75		85		95	
06		16		26		36		46		56		66		76		86		96	
07		17		27		37		47		57		67		77		87		97	
08		18		28		38		48		58		68		78		88		98	
09		19		29		39		49		59		69		79		89		99	

5. 人名索引

人名索引是指将档案中涉及的人名及其简要情况著录下来，组成以人名为线索的一种查找性检索工具。人名索引从体例上可分为综合性人名索引和专题性人名索引，这里主要介绍专题性人名索引的编写。专题性人名索引（见表7－3），是以馆（室）藏全部档案或若干全宗档案为著录对象，按单份文件将某一专题涉及的人名都著录下来，组成任免、奖惩、职称、离退休等专题人名索引。其条目的排列方法一般采用姓氏笔画排列法，即按照姓氏的首字笔画数，从少到多排列，当姓氏首字相同时，可依据姓名第二个字的笔画数多少进行排列。也可采用汉语拼音、四角号码等方法排列。

表7－3 专题性人名索引

姓名		曾用名		性别		出生年月		民族		籍贯	
简历											
档案内容摘要											
全宗号			案卷目录号			案卷号			页号		

人名索引的编写方法：

(1) 姓名：填写所需编制的某人物姓名。

(2) 年度：填写涉及某人的文件形成年度。

(3) 目录号（分类号）：填写原文件所在案卷的目录号（分类号）。

(4) 卷号：填写原文件所在的案卷号。

(5) 页号：填写原文件所在案卷的页号。

6. 全宗指南

全宗指南是揭示档案馆（室）内某一全宗档案情况的检索工具，一般采用书本形式，又称全宗介绍。全宗指南的内容主要包括以下三个部分：

(1) 立档单位和全宗的概况。在档案利用活动中，对立档单位历史的了解直接关系到对档案内容的理解。因为档案是历史的记录，不了解档案产生单位的性质、职能及机构设置情况，就难以全面认识该机关档案的价值。对立档单位情况的介绍主要包括单位名称、隶属关系、性质、任务、内部组织机构、主要领导人等方面的情况和沿革。

(2) 全宗内档案概况。主要包括档案的来源、数量、进馆日期，整理、保管、鉴定情况，完整程度，所编制的检索工具等。

(3) 档案的内容与成分。一般依原整理体系加以介绍，如果是按组织机构分类的，可按照机构逐一介绍，如果是按问题分类的，可按原划分的类目逐一介绍。介绍档案内容时原则上是以案卷为单位，亦可视实际情况灵活掌握，对于若干个问题相近或相同的案卷可合并介绍；对有特色和价值较大的文件可单独介绍。

编写全宗指南前，必须确定档案材料经过整理并进行了基本编目和初步鉴定，如果档案材料还处于零散状态，或者还准备加工整理，就不要急于编写指南，因为档案材料分类体系和编目上的变动，都将直接影响指南作用的发挥。编写时所用材料须切实可靠，涉及的时间、地点、人物、事件都应力求准确；要客观地引证材料，尊重历史，实事求是，不加观点，不加评论；语言要简练，文字表达要清楚、有条理。

（四）档案的计算机检索

档案检索正从传统的手工检索向计算机检索过渡，计算机检索是档案检索的发展方向。计算机检索系统是档案工作计算机化的重点。检索系统是将每份文件或案卷的内容和外形特征，包括档号（全宗号、案卷目录号、案卷号、件号或页号）、分类号、缩微号、题名（标题）、责任者（作者）、文件种类、文本、文件编号、保管期限、密级、主题词、内容提要、附注等著录项目填写在统一格式的计算机输入卡片上，即将档案原件转化为档案二次信息，输入计算机内，按特定的格式存储在磁性载体上，形成数据库，需要时利用计算机进行高速检索，最显著的特点是高效率和多用途。计算机检索一份文件或一个案卷只需若干秒，查找一个专题的档案材料少则一两分钟，多则十分钟左右即可检索完毕，查全查准的可能性大，只要标引准确，凡输入计算机内的任何档案材料都能无遗漏地查找出来。

计算机还可以将输入的著录项目，自动分别编为按时间、作者、专题、主题、文件种类、文件编号、保管期限、密级排序的目录或索引，用多种载体输出。打印在纸张上的有卡片式和书本式目录，还可用胶片、磁带和穿孔纸带输出，制成机读目录、缩微胶卷与平片，或在屏幕上显示，能灵活地满足利用者使用档案的多种需求。

阅读材料

档案全宗指南

大陆机械有限公司信息中心编制

第一部分

大陆机械有限公司是生产煤炭运输、排水和支护设备的专业化大型企业，地处津浦、石新铁路的交会点兖州区北 4 公里处。济微一级公路从厂区和生活区之间穿过与 327 国道和 104 国道相互交汇。

该公司创建于 1958 年，由上海煤矿设计院进行初步设计，定名为兖州矿山机械制造厂，国家批复建厂总投资 2 000 万元，年产量 3 万吨，职工 4 000 人。1959 年在建设过程中投入了简易生产，1962 年年底完成基建投资 762 万元，建筑面积 35 605 平方米。同年，为加速该厂的建设速度，按煤炭部指令与洪山矿山机械厂实施了两厂合并，组建为兖州煤矿机械厂。

由于历史的原因该厂曾先后隶属于山东省煤管局、煤炭部制造局、山东省煤管局管理，现归属于兖矿集团公司管理，并且改制重组为股份制企业“兖矿集团大陆机械有限公司”。鉴于历史因素，为便于描述，以下仍称之为“兖州煤矿机械厂”。

一、现状

随着时间的推移，兖州煤矿机械厂不断发展壮大，今天的企业占地面积已达 52 万平方米，建筑面积 22 万平方米；1996 年职工人数达 3 892 人，经过一系列改革，在册职工减少至 2 680 人，工程技术人员 300 余人。企业设有 15 个业务和管理处室、四个公司（制造公司、营销公司、多种经营公司、后勤总公司）和四个分厂（铸造、锻造、设备模具制修、矿山设备等）、附设一 80 床位的职工医院和一所从小学到高中的子弟学校；有从产品设计到产品出厂全过程的质量管理保证体系，拥有两条铁路专用线，交通非常方便。企业拥有主要生产设备 1 000 余台，年生产能力 2 000 余万吨，产值 2.6 亿元，利税 800 万元以上。

二、奉献与成果

…………

三、产品

…………

第二部分　档案工作

企业档案是企业发展和生存所必不可少的一种重要的技术型物资基础，在企业整体运行机制中具有举足轻重的特殊作用。特别是企业主体档案（技术档案），如果管理保护不好，出了问题，企业整个科研、设计、生产运作过程将会受到重大影响；而涉及企业技术秘密的档案泄密事件，有时则可使企业在市场竞争中失去优势，在经济活动中失去应有的运作活力，甚至会使企业自此长期一蹶不振。

随着社会经济的不断发展，企业档案已从过去的以文书类档案为主的管理方式，转化为以科技档案为主体的科学的企业档案管理模式，企业内各类档案分设分管的落后状况，已被崭新的、科学合理的各类档案集中统一管理的模式所代替。在国家《档案法》及《档案法实施办法》等法律法规指导下，这种集中管理的模式不但成为定局，而且在“八五”末，大多国有大中型企业已经落实完毕。在各企业纷纷设立企业领导直管的专业档案部门，进行企业档案集中统一管理的大好形势下，国内一些大型企业早已开始借鉴国外先进管理经验，将档案管理与情报、图书资料、标准等信息类管理工作以及计算机和通信管理进行了历史性重新组合，形成更加科学的多位一体化信息管理模式。采用这种管理模式，摈弃了过去那种人为的、不正常的管理模式，即各类档案文献与情报、资料、标准文献等性质相同的信息文献（十大文献）管理型工作之间互不干涉、互不关联的状况。减少了人为的资料文献内容交叉重复等不科学的管理因素，减少了因各类资料重复和交叉所造成的浪费，结束了文献查阅者要查全一个定题需跑多个部门的落后管理状况。

一、兖州煤矿机械厂档案工作管理机构与模式

由于受到企业档案界先进管理方式的影响，我厂亦根据国家有关档案管理的法律法规，针对企业具体情况，进行了企业档案的集中统一管理，并且实施了企业各类信息载体多位一体制式的先进的管理模式，于 1990 年在原档案部门、信息部门基础上合并成立了企业信息中心，仍与总工办合署办公，业务归口总工办领导，企业各类文献（档案、情报资料、图书、标准）相对集中在一个处室进行管理（但当时文书档案尚未集中过来，主要是库房不足），企业基本上实现了各类信息资料文献集中统一管理的企业信息中心战略。1998 年，总工办撤销，保留信息中心，管理职能除涉及全部档案之外，还有图书资料管理、标准化管理、计算机系统管理和科学技术管理等职能。经多年运作，证明了这种信息资料与信息产业集中管理所具有的优势：

（1）由于集中管理各类档案，使得标准统一，便于档案文献的提供利用、运作环境良好，从整体上和根本上保证了企业重要档案文献的安全。

（2）杜绝了因个人或各部门分散保管资料而造成的易于丢失和资料难以共享的不正常状况。

（3）各类信息文献集中管理，便于装具统一、库房科学管理，为延长档案等文献使用寿命提供了保证。

（4）集中管理可以加强对应归档案或资料的标准质量及归档期限的监督控制，例如，设计、基本建设等项目完工（成）后的限期归档；重要设备到货开箱时的档案资料验收归档；基本建设项目竣工验收时的图纸资料完整性审查归档（资料不完整，拒绝验收）等。

（5）企业内各类资料文献的综合查准查全率得以提高。

（6）各类信息管理工作人员之间可以实施活性化管理（工作内容相互交叉），互相配合，摒弃了一个萝卜一个坑的管理方式，实施少人员、多任务的管理模式。

二、企业档案机构馆藏类别现状和利用情况

信息中心所属档案、信息、标准等人员共 13 名，其中主任 1 名、档案 4 名（已调走 1

名、退休1名）、情报3名、标准2名（已退休2名）、图纸复（晒）制3名。拥有计算机4台，服务器2台，网管机1台，复印机2台（拟报废1台），照相机、放像机、电视机各1台。办公和库房面积约960平方米。信息中心全部馆藏分为档案类和资料类。

截至2000年年底，档案类馆藏共13 615卷（含底图）、排架长度约496米，以件为保管单位的55件、排架长度124米，录音、录像档案12盘，照片档案642张，底图160 588张。各类资料共6 000余套（册）。各类档案1997年借阅利用687人次、1 032卷次、1 456件次；利用资料1 128人次、复制档案及资料26 120页，每年均以5%左右的速度上升。利用馆藏档案资料编辑了“企业概况”“带式输送机概况”“高寿命托辊概况”“金刚石压机概况”及产品样本2套；每年编辑出版《兖机科技》技术性刊物2期；每年提供馆藏底图200余卷次以上，21 250张以上，其中约1/3以上用作科研设计，提高了产品设计速度，减少了设计错误，为赢得市场起到了重要作用，利用档案资料产生的间接效益可达千万元以上。1999年度企业荣获山东省档案信息资源利用一等奖。

馆藏档案类别及卷数如下：

（一）产品底图

刮板机类：	J12.40.01～J12.40.20	共22卷
皮带机类：	J12.41.01～J12.41.117	共682卷
支护类：	J12.43.01～J12.43.18	共21卷
水泵类：	J12.44.01～J12.44.20	共49卷
胶印机：	J12.47.01	共10卷
压力机：	J12.48.01	共5卷
其他类：	J12.49.01～J12.49.07	共21卷

（二）工艺工装底图

…………

（三）科研综合类

…………

科研类

水泵	G14.50.01～G14.50.05	共18卷
刮板机	G14.50.06～G14.50.08	共8卷

（四）设备类蓝图

…………

（五）仪表、计量类

计量与化验	H18.7472～H18.7565	共47卷

（六）设备底图类

…………

（七）基本建设

底图

蓝图

（八）会计档案

账簿	K12.001～K12.579	共 579 卷

（九）实物

1. 证书类

科研证书	M17.01Z.001～M17.01Z.012	共 12 卷
QC 证书	M17.02Z.001～M17.02Z.017	共 12 卷

2. 照片

产品与证书	M11.01.01～M11.01.49	共 49 张
水泵、顶梁、链条	M11.02.01～M11.02.44	共 44 张

（十）文书档案：待核　　约 8 670 卷

…………

第三部分　计算机档案管理信息系统的利用

根据当前的信息工作管理模式，以及企业各类档案资料运作过程的实际情况，为加速档案资料的查询、加工和利用，便于分析研究和管理，极有必要利用计算机技术和光盘技术对档案资料实施科学管理，1996 年 1 月信息中心自行开发了兖州煤矿机械厂档案信息管理系统，并正式投入试运行。该系统具备数据录入、数据修改、数据插入、数据信息查询与打印以及报表打印等模块，提高了档案管理水平，便于产品抽图的借用件和通用件配制，非常适应本企业档案管理之需要。

为进一步利用计算机管理信息技术，实施企业内部的资料共享，利用企业各类档案资料数据为企业科学决策、科研设计、生产经营服务，信息中心制订了 1998 年信息管理系统的实施计划，当时预测该计划在获得国家信息贷款后或上级拨款后（含本企业筹款）可以实施。该计划主体目标是设立以企业信息中心处理机（企业级高性能服务器）为核心主机，各业务处室及分厂计算机为工作站的企业计算机网络体系。

其中企业信息中心的科技档案信息管理系统之作用系根据企业整体运作情况，利用主服务器经访问服务器与企业外部信息源联网，提供企业外部各类技术、经济信息（含各类文献、技术标准等）动态信息，利用信息中心各工作站日常的各类档案数据处理，提供企业内部信息数据，为企业科学决策、市场预测、销售计划编制、科研设计、新产品开发、生产经营管理等工作提供服务；实施企业内部档案信息资料库的存储（分档案管理和资料管理）和共享。整个信息管理系统包含如下 10 个信息子系统：产品销售管理；科研设计管理；工艺工装管理；科技信息档案管理；生产管理；财务管理；人事工资管理；物资供应管理；综合计划管理；领导办公管理。整个信息管理系统的最终目的是使企业整体运作环境各环节利用数据共享、交互控制，实现牵一发而动全局的高速度反应管理机制。该计划的实施，将促进企业档案管理工作大大地向前迈进一步。

强化训练

训练 1

请根据《档案著录规则》对下面这份文件进行著录。

关于修建地下消火栓所需资金问题的请示

×食〔2018〕17号

××市工商局：

我公司××冷库，系地区性重点仓库。有库房×间，建筑面积××平方米，可以储存××千吨、价值××万元的物资。公司每年上缴利税×万元。但多年来，冷库的防火设施十分简陋，器材严重不足，库内仅有一处消火栓，且由于年久失修，水压低，达不到喷射要求。如果发生火灾，其后果将难以设想。从去年以来，市、区有关防火部门曾多次检查，提出增建消火栓的建议，但因为缺少资金，一直无能为力。为保证库区安全生产，做到有备无患，现急需增建地下消火栓四处及增设一部分消防器材，共需资金×万元，请局予以拨给。

当否，请批复。

附件：新增消防器材清单

××市食品公司

二〇一八年六月十二日

训练 2

今天鼎盛公司档案室来了几位同事，需要查阅不同的档案。一位同事想找某一年度的三份发文，一位同事要查阅产品研发这一主题的材料，一位人力资源部的中层领导想了解一下公司档案室的室藏情况，还有一位同事想查一份几年前的文件，他只记得其中一个人名。请你和同学们分别扮演不同角色，对几位同事的需求予以解答并提供合适的检索工具。

训练 3

到学校档案室了解室藏档案情况，尝试为学校编写一份全宗指南。编写完成后同学之间互相交流，并征求档案管理人员的意见再予以修改。

任务二　档案的编研

任务引入

公司十周年庆典在即，办公室主任决定编写鼎盛公司十周年大事记和鼎盛公司组织机构沿革，他把这个任务交给王昊和小李。王昊告诉小李，大事记和组织机构沿革都属于档案编研工作，一名合格的档案管理人员，不仅要熟悉一般的管理业务，还要学会对档案进行深加工，一方面给利用者提供方便，另一方面也可以保护档案原件。

任务分析

企业档案编研工作，是企业档案人员根据企业和社会的需要，以库藏档案为基础，对企业的档案和资料进行分析、研究、筛选而编辑出档案参考资料，以满足企业日常运转，业务管理、生产经营、技术开发等各项工作和利用档案的需要。

企业档案编研工作，包括编与研两个方面。“编”就是按照一定的选题，将档案信息编辑成各种参考资料。“研”就是对档案材料和编辑成果的形式、质量、要求等进行的研究。“研”是“编”的基础，“编”是“研”的继续，“研”的结果通过“编”来体现。做好企业档案编研工作，就要掌握档案编研的方法和步骤及几种常用编研成果的编写方法。

相关知识

一、档案编研的作用和成果类型

（一）档案编研的作用

1. 提高企业的经济效益

企业的档案是企业科学技术的载体，既储备着自然科学和技术，也储备着社会科学知识，是一种潜在的生产力。企业档案编研工作既有利于企业的技术进步，又有利于企业的科学管理，因而在提高企业经济效益方面具有重要作用。编辑出版档案史料，主动提供给企业领导、工程技术人员和管理人员，既能使重要的档案得到充分利用，又可以解决档案信息共享的问题，使档案信息在企业生产经营中充分发挥其作用，提高企业的经济效益。

2. 促进企业技术进步

科技发展具有很强的继承性，企业档案是科学技术的重要载体，是进行科学研究、技术发明、技术改造的必要条件，充分开展企业档案的编研工作，就会促进企业的技术进步。同时，科技创新本身往往要求系统地利用档案，而企业档案的编研工作正是对企业档案的系统加工。

3. 保护企业档案原件

一般来说，企业档案馆（室）保存的档案，多是“孤本”，由于利用频繁，易于破损，这对档案的保护和长远利用是不利的。开展企业档案编研工作，出版档案参考资料，可以减少对企业档案原件的利用，也是保护企业档案原件、使档案材料长远流传的重要措施。

（二）档案编研成果的类型

（1）按表达形式划分，分为文字式、图形式、数据式和声像式等四种。

（2）按加工层次划分，分为一次加工、二次加工和三次加工等三种。

（3）按选题范围划分，分为综合型和专题型两种。

（4）按体裁特征划分，分为汇编、文摘、索引、简介、综合调研材料和史志等若干种。

二、档案编研的一般程序

档案编研一般分为选题、选材、加工编辑、审校和审批、付印和校对几个环节。

（一）选题

选题，就是选择和确定编研题目。这是企业档案编研工作的首要环节。任何编研工作都只有在明确题目后才能开展。确定编研题目要考虑两个因素：一是适用性，即题目的选择一定要有针对性和预见性，要适应工作需要；二是可能性，即有无档案材料基础，如果缺乏材料，即使客观很需要，也会因“无米之炊”而出不了成果。

（二）选材

选材，就是选择完成编研成果所需要的档案材料。选材的标准有：内容可靠，问题典型，素材适用、形式多样，材料齐全。还要注意知识产权问题和保密问题。

（三）加工编辑

加工编辑，是在对选取的档案材料进行深入研究的基础上，进行汇编或撰写档案参考资料。加工的方法可根据编研的形式而有所不同，有校勘、删节、缩写、格式化处理等方式。

（四）审校和审批

为了保证编研成果的质量，编辑初稿应仔细审校，检查选材是否得当，注释有无错漏，文字是否通顺，编排是否系统，封面设计和“说明”是否确切等。通过审校之后，最后送有关领导审批定稿。

（五）付印和校对

付印前要对印刷的版面和版式、书册的装帧提出基本要求，印出校样后应进行严格的校对，校对无误后方可签字付印。

三、大事记、组织机构沿革和会议简介的编写方法

（一）大事记

大事记是按照时间顺序，简要地记载一个单位在一定历史时期内发生的大事和要事的一种二次加工档案编研成果。

（1）大事记的体例可以分为：编年记事体、分类编年体和本末记事体三种。编写大事记一般使用的体例是编年记事体。编年记事体是一事一记，逐年、逐月、逐日以时间发生的时间先后为序记述，一日数事，则分条记述。

（2）编年记事体的格式有两种，一种为两段式：时间—大事内容；另一种为三段式：时间—大事内容—备注。备注的作用是注明材料出处。

（3）大事记的记述范围：各种重要的决定、办法、通知等文件的颁布实施情况；各种重要的会议和活动情况；区域和隶属关系变化；机构建立和调整、名称更改；领导成员的任免情况和重要活动情况；本单位内部机构的设置、调整和人员任免情况；奖励、处罚等情况；重大项目建设、重大成果取得情况；获得的各种重大荣誉；上级领导视察、检查工作；重要外事活动；重大灾害、事故、案件的发生；其他大事、要事、新事。

（4）大事记的编写要求：大事记述范围掌握要准确，做到大事突出、要事不漏、小

事不收，突出大事、要事、新事。大事发生时间要保持唯一性，不能模糊。大事内容包括事故、起因、发展过程、结果等要素，必须完整、概括和确切。

(二) 组织机构沿革

组织机构沿革是记载一个单位机构设置（包括内部机构）、职能配置、人员编制和体制变更等方面情况的一种二次加工档案编研成果。

1. 组织机构沿革的体例

组织机构沿革的编写体例有编年体、系列体和阶段体三种。最常用的组织机构沿革体例是编年体。编年体是以年代为序，逐年列出本单位体制、机构设置和人员编制等方面的情况。

2. 组织机构沿革的构成

(1) 序言。说明编写目的、体例、时间断限、材料来源和历史沿革概况等。

(2) 正文。主要说明地址迁移、机构成立和调整、机构的职权范围、机构性质和任务、隶属关系、编制核定、内部机构设置、干部任免等情况。

(3) 附录。补充正文所涉及的有关材料，如有关机关设置的上级批文的影印件。附录附在正文后面，起到补充说明的作用。

3. 组织机构沿革的编写要求

(1) 准确地反映整个单位的组织体系，将整个单位的组织机构分别按层次、序列梳理清楚。

(2) 统一组织机构编写涉及的机构和人员层次，特别是机构设置多而且变化较频繁的企业事业单位尤其要注意这一点。

(3) 采用编年体编写组织机构时，为了避免过多的内容重复，可以只写有变动的部分。所谓变动主要指机构设置的变化、机构职能的调整和人员任职的更替。为了将隶属关系反映得更清楚，组织体系部分的内容可以用图表表述，再加以文字叙述说明。

(三) 会议简介

1. 会议简介的含义

会议简介就是用文章叙述等形式对会议作简明扼要的介绍，记述和反映某个会议基本情况的一种参考资料。会议简介可以为企业有关会议的筹备提供参考资料，还可以为编史修志提供史料，同时可以起到保护档案原件的作用。会议简介可以一年一编，也可以随时编写，注意积累。

会议简介是专题概要的一种，它不同于会议记录和会议纪要。会议记录是在开会的过程中形成的、对会议内容的原始记录。会议纪要是根据会议记录和讨论通过的事项而整理印发的一个文种，其作用在于发布重要的方针和政策，或者对重大问题的处理，或者对会议讨论通过的重大问题在一定范围公布。会议简介则是根据对会议记录、纪要和其他会议文件的综合加工而编写的一种参考资料，不是会议活动的原始记录材料。

2. 会议简介的类型

会议简介的类型，即被介绍的会议的类型，主要有以下几种：

(1) 代表大会简介：包括企业的党代会、职工代表大会和团代会，可以分别写出

《××企业历届董事会简介》《××公司历届行政办公会议简介》《××企业历届科协代表大会简介》等，将它们分别装订成册，成为一种系统的档案参考资料。也可以将各种代表大会的简介汇编为《××企业代表大会简介》。还可以只写一个会议的简介，如《××企业第×届产品研讨会简介》，作为单行材料印发。

（2）重要工作会议简介：即企业党、政、工、团召开的讨论重要问题的会议简介，如企业召开的劳动用工制度改革、建立现代企业制度等会议等都可以编写简介。

（3）学术会议简介：包括综合性学术讨论会、学术性会议的简介。

（4）其他重要会议简介：如重大科技成果鉴定会议简介、重大的表彰会议简介等。

3. 会议简介的内容和写法

不同类型的会议简介内容不完全一样，一般来说都应包含以下项目：简介名称、会议召开时间、举行地点、参加人员（或人数）、主持人、主要议程、讨论和决定事项等。各种代表会议，还应有代表人数、被代表人数、选举结果等内容。

（1）简介名称：有两种写法，一是以会议名称为简介的名称，如《××公司第一次代表大会》《××厂环保工作会议》等；二是以"会议名称＋简介（或介绍）"为简介的名称，如《××公司第一次代表大会简介》《××厂环保工作会议介绍》等。

（2）会议召开时间：写会议开幕至闭幕的日期。会议召开的时间一定要写得准确、具体，一般要求写到具体的年、月、日。

（3）举行地点：写召开会议的具体地点，一般只需标明某一地区或某一城市，特别重要的会议则要求写出具体的地点，如某市某大会堂等。

（4）主持人：一般要写会议主持人的职务、姓名，由多个人分别主持的会议，应分别写出开（闭）幕式主持人、会议期间大会主持人。

（5）主要议程：写会议安排的议程或实际召开的过程。

（6）讨论和决定事项：写会议期间讨论、研究、决定的重要问题。对于讨论的问题，如果在会议议程中已经明确，不应重复介绍。对决定的问题，如果用通过决议文件的形式决定的，应写出决议文件的具体名称，如《关于××××年度财政决算和××××年度财政预算的决议》等。

（7）代表人数和被代表人数：代表人数应分别写出应出席会议的人数和实际出席会议的人数；一些特别重要的会议，不写出席人数，而写出席人员名单，或者二者均写；党派、团体召开的代表大会和重要会议应写出该党派、团体现有成员人数，其他会议如一般学术讨论会则不写。

（8）选举结果：写会议选举的领导机构及其成员名单，有选举结果的写，没有选举结果的不写。

4. 会议简介的体例

会议简介有列表式、提要式和叙述式三种体例。

（1）列表式。就是用列表的形式来介绍会议概况（见表7-4）。列表式适用于对多个会议的介绍，一两个会议的情况介绍不宜用列表式。其优点是历次会议概况历历在目，便于进行比较研究和利用；缺点是内容较少，不能满足某些利用者的需要。

表 7-4 ××公司行政办公会议简介

名称	时间	地点	与会人数	主持人	议题	决议
第一次会议	2019 年 3 月 12 日	××公司行政楼会议室 302	××	×××	1. ××× 2. ××× 3. ×××	1. ××× 2. ××× 3. ×××
第二次会议	2019 年 4 月 15 日	××公司行政楼会议室 302	××	×××	1. ××× 2. ××× 3. ×××	1. ××× 2. ××× 3. ×××

（2）提要式。就是把会议的主要事项以提要的方式逐项介绍，如下例所示。提要式的内容比列表式详细，信息量更大，易编写，便于阅读和利用。

×××集团公司第一次职工代表大会简介

时间：201×年×月×日

地点：××集团 A 座多功能厅

出席代表：

正式代表：××× ××× ××× ××× ××× ××× ××× ×××

列席代表：××× ××× ××× ××× ××× ××× ××× ×××

主要议程：

一、××××××

二、××××××

三、××××××

四、××××××

通过决议：

一、《××××××》

二、《××××××》

三、《××××××》

四、《××××××》

选举结果：

工会主席：×××

委员：××× ××× ××× ××× ××× ××× ××× ×××

（3）叙述式。即用文章的形式简明扼要地介绍会议的基本情况，是常用的一种会议简介形式，如下例所示。适用于有重大意义的会议和需要会议上发表主要观点的学术性会议的介绍。用文章叙述的形式对会议进行介绍时，要做到层次清楚、语言通顺。

××股份有限公司第一次职工代表大会简介

××股份有限公司第一次职工代表大会于××××年×月×日至×月×日在××举行。出席大会的代表有×××、×××一共××人（人数很多，没有特别需要一一介绍代表的，只写代表人数），代表全公司员工××人。大会的主要议程是×××、××

×……

大会听取了×××关于×××的报告，对×××、×××等问题进行了认真的讨论，通过了《××股份有限公司第一次职工代表大会关于××的决议》……

大会选出了××股份有限公司第一次职工代表大会第一届委员会，有委员××人。在×月×日召开的一届一次全委会议上，选举××为工会主席，×××、×××为副主席，×××为组织部部长，×××为女工部部长，×××为文艺部部长……

阅读材料

联合动力集团大事记

◆ 2017 年

2017 年 02 月 02 日　“撸起袖子加油干”联合动力 2016 年度工作总结暨 2017 新年工作动员大会圆满收官

2017 年 02 月 05 日　芜湖市市长潘朝晖到联合动力视察农机项目

2017 年 02 月 21 日　联合动力 6K 荣获 2017 年度中国卡车用户最信赖高效重型发动机奖

2017 年 02 月 14 日　安徽省发改委领导吴劲松到访联合动力

2017 年 03 月 20 日　联合动力矿用车推介会在内蒙古霍林郭勒顺利召开

2017 年 04 月 06 日　玉柴集团董事局主席晏平、玉柴股份总裁吴其伟等股份公司领导慰问联合动力

2017 年 04 月 23 日　联合动力获安徽省创新创业十佳优秀单位

2017 年 06 月 11 日　6K 发动机助力联合卡车荣获 2017 年中国卡车公开赛（北京站）车队总冠军

2017 年 07 月 04 日　联合动力党总支及下属支部成功换届

2017 年 07 月 05 日　首台大马力国六样机在玉柴联合动力装配成功

2017 年 08 月 07 日　联合动力隆重举行“深耕 100 天 消灭 R0”质量竞赛活动启动大会

2017 年 08 月 27 日　YC6K 荣登“2017 动力先锋榜”

2017 年 09 月 17 日　联合动力召开战略研讨会

2017 年 09 月 28 日　联合动力隆重举行 8 周年庆典活动

2017 年 10 月 15 日　联合动力 2017 年第 15 000 台发动机下线

2017 年 11 月 02 日　YC6K13-50 发动机再夺“我信赖的重型发动机”殊荣

◆ 2016 年

2016 年 01 月 15 日　搭载联合动力 6K 发动机的东风乘龙 H7 新品在东风柳汽 2016 年商用车营销年会首次亮相

2016 年 01 月 18 日　联合动力助力联合卡车拿下中国卡车用户最信赖 460 马力以上组牵引车称号

2016 年 02 月 25 日　联合动力荣获玉柴集团“企业文化示范基地”

2016 年 03 月 07 日　联合动力第一台静音箱发电机组出厂交付

2016 年 05 月 24—26 日　联合动力天然气发动机强势亮相第 15 届上海动力展

2016 年 08 月 12 日　6K 搭载联合卡车参与交通部组织的中蒙俄试运行的活动

2016 年 09 月 10 日　联合动力助力联合卡车斩获中国卡车公开赛（广东站）亚军

2016 年 09 月 20 日　YC6K 荣登“2016 动力先锋榜”

2016 年 09 月 28 日　联合动力隆重举行 7 周年庆祝活动

2016 年 11 月 17 日　联合动力助力联合卡车获“2017 中国年度卡车”入围奖

2016 年 12 月 20 日　搭载联合动力 6KN 气体船机，全国首座水上油水气合建加注站在长江江苏段下水

2016 年 12 月 28 日　联合动力 6K 品牌第 15 000 台大马力发动机顺利下线

2016 年 12 月 28 日　玉柴与中联重机战略布局农机领域，生产基地落户联合动力

◆ 2015 年

2015 年 01 月 11 日　搭载联合动力 6K13 发动机的联合卡车 K 金版当选：2014 年度节能重卡

2015 年 02 月 05 日　联合动力 2014 年度总结表彰暨 2015 年工作动员大会举行

2015 年 03 月 06 日　联合动力首台客车用发动机在北京点火成功

2015 年 03 月 17 日　联合动力自主研发的 GVU 通过 CCS 认证，联合动力成国内首家同时完成气体船机和 GVU CCS 认证企业

2015 年 04 月 29 日　联合动力首台“蓝鲸”系列柴油船机试航成功

2015 年 05 月 13 日　联合动力财务部喜获芜湖市“五一巾帼示范岗”

2015 年 06 月 02 日　联合动力发布员工行为守则和督察机制

2015 年 06 月　玉柴联合动力喜获“2014—2016 年芜湖市知名商标”称号

2015 年 06 月 13 日　玉柴联合动力蝉联芜湖市 2014 年度最具成长性十佳企业殊荣

2015 年 06 月 17 日　联合动力蓝鲸动力双燃料 SK 系列船机通过 CCS 型式认可测试暨新品上市仪式在联合动力机加车间隆重举行

2015 年 07 月 23 日　联合动力柴油船机获 CCS 型式认可证书

2015 年 08 月 09 日　联合动力 2015 年第二次股东大会和第三届董事会第一次会议在玉柴工程研究院南宁基地召开

2015 年 08 月 25 日　联合动力团支部选举产生第三届书记及委员

2015 年 08 月 26 日　联合动力陈晓东等入围 2014 年度芜湖产业振兴“千名人才计划”

2015 年 09 月 07 日　联合动力工会换届选举完成

2015 年 09 月 19 日　联合动力六周年公司日系列活动在莲花湖畔盛大启幕

2015 年 09 月 30 日　搭载联合动力 K 系列发动机的联合卡车问鼎青藏线“爬坡王”

2015 年 10 月 06 日　联合动力天然气发电机组亮相第五届圣彼得堡国际天然气论坛暨展会

2015 年 10 月 19 日　玉柴联合动力“6K12 混燃发动机”等 3 个产品通过安徽省省级新产品认定

2015 年 11 月 25 日　联合动力携手联合卡车在第八届中国国际卡车节油大赛中荣获“6×4 牵引车 470～490 马力组节油冠军”和“物流电商快递满意车型奖”两项大奖

2015 年 11 月　玉柴联合动力获批设立国家级博士后工作站

◆ 2014 年

2014 年 03 月 21 日　联合动力举行首届 N-TPM 成果发布会

2014 年 03 月 26 日　联合动力入选芜湖市首批“5111”产业创新团队

2014 年 05 月 04 日　“6K13N 天然气发动机”列入安徽省 2014 年度重点新产品

2014 年 05 月 16 日　首批装载 K13N 的 K 金版联合卡车进入广西

2014 年 06 月 16 日　梁和平、陈贻云、王玉茂入选芜湖市 2013 年度产业振兴“千名人才计划”

2014 年 06 月 23 日　联合动力荣获“芜湖市 2013 年度最具成长性十佳企业”

2014 年 08 月 15 日　王玉茂被评为“2013 年度安徽省战略性新兴产业技术领军人才”

2014 年 08 月 20 日　“船用气体发动机研发及产业化”获批芜湖市 2014 年度重大科技攻关项目

2014 年 09 月 16 日　联合动力 6K 沼气发电动力亮相第十一届东盟博览会

2014 年 09 月 30 日　联合动力 YC6KN 气体机国内首家通过气体船机 CCS 认证

2014 年 10 月 13 日　6K12 柴油发动机获批安徽省 2014 年度高新技术产品

2014 年 11 月 25 日　6K12 柴油机、6K13N 气体机卫冕第七届中国国际卡车节油大赛冠军

2014 年 12 月 29 日　联合动力隆重举行 2015 年度商务大会，发布国五车机及“蓝鲸动力”系列船机等多款新品

◆ 2013 年

2013 年 01 月 12—14 日　玉柴联合动力举行 2012 年度管理干部述职报告会

2013 年 01 月 18 日　玉柴联合动力召开 2012 年度“争创五好卓越班组”发布会

2013 年 01 月 31 日　玉柴联合动力 2012 年度表彰暨 2013 年新春晚会在芜湖碧桂园酒店凤凰国际会议中心举行

2013 年 02 月 01 日　玉柴联合动力召开 2012 年度营销工作会议，会议决定推出玉柴联合动力“客户经理”制度

2013 年 02 月 01 日　玉柴联合动力获“国家高新技术企业”认定

2013 年 02 月 17 日　玉柴联合动力举行新春开工仪式

2013 年 03 月 15 日　联合卡车、玉柴、联合动力三方沟通会在湛江顺利召开

2013 年 04 月 01 日　玉柴联合动力工会组织换届选举，第二届工会正式成立

2013 年 04 月 03 日　玉柴联合动力 6K12 柴油发动机获芜湖市 2012 年度科技进步

奖一等奖

2013 年 04 月 12 日 联合卡车 K 金版携手玉柴联合动力 K13N 气体机隆重上市

2013 年 07 月 15 日 联合动力举行 N-TPM 启动大会暨 2013 年上半年度表彰大会，正式导入 N-TPM

2013 年 07 月 18 日 联合动力完成新一届团支部换届选举工作

2013 年 07 月 27 日 玉柴联合动力召开第二届董事会第三次会议

2013 年 08 月 01 日 联合动力正式启动服务站评级工作

2013 年 08 月 07 日 联合动力“6K13N 天然气发动机”项目通过安徽省新产品认定

2013 年 08 月 11 日 联合动力 6K13N 抽沙泵项目在京杭大运河点火成功

2013 年 08 月 15 日 联合动力 6K12 发动机在本公司台架通过欧盟 E-mark 认证，标志着联合动力发动机拿到了认可欧盟法规国家的市场通行证

2013 年 08 月 16 日 玉柴联合动力积极开展首个“N-TPM 活动日”活动

2013 年 09 月 03 日 联合动力 6K 新品 6K13N 天然气发动机及 6K13 柴油发电机登陆东盟博览会

2013 年 09 月 10 日 玉柴服务理事单位联合卡车营销模式沟通会在芜湖召开：将经销商由服务单位转变为“销服一体”

2013 年 09 月 27 日 联合动力成功拿下深圳盐田港码头 40 台港口用发电单机的招标订单

2013 年 10 月 23 日 第六届中国国际卡车节油大赛在京落幕配装联合动力 6K 的联合卡车荣获节油冠军奖

2013 年 10 月 25 日 “6K12 柴油发动机”获中国机械工业科学技术奖二等奖

2013 年 11 月 01 日 联合动力颁发首个总经理嘉奖令，嘉奖生产线创产能新高

2013 年 11 月 13 日 来自中央人民广播电台、人民网、商用汽车新闻等 9 家中央媒体组成的中央媒体团走进联合动力

2013 年 11 月 13 日 “6K12 柴油发动机”获安徽省科技进步奖三等奖

2013 年 11 月 20 日 首台装配联合动力 6K12 柴油发动机的抱罐车在铜陵有色金属公司启动成功

2013 年 11 月 28 日 玉柴联合动力首台 K13 港口专用柴油机在深圳盐田港试验成功

2013 年 11 月 29 日 联合动力第 5 000 台发动机交付联合卡车，标志着联合动力提前一个月完成年度销售目标

2013 年 11 月 30 日 联合动力 540 马力 K13 柴油机在碎木机上成功启动，标志联合动力挺进碎木机这一新动力领域

2013 年 12 月 陈贻云被评为“2013 年度安徽省战略性新兴产业技术领军人才”

2013 年 12 月 10 日 联合动力和联合卡车在昆明举行了首次云南省区服务体联合卡车产品推介会，YC 服务体销售在云南区域取得重大进展

2013 年 12 月 18 日　联合大家庭举办主题为“从 1 到 10 000，联心向前”四周年公司日活动

2013 年 12 月 18 日　联合动力举行 DPCI 引燃式天然气发动机暨 K12 游艇专用发动机发布仪式

◆ 2012 年

2012 年 01 月 05 日　联合动力第一届董事会第六次会议在北京召开

2012 年 01 月 06 日　联合动力举行首届管理层述职报告会

2012 年 04 月 25 日　联合动力的 6K 系列全电控发电动力 YC6K500L-D30 型号发电单机，亮相于第十一届中国（国际）动力设备及发电机组展览会

2012 年 05 月 08 日　联合动力推出的 6K 系列天然气发动机首次亮相国际性行业权威展会——2012 年第十三届中国北京国际天然气汽车、加气站设备展览会

2012 年 05 月 08 日　颁布《工序达标竞赛活动方案》，工序达标活动全面启动，旨在落实“三现主义”原则，全面提升工序能力

2012 年 06 月 08 日　玉柴联合动力 6K12 整车市场推广项目启动

2012 年 06 月 11 日　玉柴联合动力举办首届“生产安全月”活动

2012 年 07 月 01 日　玉柴联合动力被授予“芜湖市劳动保障诚信示范单位”

2012 年 07 月 19 日　玉柴联合动力第二届董事会第一次会议在芜湖召开（董事长李胤辉，副董事长梁和平）

2012 年 08 月 14 日　玉柴联合动力 2012 年第三次营销工作会议在芜湖召开

2012 年 08 月 20 日　玉柴联合动力上安徽电视台《安徽新闻联播》“科学发展 成就辉煌”特别报道

2012 年 08 月 29 日　玉柴联合动力 6K12 发电机组首次并机成功

2012 年 09 月 06 日　联合卡车携手联合动力在芜湖举办 K12 产品上市发布会

2012 年 10 月 11 日　芜湖市副市长汪华东一行莅临联合动力考察

2012 年 10 月 12 日　玉柴联合动力华东地区发电动力产品客户答谢会在江都区举行

2012 年 10 月 31 日　联合动力获“国家高新技术企业培育”证书

2012 年 11 月 05 日　联合动力获“国家高新技术企业”认定

2012 年 12 月 18 日　玉柴联合动力、联合卡车举办公司日暨三周年庆典活动

◆ 2011 年

2011 年 01 月 01 日　玉柴联合动力工会委员会正式成立

2011 年 01 月 22 日　玉柴联合动力举行首届春节联欢晚会

2011 年 04 月 16 日　玉柴联合动力 PLM 获西门子“持续创新奖”

2011 年 05 月 06 日　玉柴联合动力第一届董事会第五次会议在芜湖召开

2011 年 06 月 25 日　中共玉柴联合动力股份有限公司支部委员会正式成立，经党员大会产生第一届支委会，梁和平任支部书记

2011 年 08 月 23 日　玉柴联合动力股份有限公司团支部委员竞聘大会召开，经选

举产生第一届团支部委员会成员

2011 年 09 月 14 日　玉柴联合动力获得生产许可证

2011 年 11 月 16 日　玉柴联合动力举行“树品质标杆”誓师大会

2011 年 12 月 18 日　玉柴联合动力将 12 月 18 日确定为公司日，并举行首届公司日活动

◆ 2010 年

2010 年 01 月 25 日　联合动力董事会第一届第三次会议在南宁召开（董事长晏平，副董事长李胤辉）

2010 年 01 月 26 日　搭载 6K 的联合卡车在黑河开始冬季冷标定

2010 年 04 月 06 日　开始钢结构厂房吊装立柱

2010 年 04 月 12 日　联合动力举行“上梁”仪式

2010 年 04 月 23 日　联合卡车、联合动力及 YC6K 系列发动机公开亮相

2010 年 05 月 05 日　联合动力从龙山路搬到三山区原财政局办公，全部人员转移到三山

2010 年 06 月 09 日　联合动力入住联合大厦

2010 年 07 月 12 日　第一台设备进场

2010 年 07 月 20 日　联合卡车项目 2010 年第二季度高层会议

2010 年 08 月 27 日　联合动力在线学苑启动仪式

2010 年 10 月 15 日　联合动力举办装试生产线联调仪式暨实战演练动员会

2010 年 12 月 12 日　玉柴联合动力党工委正式成立

2010 年 12 月 14 日　联合动力第一届董事会第四次会议

2010 年 12 月 18 日　联合卡车·联合动力品牌发布暨上市仪式

◆ 2008—2009 年

2008 年 12 月 29 日　玉柴、中集、奇瑞签订三方合作备忘录

2009 年 04 月 08 日　联合卡车项目季度高层会议，联合动力股东大会，发起人协议、公司章程、合作框架协议签署

2009 年 06 月 24 日　公司名称核准

2009 年 07 月 04 日　联合卡车项目高层季度会议，联合动力一届一次董事会，任命董事长、副总董事长、总经理等

2009 年 08 月 11 日　营业执照获得批准

2009 年 08 月 26 日　与芜湖市签订项目合作协议及补充协议

2009 年 09 月 28 日　厂房开工仪式

2009 年 10 月 10 日　联合卡车项目季度高层会议，联合动力第一届二次董事会，批准投资预算及方案

2009 年 11 月 25 日　奠基庆典活动（安徽省委书记、省长，芜湖市委书记、市长等参加）

强化训练

训练 1

到学校档案室调集最近 3 年的教学会议纪要，选择合适的体例，编写一份最近 3 年的教学会议简介。

训练 2

到所在专业的校外实训基地档案室查阅上一年度的档案，编写一份大事记。

第八章

档案的保管和利用

任务一　熟悉档案保管的物质条件

任务引入

王昊是鼎盛公司的档案管理员。近两年，随着公司的日益发展壮大，业务量大大增加，档案的利用率也大大提高，查阅档案的员工很多。由于公司档案室借用的是公司废旧仓库，地方狭小，不便查阅。很多人就把资料或档案借走阅读，因而影响了别人利用。有的资料和档案虽然很快还回来了，却发现有不少地方被折了页角，甚至还留下了勾画的痕迹。王昊感到以上问题比较严重，如不抓紧解决，可能会损坏更多的档案和资料。王昊还进一步调查了解到，有些人不需要太长的时间就可以阅读完资料或档案，但由于档案室缺乏阅览条件，只好带出档案室查阅，查完后却忘了及时归还，造成了资料和档案缺失。应当怎么办呢？王昊向总公司领导汇报了情况，提出了搬迁公司档案室并建立阅档室的建议。

任务分析

保管档案是秘书人员的一项日常工作。秘书人员首先应该了解档案保管在什么地方合适，档案保管需要哪些物质条件，才能为档案的妥善保管以及档案的合理利用打下良好的基础。

相关知识

广义上的档案保管就是指管理。如人们说某档案馆保管了哪些档案就是指该档案馆管理着哪些档案。狭义上的档案保管是指对已整理好并已存入库房及其柜架中的档案进行的日常维护、保护性管理工作。本章所讲的档案保管是指狭义上的对档案的日常维护、保护性管理。

档案保管工作的内容，主要包括三个方面：

（1）档案的库房管理，即库房内档案科学管理的日常工作。

（2）档案流动过程中的保护，即档案在各个管理环节中一般的安全防护。

（3）保护档案的专门措施，即为延长档案的寿命而采取的技术处理。

开展档案保管工作，必须有一定的物质条件作保证。档案保管的物质条件是其所需一切物质装备的总称，大体有以下几种。

一、库房

库房是保管档案的最基本的物质条件，直接关系到档案的保护和安全。档案库房建筑应遵循适用、经济、美观的原则。档案馆应尽量按《档案馆建筑设计规范》的要求建造档案库房。档案室也应在库房的建造使用上尽量向《档案馆建筑设计规范》的要求靠拢，在无法达到其要求的情况下，也必须注意这样几个问题：

（1）库房必须专用，不能与办公室合用，也不能同时存放其他物品，以防外人进入，丢失档案。目前，有的企业出于成本考虑，把档案室和图书室合二为一，这是不恰当的。

（2）档案库房必须坚固，至少应是正规的建筑物，不能是临时建筑物。

（3）库房应远离火源、水源和污染源并符合防火、防水、防潮、防光等基本要求。办公楼内的档案库房不宜设在顶层或底层，以防潮湿、漏雨和高温。

（4）全木质结构房屋不宜作档案库房使用，一般的地下室也不能作档案库房使用。

（5）库房门窗应有较好的封闭性。

二、资料库

有条件的企业还应在档案库房附近设置档案资料库，收集和保存与档案有关的图书资料，以满足档案充分提供利用的需要。为了节约企业资金，在设置资料库时，可以采用档案工作办公室、阅档室和资料库三合一的办法。

三、档案装具

装具即用以存放档案的柜架箱。档案装具种类繁多，各自都有优长，企业应该根据档案室、档案库房的特点和档案价值、规格的不同，合理地选用，灵活地配置。一般而言，封闭式的柜箱比敞开式的架子更有利于对档案的保护。柜架箱的制成材料最好为金属物，这样更有利于防火。

（一）档案箱

档案箱大多是铁制品，五个档案箱为一套，平时叠放起来使用。与档案架柜相比，档案箱便于移动，还能够防尘、防火、防盗、防光，被企业广泛采用。但是它的结构比较复杂，费材高，造价也比较高，占用的面积大，档案库房小的公司不宜使用。

（二）档案架

一般档案架采用金属材料制作，利于防火，也比较坚固耐用。目前市场上常见的档案架主要是固定档案架和活动式密集架。

固定档案架分为单柱式档案架和复柱式档案架。单柱式档案架结构比较简单，表面喷漆，耗费的钢材少，耐用美观。复柱式档案架在结构、性能、规格等方面与单柱式档案架相似，但是它比单柱式档案架稳定性能好、坚固、负载力强。

活动式密集架（也称密集架）是在复柱双面固定架的底座上安装了轴轮，把它变成架车，能沿地面铺设的小导轨直线移动，这样就可以把许多排架车靠拢到一起，能够充分利用库房空间，扩展档案库房的使用面积。密集架平时合为一体，用时可打开，不仅具有防火、防光、防尘的性能，而且节省库房空间和库房建筑费用。要注意的是，安装密集架对地面的承重能力有较高要求，必须先查明有关库房的地面承重能力。

目前，随着档案管理的现代化，电动密集架逐渐成为档案存放的主流装具。只需要几个按钮就完全实现了全自动化，彻底减轻了人工的搬运和查找、管理档案的负担。

（三）档案柜

档案柜形式多样，有双开门、侧拉门、抽屉式档案柜。制作材料分为金属与木制两种。金属档案柜使用方便灵巧，加工简便，有较强的可调性和机动性，而且坚固耐用，从长远看还是比较经济实惠的。使用木质档案柜对防潮是有好处的，但是使用时要注意防火。

四、技术设备

档案保管的设备一般指档案管理中的相关机械、器具、仪器、仪表等技术设备，不包括库房、装具、卷皮、案盒、药品等。用于档案保管的技术设备很多，如去湿机、加湿机、空调、通风设备，温湿度测量及控制设备，防盗、防火报警器，灭火器，装订机，复印机，缩微拍照设备及缩微品阅读复制设备，通信及闭路电视监控设备，消毒灭菌设备以及档案进出库的运送工具，等等。

五、包装材料

包装档案主要使用三种材料：卷皮、案盒、包装纸。在《归档文件整理规则》颁布执行以前，使用得比较多的是卷皮。《归档文件整理规则》要求纸质载体的文书档案必须使用案盒。

卷皮分软卷皮和硬卷皮两种，在使用过程中应该注意按文书档案的规格尺寸选用相应标准卷皮。软卷皮国家规格为 260mm×185mm、297mm×210mm，分别适合包装规格为 16 开纸和 A4 纸的文书档案。要注意的是使用软卷皮的案卷必须放入案盒中，这样有利于档案的保护。硬卷皮的规格分为 280mm×210mm 和 300mm×220mm 两种，厚度有 10mm、15mm、20mm 三种。

案盒也就是通常所说的档案盒。采用案盒来保管案卷在目前是一种比较好的方法，它能够防光、防尘、减少机械磨损，同时也便于管理和整齐美观。案盒的规格为

310mm×220mm，厚度有 20mm、30mm、40mm 三种。卷盒须有绳带等扣紧装置。

包装纸适用于一些不适合装订也不便于用盒装的档案。这些档案可以用比较结实的纸张包装起来，这是保存特殊档案的应急措施，而且这部分档案是不被经常使用的。

包装材料对于纸质文件较为适用，而对于照片档案和磁带声像档案等其他类型档案则要采取其他相应的措施，把它们妥善保管起来。

六、消耗品

即用于保管工作的易耗低值物品，如防霉防虫药品、吸湿剂、各种表格及管理性的办公用品等。

档案保管的物质条件（装备）是档案保管工作赖以进行的物质基础。但购置配备这些物质装备又受到财力的制约。因而企业应根据自身工作的需要和现实的经济实力，本着实事求是的态度和合理、有效、实用、节俭的原则进行配置。

强化训练

训练 1

对自己所在学校的档案库房的物质条件进行调查和分析，分别列出学校档案库房已经具备的物质条件和需要增加完善的物质条件。

训练 2

鼎盛公司近两年业务不断扩大，并将开拓海外市场，公司员工会超过 5 000 人，这就为档案管理工作带来了巨大的工作量。公司决定成立文件控制中心专门负责对公司经营过程中形成的文件与档案进行管理。总经理要求列出建立档案库房需要的物质条件并作出预算。

假如你是王昊，请列出建立档案库房需要的物质条件并作出预算。

任务二　档案的库房管理

任务引入

王昊是鼎盛公司的档案管理员。近两年，随着公司的日益发展壮大，业务量大大增加，档案的数量也大大增加。原来的库房已经难以满足档案的管理需要。王昊向领导建议新建一个档案室。领导非常支持他的想法，要求王昊负责筹建档案室的工作，并做好档案的库房管理。

任务分析

要建一个档案室，首先必须找到一处正规的建筑物，这处建筑物需满足档案库房的各种要求，并且具有良好的封闭性和保密性。同时要在档案室中配备相应的装具和各种物质条件。要做好档案的库房管理，除了遵守档案的进出库制度、“八防”制度等，还须做好平时的维护和管理。

相关知识

档案库房管理是档案保管工作的主要体现形式。因为档案绝大部分时间是存放在库房里的，档案的实体秩序状态也主要存在于库房中，因此，档案保管工作的主要内容也大都在库房中进行。档案库房的保管工作主要包括以下几个方面的内容。

一、装具排列编号

库房内装具的编号方式一般以保管机构或库房房间为单元进行，每一单元内的所有装具按某一排列走向和顺序依次编列号（排号）、柜架号、格层号（箱号），其号码一般也采用阿拉伯数字。

装具在库房中的排放方式应考虑方便管理和充分利用库房空间等因素。一般不宜紧贴墙壁，尤其是不能紧贴有窗户的墙壁。装具每一列的走向应与窗户所在墙壁垂直，以避免户外光线的直接照射。各列之间的距离不宜过宽或过窄，一般以工作人员能进行正常工作为宜。

二、进出库制度

库房是保存档案的重要场所，因此必须对进出库房的人员及其进出的方式、时间、要求等进行必要的限制并做出专门的规定。这种专门规定的内容也就是进出库制度的主要内容。

（1）一般情况下，库房只允许档案工作人员在工作时间进入。

（2）非档案工作人员原则上不允许进入库房，如工作需要（如维修库房及其设备等）必须进入时也应有档案工作人员陪同并始终相伴。

（3）档案工作人员在库房内不允许从事与库房管理工作无关的活动，更不允许在库房内吸烟、喝水、吃东西。

（4）库房中无人时必须关灯、关窗、断电、库房门上锁。

三、“八防”制度

档案保管工作中常说的“八防”，一般是指防火、防水、防潮、防霉、防虫、防光、防尘、防盗。这“八防”基本上囊括了对档案实体可能造成的自然和人为的因素，是库房管理工作的重要内容。做好“八防”工作需要采取一系列防护性措施，并在工作中注意一切与此有关的问题。

（一）防火

要求在装具及照明灯具的选用、其他电器及其线路的安装等方面消除隐患，必须按消防规定在库房中配备性能良好、数量足够的灭火器材。在条件允许的情况下，安装防火（烟雾）报警器和自动灭火装置。

（二）防水

要求库房所处地势不能过低，库房内及附近不能有水源，库房选址应远离易发洪水的地点，位于较有利的防洪地段。

（三）防潮

要求每个库房配置一台去湿机，保证库房所需的湿度在库房湿度过于大时及时进行调整，库房的相对湿度控制在45％～60％的范围内。

（四）防霉

要求对档案文件进行定期检查并放置防霉药品，发现有霉变迹象应及时通风。

（五）防虫

要求入库时对档案进行灭菌消毒，在库房内定期检查，放置防虫药品，搞好库房卫生，破坏虫子的生存环境。

（六）防光

要求库房尽可能全封闭（即无窗），若有窗户也应尽可能小一些，并安装磨砂玻璃、花纹玻璃或带颜色的玻璃，还要配置窗帘，尽量遮蔽户外日光中的紫外线照射。照明灯具应使用白炽灯并加乳白色灯罩，灯泡最好是磨砂灯泡。不允许使用日光灯（荧光灯）作为库房照明灯具。

（七）防尘

要求装具的封闭性好并须对库房及装具等定期进行清扫擦拭，保持清洁。

（八）防盗

要求库房门窗坚固，进出库房随时锁门，并尽可能安装防盗报警装置。

四、库房温湿度控制

库房内的温湿度是直接影响档案“自然寿命”的环境因素。根据《档案馆温湿度管理暂行规定》，库房温度应在14℃～24℃之间，相对湿度应在45％～60％之间。为了掌握库房温湿度情况，应配置精确可靠的温湿度测量仪器，随时测量并记录库房温湿度的具体指标状况。控制和调节库房温湿度的方法如下所述。

（一）对库房进行严格封闭

隔绝库房内外温湿度的相互交流，然后在库房内采用空调或恒温、恒湿技术设备，将库房温湿度人为控制在适宜的温湿度指标范围之内。这种方法所需费用较高，目前不是所有档案馆、档案室都有能力做到的。

（二）采用机械性或自然性的措施对库房温湿度进行人工控制

这种方法虽达不到第一类方法所能达到的效果，但如果运用得当，也可在一定程度上使库房温湿度得到调整和控制。具体措施有三种，可以同时或交叉使用：

（1）使用增温、增湿或降温、降湿等机械设备进行调控，使原有温湿度有所改变。这种方法的运用也需配以适当的封闭性措施方能奏效，如关紧门窗并在门窗缝隙处加密封条。

（2）利用库房内外温湿度的差别，采用打开门窗或排风、换气扇等方法进行自然通风，用库房外的自然温湿度来调节库房内的温湿度，从而使库房内的温湿度与库房外的自然温湿度渐趋一致和均衡。采用这种方法的局限性很大，一般只能在库房外温湿度比库房内温湿度更接近于适宜温湿度指标时方能进行，而且必须随时把握调整通风的时间、长短、强度等。

（3）采用一些更为简便的人工方法来对库房温湿度进行调整。如在库房地面洒水，放置水盆、湿草垫，挂置湿纱布、麻绳等以适当增湿；在库房中或装具内放置木炭、生石灰、氯化钙、硅胶等物品，以适当降湿。这种方法的效果只能是局部的，并且很有限。

五、档案存放秩序的维护与管理

档案在库房及装具中的存放秩序实际上就是档案实体的管理秩序，即档案实体管理秩序的具体体现形式。因此，维护档案实体秩序的保管工作也就主要体现为对档案存放秩序的日常维护和管理行为。维护档案的存放秩序是一项十分具体且十分重要的工作，具体可采取的措施和方法主要有以下几种。

（一）档案存放位置索引（档案存放地点索引）

为了便于保管工作人员切实掌握档案馆（室）档案的存放情况和迅速地取放档案，还必须把所排放好的档案作出存放位置的索引。

存放位置索引，按其作用可以分为两种：

第一种指明档案的存放位置，即以全宗及其各类的档案为单位，指出它们的存放地点，如表 8－1 所示。

表 8－1　全宗及其各类档案存放位置索引表

全宗名称：			全宗号：					
案卷目录号	案卷目录名称	目录中案卷起止号数	存放位置					
			楼	层	房间	柜架（列）	柜架	层（格、箱）

第二种指明各档案库房保存档案情况，即以档案库房和档案架（柜）为单位，指出它们保存了什么档案，如表 8－2 所示。

表 8－2　各档案库房和档案架（柜）档案存放位置索引表

楼：			层：			房间：	
柜架（列）	柜架	层（格、箱）	存放档案				
			全宗号	全宗名称	案卷目录号	案卷目录名称	起止卷号

上述两种索引，按形式又可分为簿册式和卡片式两种。而第二种存放位置索引还可以采用图表形式，即把每个库房（或楼、层、房间）内档案存放的实际情况绘成示意

图。这种图表，可悬挂在相应的库房入口处，以便于保管和调卷人员随时使用。

（二）装具所存档案标识牌

即在每一列、每一件、每一层（格、箱）装具外面的醒目位置设置标牌并表明该列、该柜架、该层（格、箱）中所存放档案的起止档号，以方便检查和调还档案。

（三）档案代理卡

档案代理卡又称“代卷卡”“代理卡”（见表 8－3），它是库房管理人员编制和使用的一种专门指明档案去向的卡片。在档案馆（室）的档案需要暂时借出库外使用时，填制代卷卡并放在被暂时移出案卷的位置上，可以使库房管理人员准确掌握档案流动情况，有利于库房管理人员对档案进行安全检查。

表 8－3　档案代理卡

全宗号	目录号	案卷号	移出日期	移往何处		库房管理人员签字（移出）	归还日期	库房管理人员签字（收回）
				单位名称	经手人姓名			

六、全宗卷

全宗卷是档案保管工作的一个重要管理工具和手段。全宗卷是档案室在管理所在公司档案全宗的过程中形成的，能够说明该全宗历史情况的各种文件材料所组成的专门案卷。

全宗卷实质上是档案管理活动中所形成的“档案”，是档案管理活动的原始记录，只不过是围绕全宗的管理活动形成并以一个个全宗为单位组合成案卷而已。从这个意义上说，它是全宗的“档案”，又是档案的“档案”，但不是全宗内的档案。因为档案室所管理的档案是由立档单位在其社会活动中形成的，而全宗卷这种档案的“档案”，则是档案室在对其所管全宗的管理活动中形成的。因此，全宗卷在管理上应单独另行存放（按全宗顺序保管）并实施统一管理，不能与全宗混在一起，更不能将其作为全宗内的一个案卷看待。

全宗卷中通常应包括：档案交接凭据、立档单位与全宗历史考证、整理工作方案、档案实体分类方案（分类表）、移进移出记录及手续（凭据）、对全宗进行检查和清点的历次记录及所发现的问题记录，以及档案受损害、遭破坏的情况记录和实施补救性措施的记录材料、档案销毁清册等。总之，凡是在档案管理活动中形成的对全宗状况及全宗历史有原始记录意义的文字、图表等材料均应归入全宗卷中。

七、档案流动过程中的保护

档案在档案馆（室）中并不是永远静止地存放在库房及装具里，而是处在一种有静有动、动静交替的状态中。造成档案流动的根本原因就是对档案的使用。

档案的使用原因虽然很复杂，但大体可归结为两种情况：一是社会各界对档案的利用（要求档案馆、室做好档案的提供利用工作）；二是档案馆（室）出于管理与开发的需要对档案的使用，例如整理、鉴定、编制检索工具、缩微复制、编研等。无论是社会性的利用还是内部管理开发性的使用，都必须保证档案实体的有序和完好无损。这就需要做好档案使用过程中的维护与保护工作。

档案使用过程中的保护工作与档案库房管理工作相比，具有明显的动态性、复杂性、综合性，所用的方法及所需注意的问题头绪很多。做好这一工作有两条基本途径。

（一）建立严格的管理制度并在工作中严格执行落实

（1）档案使用的登记与交接制度。档案无论因何种原因被使用时，都必须对调卷、还卷及交接行为实行严格的登记与交接手续。

（2）档案使用行为的管理与限制制度。如不允许使用者在使用时吸烟、喝水、吃东西，不允许在档案上勾画、涂抹，更不允许有撕损剪切等破坏性行为；不允许使用者擅自带离规定的使用场所（办公室、阅览室等）；不允许利用者之间私自交换阅览各自所利用的档案；不允许使用者擅自拍照、抄录、复印；每次使用的档案数量、每批档案的使用时间长短也应有一定的限制。

（二）采用各种合理有效的管理方法，认真细致地做好维护与保护工作

（1）量与顺序的控制。无论是内部使用还是外部利用，当所需档案数量较大时，可按规定分批定量提供，且应要求使用者在使用和交还时保持档案实体秩序。

（2）对利用行为的现场监督与检查。凡外部利用，在现场应配有档案工作人员实行监督，并随时检查利用者的利用行为，发现问题及时指出并予以纠正。有条件的档案馆可配置闭路电视监控系统。

（3）利用方式及利用场所的限制。利用方式以现场阅览为基本方式；经允许的拍照或复印工作原则上应由档案工作人员承担；利用场所应为集中式的大阅览室，一般不为利用者安排单独的利用房间（单间），以免发生意想不到的问题。

（4）对重要档案的保护性措施。对重要的珍贵档案应实施重点保护：一是要严格限制利用；二是即便提供利用，一般也不提供原件，只提供缩微品或复印件；三是利用中要格外注意监护问题，必要时可责成专人始终陪伴进行利用。对重要档案的复制也应比一般档案有更严格的限制和保护性措施。

强化训练

训练 1

对自己所在学校的档案库房管理情况进行调查，然后分析学校档案库房管理情况，找出学校档案库房管理中好的经验和存在的问题。

训练 2

鼎盛公司近两年业务不断扩大，并将开拓海外市场，公司员工会超过 5 000 人，这就为档案管理工作带来了巨大的工作量。该公司文件控制中心的主要职责是对公司经营过程中形成的文件与档案进行管理。公司共有六个档案库房，都设在 2 号行政楼 4 层 2401～2406 房间，6 个档案库房中各有 10 个大型档案柜。如今由于档案的增加，需在每个库房中添加6个档案柜。

请对增加档案柜之后的库房、装具进行编号，并绘制平面图。

任务三　档案的利用

任务引入

鼎盛公司与宏达公司之间因某项业务出现了纠纷，现需查找5年前与宏达公司签订的一份合同以解决纠纷，档案员王昊和小李需在短时间内在众多的档案中快速准确地查找到5年前的这份合同，他们该怎么办呢？

任务分析

档案的利用是档案工作的目的。秘书人员必须熟悉档案利用的各种方法，为本单位领导和同事提供良好的服务。

相关知识

档案部门利用电子化办公设备和现代通信技术，向利用者提供非纸质载体的数字化档案。由于办公自动化的进一步扩展和深化，特别是电子计算机和通信技术相结合形成了信息技术产业，过去的档案的提供利用工作也称档案信息的开发利用工作，它是指通过一定的方式和方法尽可能地开发档案信息，直接向有关单位和人员提供信息服务。档案的利用是档案工作的目的，也是档案工作的出发点。

直接利用工作是档案提供利用工作的主要途径，它的方法很多，常见的有以下几种。

一、阅览服务

阅览服务是指企业档案部门根据自身条件和利用需要，设立专门的档案阅览室，供利用者查阅利用档案。通过阅览服务，档案工作人员能为利用者直接提供所需档案材料，解答各种询问，迅速、准确地满足利用者的需求。

阅览服务的优点很多：第一，由于档案材料只能在阅览室周转，用后能及时收回，有利于提高档案利用率，充分发挥档案的作用；第二，档案工作人员可以在现场进行宣传和控制，减少档案原件在利用中的损耗；第三，阅览室提供的各种设施，如复印机、传真机、多媒体设备、缩微阅读设备等，能为利用者查阅档案提供便利。

档案阅览服务可分为封闭式阅览和开架式阅览两种形式。无论采用哪一种形式，都要求档案部门为利用者提供一个明亮、宽敞、舒适、安静的场所，还必须配备一定数量的阅览桌椅、存物架、目录柜等设施，还可以配备必要的检索工具、参考资料。同时必须建立完善的阅览制度，如阅览室接待对象和入室手续，档案材料的借阅范围、批注权限，档案登记和归还时的交接手续，利用者利用档案须知，阅览室开放时间等。

二、外借服务

档案外借服务是将档案原件借出档案部门使用的一种利用方式。

外借服务虽然是实际工作中常见的一种利用方式，但由于档案借出以后，各借阅部门或人员对档案的价值、保护的方法认识不一，保管条件有限，往往容易给档案完整与安全带来不利影响，所以按有关规定，档案一般不宜外借，如因工作需要外借时，必须根据严格的借阅制度办理借阅手续。凡借阅的单位和个人，必须保证档案的齐全与完整，不得擅自拆卷或是变更次序，不得转借、转抄、损坏、遗失、自行摄影、复印，并且必须按期归还。档案外借有两种情况：一是内部借阅，即在本单位内部借阅；二是外部借阅，即把档案借出本单位使用。内部借阅应该建立起规范的借阅制度，包括借阅证制度、代卷卡制度、借阅审批制度、催还和续借制度。对于外部借阅，档案部门更应该加强管理和控制，利用者需持单位介绍信及本人身份证明，明确提出借阅档案的目的、内容、数量、使用范围、使用时间，在本单位领导批准后方可借阅。

三、复制服务

随着办公自动化程度的不断提高，各种现代办公工具的普及，特别是照相、复印技术以及计算机文字处理技术的推广运用，档案复制服务已经逐渐成为档案利用的主要方式。

档案复制服务的优点很多：首先，这种服务方式能最大限度地提高档案的利用效率，因为一份档案文件一次可以复制若干份，能同时满足不同利用者的需要，这就在很大程度上解决了因档案副本少而周转不灵的实际问题。其次，复制服务成本低、效果好，虽然档案复制需要一定的成本，但与档案原件的价值相比，这种方式仍是低成本的，而且由于复制技术的完善，复制效果也越来越好。最后，复制服务有利于保护档案原件的物质和政治安全，避免档案原件在利用中的损坏。

档案复制的方法很多，有静电复印、缩微复制、传真、打印、照相、拷贝等。在具体方式上还可以根据利用档案的不同用途和不同利用范围，采用原件副本、档案摘录两种形式。所谓原件副本，是指反映档案原件全貌的复制本。所谓档案摘录，是指仅反映档案原件某一些部分的复制本。提供复制服务一般先由利用者提出要求，说明复制档案的内容、数量、方式、用途，对于某些重要文件的复制要经过有关部门或是领导的批准。

四、咨询服务

档案咨询服务是指档案部门或是档案人员以室藏档案为根据，通过口头（包括电话）或书面形式，向利用者提供档案，解答提出的有关档案专业知识、档案利用手续、各种档案规章制度、档案检索途径等方面的问题。开展咨询服务，既是一种直接为利用者服务的途径，又是一种宣传档案工作、传播档案知识的极好方法。对咨询的结果可以通过口头解答的方式满足利用者的需求，也可以采用出具档案证明的方式提供服务。

档案咨询服务工作程序一般可以分为接受咨询、咨询分析、查找档案、答复咨询、建立咨询档案等几个步骤。这项工作对有关的工作人员有着较高的要求，不仅需要有强烈的责任心和良好的服务态度、十分熟悉本单位保存档案的情况，还要有较强的综合分析能力和口头表达能力。

五、电子化服务

档案电子化服务是在计算机技术迅猛发展的形势下兴起的一种档案的新型利用方式。它是指档案文字、图表、图形、影像、科技文件材料等各种档案形式都可以采用电子档案的形式进行处理和利用。同时，在国家的倡导下，政府各部门、各企事业在开展网络办公、电子办公等工作中形成了大量电子文件，随着这类档案在各级档案部门中的增多，电子化服务将会在今后得到越来越广泛的运用。

实现档案信息开发利用的电子化具有诸多优势：第一，能将文字、声音、图像结合起来，向利用者提供多媒体信息；第二，能使利用工作变得方便高效，电子化服务通过多媒体技术的超文本技术，可将计算机存储、表现信息的能力与人脑筛选信息的能力结合在一起，提高检索效率；第三，能够提供超时空、全方位的信息服务。

强化训练

训练 1

根据本任务介绍的档案利用的相关知识，请同学们分组分角色扮演“任务引入”中的王昊和小李，并对此情景进行模拟演练。

训练 2

对自己所在学校的档案利用情况进行调查，然后分析学校档案利用情况，找出学校档案利用过程中好的经验和存在的问题。

第九章

电子档案的管理

任务一　电子文件归档和日常管理

任务引入

鼎盛公司办公室根据文档管理的需要，添置了一套文档一体化管理软件，实现了文档管理现代化。档案管理员王昊在做好纸质档案管理的同时，积极学习电子文件的归档和管理。

任务分析

随着信息产业和电子科学技术的飞速发展，电子档案在档案工作中所占比例越来越大，发挥着日益重要的作用。档案的电子化、数字化是档案发展的必然趋势。秘书人员应该针对电子文件的特性，熟练掌握电子文件整理和归档的方法，采取相应的管理办法，才能充分发挥电子档案的优势，使档案工作为企业的发展服务。

相关知识

信息技术的发展带来了大量的电子文件。电子文件（Electronic Records）指在数字设备及环境中生成，以数码形式存储于磁带、磁盘、光盘等载体，依赖计算机等数字设备阅读、处理，并可在通信网络上传送的文件。

一、电子文件的形成

国家机关、社会团体、企事业单位及个人在社会活动中为处理各项事务、交流信息需要建立起适用的计算机系统或计算机网络系统，其所进行的电子政务、电子商务等活动从过去用纸墨、感光材料等形成和传递的政府机关公文及图书、图形、图像等文献资料和商业信息改成由计算机系统形成，用计算机网络系统传递，由此产生了电子公文、电子图书、电子邮件、电子文献等，形成了大量的电子文件。

二、电子文件的整理

需要归档的电子文件要进行整理。文件形成部门应对文件载体进行整理，在其包装盒表面粘贴说明性标签，注明编号、名称、密级、软硬件环境等，填写归档电子文件登记表。

电子文件的整理是指按照一定的原则和方法，将收集积累的电子文件分门别类进行清理，为归档做好准备工作。电子文件的整理包括两个方面的工作：

一是对分类、排序的组织。就是将磁性载体传递的零散的、杂乱的电子文件通过分类、标引、组合，使电子文件存储格式处于一种有序状态。文件名称、文件号、分类和隶属编号等电子文件的著录标引应由归档人员来完成。

二是组织建立数据库。主要工作内容：首先是对电子文件进行分类和编号。一个组织的电子文件类别是多种多样的，对这些电子文件要进行分门别类的管理，就要进行科学的分类。要按门类划分要求，结合本组织的专业和电子文件内容制定分类编号方案。分类编号就是按照分类编号方案的规定对电子文件进行划分，并给每份电子文件一个唯一的固定号码，从而使全部电子文件成为一个有机的整体。其次是对电子文件的登记。电子文件的整理是未来的电子文件管理和利用等工作的基础。

与纸质文件相比较，电子文件在数据库中是以虚拟形式存在的。经过对电子文件的科学整理，构成有序的虚拟状态，通过检索，可以提取电子文件并在计算机屏幕上显示出来，数据库是存、取电子文件的“虚拟文件库”。特别要说明的是，无论在什么环境下，都要另外复制一套保存，并对这套软、硬件环境做好说明。有些文件必须以纸质形式存在时，可输出纸质文件保存。

三、电子文件的归档

（一）归档范围

除参照执行国家档案局关于《机关文件材料归档范围和文书档案保管期限规定》的规定和其他有关科技文件、专门文件归档范围的规定外，还应根据电子文件的特点从以下几方面确定详细的归档范围：

（1）在行使本组织职能以及行政管理、业务管理活动中形成的各种文本文件。对需要保存草稿的重要文件，在修改时应保留原件，加版本号后积累，将草稿和定稿一并归档。

（2）利用计算机辅助设计（CAD）、计算机辅助制造（CAM）、检测、仿真实验等技术形成的具有查考利用价值的数据文件、图形文件和模型文件。

（3）本组织制作的各种数据文件，如数据库、图形库、方法库等。

（4）与本组织制作的文本文件、图形文件、模型文件、数据文件有关的各种命令文件，如计算程序、控制程序、管理程序等。命令文件有的是本组织根据需要自行编制的，也有的是以购买方式获得的。档案室已有的命令文件不必重复归档。

(5) 设备运行所需要的操作系统。档案室已有的操作系统不必重复归档。

(6) 与电子文件有关的各种纸质文件，主要包括两方面内容：一是产生电子文件所使用的计算机硬件说明文件，如计算机技术说明书、图纸、使用说明书、操作手册等；二是在电子文件形成过程中产生的纸质文件，如系统设计任务书、说明、程序框图、测试分析报告、技术鉴定材料等。

(二) 归档方式

1. 逻辑归档方式

逻辑归档是指文件形成部门将归档电子文件的逻辑地址通知档案部门，从而使档案部门实施在网络上接收、控制与管理电子文件的归档方式。经逻辑归档后，一方面，电子文件的存储格式和物理存在位置不会改变；另一方面，文件形成部门可以利用该文件，但是却不能对其进行修改和删除。

2. 物理归档方式

物理归档是将计算机及其网络上的电子文件集中传输至独立的或可脱机保存的载体上，向档案部门移交的过程。凡在网络中予以逻辑归档的电子文件，均应定期完成物理归档。物理归档包括介质归档和网络归档两种方式。介质归档是指文书部门将电子文件下载到存储介质上移交给档案部门；网络归档是指将电子文件通过网络直接传输给档案部门进行存储。物理归档可以实现电子文件的集中管理。

3. “双套制”归档方式

“双套制”归档是指采取物理归档或逻辑归档的电子文件，同时制成纸质文件予以归档的方式。目前，采取“双套制”归档主要是为了在计算机或网络系统出现意外故障时能够确保电子文件信息的完整性和真实性。

实行“双套制”归档并非要求组织将所有的电子文件都输出成为纸质文件；而主要是对那些具有法律凭证作用的需要确保其安全、秘密和真实性的电子文件采取“双套制”的归档办法。

(三) 归档时间

收集积累的电子文件，经过鉴定审核、检测和整理后，立即移交档案管理部门保存，最晚不超过 3 个月。对一些有特殊要求的归档电子文件，可自行确定移交时间。总之越快越好。

电子文件的归档时间有实时归档和定期归档两种。实时归档是在电子文件形成后即时归档；定期归档是按规定的归档周期归档。采用逻辑归档的单位，应尽可能实时进行归档，以免发生失控。采用物理归档方式的单位，电子文件的归档时间可借助纸质文件归档经验，按照纸质文件的规定定期完成。一般情况下，通过计算机网络归档的电子文件应采取实时归档；介质归档可以采取定期归档。“双套制”归档的电子文件和纸质文件，归档时间应统一。

（四）归档步骤

（1）检测。在进行电子文件归档工作时，应对归档电子文件的基本技术条件进行检测，检测内容包括：硬件环境的有效性、软件环境的有效性及信息记录格式、有无病毒感染等。

（2）把带有归档标识的电子文件集中，刻录至耐久性好的载体上，一式三套，一套封存保管，一套供查阅使用，一套异地保存。对于加密电子文件，则应在解密后再制作拷贝。采用的载体，按优先顺序依次为：只读光盘、一次写光盘、磁带、可擦写光盘、硬磁盘等。不允许将软磁盘作为归档电子文件长期保存的载体。

（3）在存储电子文件的载体或装具上贴上标签，标签上注明载体序号、全宗号、类别号、密级、保管期限、存入日期等，归档后的电子文件的载体设置成禁止写操作的状态。特殊格式的电子文件，在存储载体中同时保存相应的查看软件。

（4）将相应的电子文件机读目录、相关软件、其他说明等一同归档，并附归档电子文件登记表。归档电子文件以盘为单位填写归档电子文件登记表首页（见表 9-1），以件为单位填写续页（见表 9-2）。对需要长期保存的电子文件，需在每一个电子文件的载体中同时存有相应的机读目录。

表 9-1　　　　归档电子文件登记表（首页）

<table>
<tr><td rowspan="5">文件特征</td><td>形成部门</td><td colspan="5"></td></tr>
<tr><td>完成日期</td><td></td><td colspan="2">载体类型</td><td colspan="2"></td></tr>
<tr><td>载体编号</td><td></td><td colspan="2"></td><td colspan="2"></td></tr>
<tr><td>通信地址</td><td></td><td colspan="2"></td><td colspan="2"></td></tr>
<tr><td>电话</td><td></td><td colspan="2">联系人</td><td colspan="2"></td></tr>
<tr><td rowspan="4">设备环境特征</td><td>硬件环境
（主机、网络服务器型号、制造厂商等）</td><td colspan="5"></td></tr>
<tr><td rowspan="3">软件环境
（型号、版本等）</td><td>操作系统</td><td colspan="4"></td></tr>
<tr><td>数据库系统</td><td colspan="4"></td></tr>
<tr><td>相关软件（文字处理工具、文字浏览器、压缩或解密软件等）</td><td colspan="4"></td></tr>
<tr><td rowspan="4">文件记录特征</td><td rowspan="2">记录结构
（物理、逻辑）</td><td rowspan="2"></td><td rowspan="2">记录类型</td><td rowspan="2">□定长
□可变长
□其他</td><td>记录总数</td><td></td></tr>
<tr><td>总字节数</td><td></td></tr>
<tr><td>记录字符及图形音频、视频文件格式</td><td colspan="5"></td></tr>
<tr><td>文件载体</td><td>型号：
数量：
备份数：</td><td colspan="4">□一件一盘 □多件一盘
□一件多盘 □多件多盘</td></tr>
</table>

文件交接	送交部门			
	通信地址			
	电话		联系人	
	送交人（签名）			年 月 日
	接收部门			
	通信地址			
	电话		联系人	
	接收人（签名）			年 月 日

表 9-2　　　　归档电子文件登记表（续页）

第　页

文件编号	题名	形成时间	文件版本代码	文件类别代码	载体编号	保管期限	备注

（5）归档完毕，电子文件形成部门应将存有归档前电子文件的载体保存至少 1 年。

（五）归档要求

文件形成部门或信息管理部门应定期把经过鉴定符合归档条件的电子文件向档案部门移交，并按档案管理要求的格式将其存储到符合保管期限要求的脱机载体上。归档时应符合下列要求：

（1）电子文件归档的格式要求。各类电子文件的内容信息，无论是用存储载体传递还是用计算机网络系统传送，其管理格式和数据结构等一定要符合相关标准和规定要求，不能自行其是，以防将来有读取不出的现象发生。

（2）归档电子文件完整性、有效性的要求。归档电子文件在移交档案管理部门时，除应对其鉴定审核和检测整理外，还应将其软硬件环境说明、元数据、背景信息及相关参数、应用程序等一并归档，以确保归档电子文件的完整性、有效性和安全性。

归档的电子文件应真实有效，文本文件应是经签发生效的最后定稿，图形文件如经更改，应将最新版本连同更改记录一并归档。各种文件的草稿，根据需要决定是否归档。

（3）归档电子文件的整理编目。在电子文件归档前，文件形成部门应对文件载体进行整理，并在其包装盒表面粘贴说明性标签，注明编号、名称、密级、软硬件环境等；对文件的形式和内容进行著录、登记等，填写归档电子文件登记表。归档时，应将有关的目录和登记表同时移交给档案部门。

（4）归档电子文件的状态和数量。归档电子文件应是真实的或是经过审批的“最终版本”，在归档过程中不能对归档电子文件作任何增删改。归档电子文件一般不作加密处理，若非要进行加密处理，一定要将密钥随同电子文件一并归档，移交档案管理部门保存。凡采用存储载体形式移交的，要一式两套，一套封存保管，另一套提供利用。必要时复制第三套异地保存。如采用计算机网络系统形式移交的，要脱机备份一套封存保管，必要时再备份一套异地保存。

（5）档案管理部门应建立电子文件数据库。无论是用存储载体还是用计算机网络系统移交的电子文件，都应输入档案管理部门建立的电子文件数据库中，集中保存、管理和开发利用。

（六）归档手续

（1）文件形成部门在移交电子文件之前，档案保管部门在接收电子文件之前，均应对归档的每套载体及技术环境进行检验，合格率达到100%时方可进行交接。主要检验载体有无划痕，是否清洁；有无病毒；归档电子文件的真实性、完整性、有效性及审核手续；登记表、软件、说明资料等是否齐全。特殊格式的电子文件，应核实其相关的软件、版本、操作手册等是否完整。检验结果分别由移交单位、接收单位填入归档电子文件移交、接收检验登记表的相应栏目（见表9-3）。

表9-3　归档电子文件移交、接收检验登记表

检验项目	单位名称	
	移交单位：	接收单位：
载体外观检验		
病毒检验		
真实性检验		
完整性检验		
有效性检验		
技术方法与相关软件说明登记表、软件、说明资料检验		
填表人（签名）	年　月　日	年　月　日
审核人（签名）	年　月　日	年　月　日
单位（印章）	年　月　日	年　月　日

（2）档案保管部门应按照要求及检验项目对归档电子文件逐一验收。对检验不合格者，应退回形成部门重新制作，并再次对其进行检验。

（3）档案保管部门验收合格，完成归档电子文件移交、接收检验登记表的填写、签字、盖章环节。登记表一式两份，一份交电子文件形成部门，一份由档案保管部门自存。归档电子文件若需要有专利权限保护，应填写使用权限保护单。使用权限保护单应有电子文件名称、实施日期、保护原因、保护要求、单位意见、上级部门意见、档案管理部门意见等栏目。

（4）采用介质归档方式的电子文件，在对归档文件检验合格、清点无误后，移交的双方应在归档电子文件登记表、归档电子文件移交检验表和电子文件接收检验登记表上签字盖章。移交文件均一式两份，交接双方留存备查。

采用逻辑归档或网络归档方式的电子文件，首先由文件形成部门为文件赋予归档标识，然后提交给档案部门；档案部门再给已经归档的文件赋予档案管理标识。实行逻辑归档或网络归档时，计算机系统可自动生成归档电子文件登记表，打印输出后，移交双方签字盖章、留存备查。

采用“双套制”归档的纸质文件履行与其他纸质文件相同的归档手续。

四、电子档案的保存与维护

电子档案的特性不同于纸质档案，决定其在保存与维护方面的复杂性。如何保存、维护电子档案，使之安全、可靠并永久处于可准确提供利用的状态，是档案工作者急需解决的问题。

第一，要保证电子档案载体物理上的安全。一般情况下，电子档案是以脱机方式存储在磁、光介质上的，所以，要建立一个适合于磁、光介质保存的环境，诸如温湿度的控制，存放载体的柜、架及库房应达到有关标准的要求，载体应直立排放，并满足避光、防尘、防变形的要求，远离强磁场和有害气体等。

第二，要保证电子档案内容逻辑上的准确。电子档案的内容是以数码形式存储于各种载体上的，在以后的利用中，必须依赖于电子计算机软硬件平台将电子档案的内容还原成人们能够直接阅读的格式进行显示，这对于电子档案而言是一个较为复杂的过程。因为，电子档案来自各个方面，往往是在不同的电子计算机系统上形成的，且在内容的格式编排上也不尽一致，这种在技术和形式上的差异，必然导致在以后还原时，所采用的技术与方法的不同。而电子档案在形成时所依赖的技术，往往是已经过时的技术，这是科技进步所带来的必然结果。

因此，除对电子档案本身进行很好的保存外，还必须对其所依赖的技术及数据结构和相关定义参数等加以保存，或采用其他方法和技术加以转换。

第三，要保证电子档案的原始性。对于一些较为特殊的电子档案，必须以原始形成的格式进行还原显示。可采用以下三种方法：一是保存电子档案相关支持软件，即在保存电子档案的同时，将与电子档案相关的软件及整个应用系统一并保存，并与电子档案存储在一起，恢复时，使之按本来的面目进行显示；二是保存原始档案的电子图像；三是保存电子档案的打印输出件或制成缩微品，因为这是最为稳妥的永久保存方法。

第四，要保证电子档案的可理解性。对一份电子档案的内容来说，常常有不被人完全理解的情况。为了使人们能够完全理解一份电子档案，就需要保存与档案内容相关的信息。这些信息应包括：元数据；物理结构与逻辑结构的关系；相关的电子档案名称、存储位置及相互关系；与电子档案内容相关的背景信息等。

第五，要对电子档案载体进行有效的检测与维护。电子档案载体，特别是磁性载体，极易受到保存环境的影响。因此，对所保存的电子档案载体，必须进行定期检测和拷贝，以确保电子档案信息的可靠性。定期检测，应每年一次，采用等距抽样或随机抽样的方式进行，样品数量以不少于10%为宜，以一个逻辑卷为单位。首先进行外观检查，确认载体表面是否有物理损坏或变形，外表涂层是否清洁及有无霉斑出现等；然后进行逻辑检测，采用专用或自行编制检测软件对载体上的信息进行读写校验。通过检测发现有出错的载体，须进行有效的修正或更新。应每四年拷贝一次，且原载体继续保留的时间不少于四年。对于电子档案的检测与维护，必须进行严格管理，因为任何一次误操作，都可能使保存的电子档案遭到人为损害，甚至造成难以弥补的损失。必须建立相应的维护管理档案，对电子档案的检测、维护、拷贝等操作过程进行记录，避免发生人为的误操作或不必要的重复劳动。

对电子档案的有效保存与维护，是一项极其重要而复杂的工作。因而，在对电子档案的保存与维护过程中，应充分考虑环境、设备、技术、人员及电子档案的特点等综合条件，来制定技术方案和工作模式，并采取有效措施，以确保电子档案的安全可靠，能够永久地处于可准确提供利用的状态，使其在社会生活中发挥更大的作用。

五、电子档案管理体系

电子档案管理应该纳入我国现行的档案管理体系，由各级档案管理部门分别集中管理。

（一）集中统一管理电子档案

近年来，随着办公自动化（OA）和计算机辅助设计（CAD）、计算机辅助制造（CAM）技术的普及，使用计算机制作文件的组织越来越多。大部分组织将电子文件转换成纸质文件，经正式签署后归档保存，原电子文件保存在各形成部门。也就是说大部分电子文件没有归档，处于分散保存状态。从档案工作的发展看，各组织档案室应当积极创造条件将具有保存价值的电子文件归档，实行对电子档案的集中统一管理。档案馆也需要对接受电子文件的问题开展调查研究、前期论证和创造软硬件技术环境。电子档案的统一管理有利于对这部分数字化信息的检索、利用和共享，有利于各组织、各地区对电子档案管理进行全面的统筹规划，有利于加速档案工作的现代化进程。

电子档案的集中管理应注重实质而不强求形式的划一，尤其是在现阶段应采用与本组织、本地区情况相适应的管理形式。如暂不具备集中保管电子档案条件的组织档案室，可先对各部门电子文件的归档范围、管理方法、有关标准作出规定，并定期进行监督检查，待条件具备再实行集中；有的组织设有专门的计算机站、信息中心等机构，有较好的电子档案保管条件和可行的管理办法，组织档案室可根据档案工作的要求与该机构共同研究制定电子档案的管理办法，亦可暂委托其代管该机构形成的电子档案。

（二）纸质文件和电子文件双套归档

目前大部分组织将电子文件转换成纸质文件归档保存，是因为在电子文件的证据性、管理制度、管理技术与方法、管理设备、通信设备等方面仍存在这样或那样的问题。在这些问题没有得到有效解决之前，这种纸质文件和电子文件“同时服役”的状况有存在的合理性和必要性。一方面，在没有充分的技术保障和科学的管理制度的条件下，档案人员不能轻易用电子文件取代纸质文件归档保存；另一方面，电子文件的归档也有其积极的意义，这样就形成了双套归档的局面。这是文件介质转换时期不可避免的一种现象，不应看作不必要的重复。可以预见，纸质文件和电子文件双套归档的局面将持续相当一个时期。随着技术的成熟和各方面条件的具备，会有越来越多的电子文件独立地转化为档案，但多种介质档案并存的状况将长期存在。

双套归档带来的直接影响是需要分别建立两个管理系统，二者既有联系，又各有特点，这给各级档案管理部门提出了许多新的课题。原则上电子文件的管理应纳入现行的档案管理体系，能够并轨的就实行并轨，比如，电子文件的归档单位最好与纸质文件的立卷单位相一致，归档时间也可定为同时，如价值鉴定、著录标引统一操作等；不能并轨的就分别操作，如分别保管、分别利用等。

（三）组织内部的文档一体化管理模式

组织内部的电子文档一体化管理主要是通过计算机管理软件来实现的。这样的文件和档案管理软件通常是一个包括文件发文处理、收文处理、分类、鉴定、立卷、归档、接收、著录、标引、检索、调阅、登记、统计等全部文书处理与档案管理环节的系统。该系统在运行时，组织日常管理和经营活动中生成的数据、文件、表格、单据等均在计算机网络上进行传递、交换、处理和管理；同时，会自动生成电子文件的目录、索引，并可以实现即时归档。各种信息的用户及管理者通过身份验证系统得到使用权限的确认后，才能进入系统进行操作。

六、电子档案的日常管理

电子档案日常管理的要求如下所述：

（1）由于电子档案和纸质档案的保管条件、管理方式不同，可实行统一归档、分库保管。

（2）归档的两套电子文件应分别存放，一套封存，一套提供利用。

（3）电子档案按其保管部门顺序号加以排列，每一盘、带都要贴上标有盘带号、保管单位名称的标签，以便存取。磁带应放入盒中，垂直放置或一盘盘悬挂放置，不要平放，不能在上面放置重物。光盘片基很薄，为防止变形，亦应垂直存放。磁带盒要严密、防尘，不能带磁性。

（4）档案室的计算机禁止使用来历不明的非法软件，以免感染病毒。

（5）建立电子档案库房管理制度，坚持观测温湿度，定期除尘，定期检查电线、插头、开关等，杜绝火灾隐患。

（6）日常管理中要注意操作方法，管理人员不能用手直接触摸光、磁介质，应戴非棉制手套操作；不要使电子档案接触不清洁表面，如地面、桌面等；拿取磁带时不要拿轮毂处，不要挤压法兰盘；仔细将磁带装在卷轴上，防止末端皱折，应剪掉末端已经损坏的部分；开始记录之前，应留出不少于 1m 的空白带；不要弯折软磁盘，不用橡皮筋、曲别针来固定软磁盘的纸套；软磁盘的标签应写好后贴上，如软磁盘上已有标签，不要用圆珠笔等硬笔书写或修改，以防划伤磁盘。

（7）磁性载体档案使用场所的温度、湿度与库房温度、湿度相差范围应分别为±3℃、

±5%。否则应在使用前将磁带在使用环境中平衡3天以上，读带前将磁带按正常速度全程进带、倒带各2次。

七、电子档案管理的要求

（一）真实性

保障电子档案的真实性，使电子档案内容、结构和背景信息经过传输、迁移处理后保持不变，与形成时的原始状态一致。

（二）完整性

确保电子档案的齐全完整，使记录工作活动的、具有联系的电子档案及其他形式的相关档案数量齐全，每份电子档案的内容、结构、背景信息没有缺损。

（三）可读性

确保电子档案经过存储、传输、压缩、加密、媒体转换、迁移等处理后，保持内容的真实性，能够被人们识读。

强化训练

训练1

对自己所在学校的电子文件的归档情况进行调查，然后分析学校电子文件归档情况，找出学校电子文件归档整理中好的经验和存在的问题。

训练2

鼎盛公司近两年业务不断扩大，并将开拓海外市场，公司员工会超过5 000人，电子文件的数量也急剧增加，这就为档案管理工作带来了巨大的工作量。该公司文件控制中心的主要职责是对公司经营过程中形成的文件与档案进行管理。档案管理人员李东对电子文件的归档不太熟悉。总经理要王昊指导一下李东。

假如你是王昊，请模拟演练电子文件归档的过程。

任务二　电子档案鉴定

任务引入

鼎盛公司办公室根据文档管理的需要，添置了一套文档一体化管理软件，实现了文档管理现代化。档案管理员王昊在做好纸质档案管理的同时，积极学习电子文件的归档和管理。近几天，王昊正忙着鉴定电子档案的价值。

任务分析

电子档案同纸质档案一样，也需要鉴定价值。在鉴定电子档案价值前，秘书应熟练掌握电子档案价值鉴定的标准和方法，才能做好这项工作。

相关知识

一、电子文件的归档鉴定

电子文件归档的鉴定工作，应包括对电子文件的真实性、完整性、有效性的鉴定及确定密级、归档范围和划定保管期限。

（1）归档前应由文件形成部门按照规定的项目对电子文件的真实性、完整性和有效性进行检验，并由负责人签署审核意见，检验和审核结果填入归档电子文件移交、接收检验登记表。如果文件形成部门采用了某些技术方法保证电子文件的真实性、完整性和有效性，则应把其技术方法和相关软件一同移交给接收单位。

（2）电子文件的归档范围参照国家关于纸质文件材料归档的有关规定执行，并应包括相应的背景信息和元数据。

（3）电子文件保管期限和密级的划分工作，参照国家关于纸质文件材料密级和保管期限的有关规定执行。电子文件的背景信息和元数据的保管期限应当与内容信息的保管期限一致。应在电子文件的机读目录上逐件标注保管期限。

二、电子档案价值的鉴定

电子档案价值的鉴定可分为内容鉴定和技术鉴定两方面，应将两方面鉴定结果联系起来综合判定电子文件的保存价值。

（一）内容鉴定

电子文件内容鉴定的原则、标准、方法与纸质档案大体相同，但由于电子文件归档范围以及文件技术上的特点，现行的档案保管期限表并不完全适用于电子文件，目前可参照现行档案保管期限表结合文件实际情况进行判断。在进行内容鉴定时应注意以下问题：

（1）关于“微观文件”问题。所谓“微观文件”是指所记载内容范围较小或时间较短的文件，如组织的月报、季报和某些具体记录。在纸质文件中通常不予归档，只有在综合性文件无存的情况下才考虑保存，如在没有年报时可保存月报或季报，这主要是为了控制文件数量，减少保管空间。但是在科学研究中，“微观文件”的作用越来越受到重视，这一矛盾在纸质档案管理中很难得到有效解决。电子文件以其信息存储的高密度性可在一定程度上解决这个问题，各组织可在调查研究的基础上，适当放宽电子“微观文件”的归档范围和保管期限，即使是在双套归档的情况下，也可以把一些电子“微观文件”单独归档，并在纸质档案的目录备注栏中加以注明。

（2）关于“保存效益”问题。档案鉴定要考虑保存效益，即要考虑保管成本与利用效果之比。在电子文件鉴定中同样要考虑成本问题，但比起因信息存储量增加而加大的开支来说，为实现文件可读性所付出的资金将成为电子文件管理成本增大的主要原因。如档案馆对于某些使用特殊软件形成的文件，或许需要用购买方式获得其软件，这时就要考虑它是否值得购买，是否可以采用重新格式化的办法阅读该文件，如果无法解决阅读问题，就需要进而考虑是否接收这部分档案。

（3）关于“依附价值”问题。电子文件中的命令文件，除了软件生产者作为科研成果保存外，大部分软件的价值并非来自它自身的内容，而是来自它所支持的文件。也就是说，此类文件的价值及其保管期限是根据它所支持的文件决定的，是一种“依附价值”。如果原文件不再需要它的支持，那么它就失去了继续保存的必要。

（二）技术鉴定

对档案的技术鉴定应当从以下几方面进行：

（1）可读性鉴定。第一，检查与文件相关的软件、操作系统和其他文字说明文件是否齐全。第二，核实归档时所填写的文件运行的软、硬件环境及版本号是否正确，“目录系统说明”是否与盘、带中目录结构一致。第三，将文件在计算机上读一遍，如发现有很小的错误，可用磁带清洗机清洗后再读，以确认其可读性。第四，对数据库要确认数据与栏目是否吻合，结构是否正确，某些结构比较复杂的关系型数据库的相关数据库是否完整。

（2）无病毒鉴定。可运用病毒检测软件进行检测。

（3）介质状况鉴定。在有关设备上演示或检测，确认磁带清洁、光滑、无皱折、无划伤、运转正常。

三、鉴定程序

电子文件的鉴定工作分三步进行：

第一步是在归档之前选择确定归档文件，并划分保管期限。

第二步是当组织档案室接收归档文件时进行一次包括内容鉴定和技术鉴定在内的全面鉴定。

第三步是再鉴定，非永久保存档案由组织档案室在文件保管期满时进行再鉴定，将确实无保存价值的删除销毁。存储在磁带和光盘上的文件一般在定期复制时进行再鉴定；永久档案由档案馆接收档案时进行再鉴定，将确有永久保存价值的接收进馆。电子文件的销毁也应当建立严格的审批制度，销毁方法是在计算机上删除该文件，为了防止误操作，应先建立备份，待审查确定销毁无误后，再将备份删除。

强化训练

训练 1

请对本市中小企业电子档案管理情况进行调查和分析，找出本市中小企业电子档案管理的成功经验和存在的问题，并写一份调查报告。

训练 2

鼎盛公司办公室根据文档管理的需要，添置了一套文档一体化管理软件，实现了文档管理现代化。档案管理员王昊在做好纸质档案管理的同时，也认真做好电子档案的日常管理。

请模拟演练电子档案管理的过程。

第十章

特殊载体档案的管理

任务一　录音、录像档案的管理

任务引入

鼎盛公司去年活动频繁，先是公司成立十周年庆典，接着是大型展示会，然后又是新闻发布会、客户联谊会等。王昊保存了这些活动大量的录音、录像资料。到了归档时间，王昊将去年所有的录音、录像资料收集起来，开始进行整理归档。

任务分析

公司企业在运行过程中必然会产生大量的录音、录像资料。因此，秘书人员应该熟练掌握录音、录像档案的归档要求和整理步骤，才能做好录音、录像资料的归档。

相关知识

录音、录像档案大多是采用磁性载体（如计算机磁带、软磁带、录像带、录音带）来保留声音和图像的，所以又称为磁记录档案。磁记录档案是指国家机构、社会组织和个人在社会活动及科学实践中直接形成的有保存价值的、以磁介质为信息载体的一种特殊载体的专门档案。磁记录档案包括录音磁带、录像磁带、计算机磁盘、硬磁盘、软磁盘等；其记录方式又可分为模拟记录和数字记录，模拟记录是利用磁记录技术直接将原始信息转换成磁信号记录在磁载体上，数字记录则首先将原始信息转换成数字，如计算机编码，再将数字信号记录在磁载体上。

录音、录像档案目前有两种形式：一种是利用录音机和录像机在磁带上记录单位或个人现场工作活动情况所形成的档案；它在形成以后，需要利用音像视听设备才能收听和观看。另一种是采用数码录音、摄像技术来拍摄单位或个人工作活动情况，成像于磁盘上的数字化信息；它属于电子文件，需借助于计算机设备才能收听和阅览。录音、录像档案分为纪实性和制作性两种类型。纪实性录音、录像档案指在本组织工作活动过程中录制的材料。制作性录音、录像档案指经过策划、录制、编辑而有目的地制作的作品。

录音、录像档案的特点是可以再现当事人讲话、现场的各种声音以及动态的历史活动景象，具有很强的现场感，生动、直观，因此，它是人们了解真实的历史面貌、证明历史事实的可靠凭据。

一、录音、录像档案的归档

录音、录像档案形成部门负责对需要归档的录音、录像档案进行整理、编辑，根据本单位情况，待项目结束后将磁性载体文件按照 GB/T1989—1980、GB/T7574—1987 和 GB9416.1—88 转换成标准格式，一式两份（A、B 盘），及时向档案部门移交归档。归档的要求主要有：

（1）纪实性录音、录像档案应按照归档范围的要求，将反映本组织工作活动、具有查考利用价值的材料随时接收归档，由档案室统一保管。为此，要向有关人员说明录音、录像档案收集工作的要求和目的，使其在完成录制任务后，及时将有关的音像资料移交档案室进行审查、鉴定和归档。

（2）归档的录音、录像档案必须是可读文件。必须在有关的设备上演示或检测，应运转正常、无病毒、清洁、无划伤，确保文件的完整性和内容的准确性。

（3）归档使用的录音（像）带、软磁盘的性能质量，应分别符合 GB7309—87、GB9416.1—88、GB/T14306—93 的规定。

（4）同一项目同一类别的录音、录像档案应存储在同种磁性载体上。应将录音、录像档案目录清单与录音、录像档案一同归档。归档的录音、录像档案应由形成部门编制归档说明。

（5）制作录音、录像档案的有关广播电台、电视台，以及记者、编辑等采编人员，应将采访录制、编辑加工的各种音像资料进行登记，填写送审表，并送交有关领导审定。送审表的项目包括节目来源、内容、录音或录像地点、原录日期、复制日期、录音或录像效果、机速、播放时间等；只有经过审批后的材料才能归档。与音像材料有关的文字材料应与其同时归档。

（6）在接收录音、录像档案时，需要进行验收，其目的是检查音像材料的质量。验收的程序和内容是核对录音、录像登记表，检查登记簿的各项内容是否填写完整清楚，手续是否完备；随后，根据登记簿的内容听音或观看，核对录音、录像档案内容的技术状况。为此，单位的档案部门应备有视听设备，以便对录音、录像档案进行技术性能的检查。

二、录音、录像档案的整理

（一）及时写好文字说明

日常工作中，随着录音、录像档案的形成，应及时写好文字说明。对于录音和录像带，须详细登记所录的内容，以及录制单位、录制人、录制时间、机器型号、磁带代码、技术规格等。可将说明文字登记在表格或卡片上，放入磁带盒或套内。在盒（套）的外面应加贴标签，注明讲话人姓名、题目、开始语、结束语、共用时间、录制日期、编号、带长等，以方便利用。登记时应注意以下几点：

（1）磁带（软磁盘）需简要说明带（盘）中存贮文件的内容、运行的软硬件环境、版本号、文件的完整性和准确性等。

（2）录像片需简要说明该片的内容、制式、语别、密级、规格和放映时间。同时，还应归档一套可供借阅的备份录像片。

（3）录音带需简要说明讲话内容、讲话人姓名、职务、录制日期、密级等。

（二）分类、编目和编号

作为一种特殊载体的专门档案，录音、录像档案在保管条件、环境以及保管单位上与纸质档案有差别，但在档案的分类、编目和编号方面应符合档案管理的一般规律。

（1）录音、录像档案作为一种专门档案，应作为立档单位的一种档案门类单独分类、编目、存放。

（2）录音、录像档案应按种类、年度和专题进行分类，以盒、带、盘等自然单位为档案基本保管单位（相当于卷），自然单位内的信息按信息单元分别排列。

（3）录音、录像档案应按分类的顺序分别编制案卷目录（见表10－1）。录音、录像档案案卷目录与文书档案的案卷目录基本相同，其中“信息量”是指录音、录像档案的自然单位内信息单元所占的时间（以时、分、秒为计量单位）或空间（以字节为计量单位）。

表10－1　　　　录音、录像档案案卷目录格式

案卷号		题名	年度	信息量	期限	备注
档案室编	档案馆编					

（4）磁性载体档案的目录号应与其他门类档案的目录号混编；盒、盘、带号（一个自然单位一个号）就是案卷号，应按录音、录像档案的分类排列的顺序编号；一个自然单位内所存储的信息按信息单元排列顺序编顺序号（相当于件号）。

（5）归档的录音、录像档案必须贴上标签。

磁带（软磁盘）套、盒上需标注带（盘）编号、档号、软件名称、版本号、文件数、密级、编制人、编制日期等标识。

录像带盒上需标注带编号、档号、片名、放映时间、摄制单位、摄制日期、规格、制式、语别、密级等标识。

录音带盒上需标注带编号、档号、讲话人姓名和职务、主要内容和录制日期、密级、讲话时间等。

三、录音、录像档案的鉴定

录音、录像档案的鉴定可以从四个方面来进行。

（一）判断收集到的声像制品是否属于声像档案

声像制品目前数量繁多，内容复杂，如不加强认真鉴定，难免鱼目混珠。只有那些反映历史真实面貌、具有长久保存利用价值、能为今后工作提供参考和凭证的声像制品才能作为档案保存，而一些以商业目的出版发行、单纯的艺术欣赏或宣传教育方面的声像制品以及与本组织主要职能活动无关的录音录像材料则不能作为档案保存。

（二）是否是声像制品的母带

母带是指最初录制的录音、录像带。母带的真实性、可靠性及声像质量要强于复制磁带，失真度也较小，所以档案部门一般应该保存母带，而在利用时尽量使用复制带。

（三）声像载体是否符合保存要求

声像档案要想长久地保存和利用，载体质量是关键因素，所以在收集时一定要保证收到的声像档案载体符合有关的质量标准，能够达到长久保存的要求。

（四）相关的文字说明是否齐全完整

录音、录像档案需要一定的文字说明，否则不仅会给档案管理工作带来很多麻烦，而且会影响声像档案利用工作的开展。如在收集过程中没有相应的文字说明，一定要请相关当事人及时撰写，以免今后无从考证。

强化训练

鼎盛公司去年先后组织了公司成立十周年庆典、大型展示会、新闻发布会、客户联谊会等多项活动。王昊保存了有关这些活动的大量录音、录像资料，并在归档时间内对这些录音、录像资料进行收集、整理归档。

请模拟演练鼎盛公司客户联谊会的过程，并全程录音、录像，然后对这些录音、录像文件进行整理归档。

任务二　照片档案的整理和鉴定

任务引入

鼎盛公司去年活动频繁，先是公司成立十周年庆典，接着是大型展示会，然后又是新闻发布会、客户联谊会等。王昊保存了有关这些活动大量的照片资料。到了归档时间，王昊将去年所有的照片资料收集起来，开始进行整理归档。

任务分析

公司企业在运行过程中必然会产生大量的照片资料。因此，秘书人员应该熟练掌握照片档案的归档要求和整理步骤，才能做好照片资料的归档。

相关知识

根据我国《照片档案管理规范》（GB/T 11821—2002）的规定，照片档案（Photographic Archives）是指："国家机构、社会组织或个人在社会活动中直接形成的以静止摄影影像为主要反映方式的有保存价值的历史记录。"

在摄影技术普及的今天，照片档案作为人类记录历史、传递信息、交流情感的重要工具，在人类社会生活中所起的作用越来越明显，已经成为档案宝库中一个重要的组成部分，在社会生活的各个领域中都起着举足轻重的作用。为了让照片档案信息资源更好地服务于社会主义现代化建设，国家技术监督局 2002 年批准颁布了《照片档案管理规范》，对照片档案的各项工作作出了具体的规定。

照片是运用摄影技术记录人们工作活动情况所形成的图片，目前分为传统照片和新型照片。传统照片是将被拍摄物体成像于感光材料上获得的图像；新型照片则是运用计算机与数码影像技术拍摄物体获得的图像，属于电子文件。在体裁上，照片档案分为新闻照片档案、单位活动现场照片档案、自然现象照片档案、艺术照片档案等。按色彩划分为黑白照片、单色照片、着色照片、彩色照片等；按感光形式划分为普通日光片、X 光片、超声波片、正片、负片、反转片等；按片基材料划分为普通相纸片、聚酯片、醋酸片、玻璃片等。一般组织的照片档案主要是普通日光型的常规照片，包括相（纸）片、底片、反转片等。

照片档案通过静态的形象记录活动现场的情况，保留了真切的历史画面，具有能够直观、鲜明、生动地再现历史场景的特点，在帮助人们掌握事实真相、了解历史面貌、提供法律证据等方面具有独特的作用。因此，照片档案是组织和个人记录历史活动情况的一种重要方式，在形式和内容上也成为纸质档案的一种重要的补充。

一、照片档案的构成

照片档案主要由底片、照片和文字说明三部分所构成。

（一）底片

底片是照片档案最原始的材料和最重点的部分，分为原始底片和翻版底片。原始底片是照片在形成过程中最初产生的底片，为防止磨损一般不外借；翻版底片是原始底片的复制品，又称复制底片，其作用是保护原版底片，用于外借或补充原始底片的缺损。

（二）照片

照片是通过底片洗印而成的图片，它直接再现被拍摄物体的形象，是人们利用照片档案的主体。

（三）文字说明

文字说明是对照片的事由、时间、地点、人物、背景、摄影者等情况的简短介绍性文字，对于档案管理人员和利用者解读照片档案的内容具有重要的作用。因此，照片档案必须编写文字说明，两者相辅相成，是不可分割的整体。

二、照片档案的整理

按照《照片档案管理规范》的要求，照片档案的整理应遵循有利于保持照片档案的有机联系、有利于保管、有利于提供利用的原则。照片档案的底片、照片应分开，各自单独整理和存放，照片和说明文字应一同整理和存放。

（一）底片的整理

1. 底片的编号

底片号是固定和反映底片在全宗内排列顺序的一组字符代码，由全宗号、保管期限代码、张号组成。其格式为：全宗号—保管期限代码—张号。

（1）全宗号：档案馆给立档单位编制的代号。

（2）保管期限代码：分别用“1、2、3”或“Y、C、D”对应代表永久、长期、短期。

（3）张号：在某一全宗某一保管期限内底片的排列从“1”开始的顺序编号。

2. 底片号的登录

底片号的登录宜使用铁笔将底片号横排刻写在胶片乳剂面片边处（刻写不下时，前段可不写），不得影响画面；也可采用其他方式将底片号附着在胶片乳剂面片边处，不得污染胶片。底片号登录顺序应与照片号登录顺序保持一致。

3. 底片袋的标注

底片放入底片袋内保管，一张一袋。应在底片袋的右上方标明底片号。对翻拍底片，应在底片袋的左上方标明“F”字样。对拷贝底片，应在底片袋的左上方标明“K”字样。

4. 底片的入册

底片册一般由 297mm×210mm 大小的若干芯页和封面、封底组成。应按底片号顺序将底片袋依次插入底片册。芯页的插袋上应标明相同的底片号。

对幅面超过底片册芯页尺寸的大幅底片，应在乳剂面垫衬柔软的中性偏碱性纸张后，放入专用的档案袋或档案盒中，按底片号顺序排列。

5. 册内备考表

册内备考表项目包括：本册情况说明、立册人、检查人、立册时间。册内备考表应放在册内最后位置。本册情况说明主要填写册内底片缺损、补充、移出、销毁等情况。对底片册立册以后发生或发现的问题，应由有关的档案管理人员填写说明，并签名、标注时间。

6. 底片册的封面和册脊

底片册的封面应印制“底片册”字样。底片册册脊的项目包括：全宗号、保管期限、起止张号、册号。

7. 底片册的排列

底片册按照全宗号、保管期限、册号的顺序排列，上架保存。

（二）照片的整理

1. 照片的分类

照片一般是以全宗为单位，按保管期限—年度—问题进行分类的。跨年度且不可分的照片，也可按保管期限—问题—年度进行分类。分类方案应保持前后一致，不应随意变动。有时也可以与相关的文书档案的分类方法一致。如果组织的照片档案数量较多，还可以从摄影的目的、记载的内容和表现形式等出发将照片分为记录性照片和艺术性照片。

2. 照片的排列

应在分类方案的最低一级类目内，按问题结合时间、重要程度等进行排列。为便于提供利用，照片排列及入册时应同时考虑不同保密等级照片的定位。

3. 照片的编号

照片号是固定和反映每张照片在全宗内分类与排列顺序的一组字符代码，由全宗号、保管期限代码、册号、张号或全宗号、保管期限代码、张号组成。照片号有两种格式，格式一：全宗号—保管期限代码—册号—张号；格式二：全宗号—保管期限代码—张号。若采用格式二，可选用照片、底片分别编号法或合一编号法（影像相符的照片、底片编号相同）。选用合一编号法宜以照片、底片齐全为基础。

（1）全宗号：档案馆给立档单位编制的代号。

（2）保管期限代码：分别用“1、2、3”或“Y、C、D”对应代表永久、长期、短期。

（3）册号：在某一全宗某一保管期限内照片册的排列从“1”开始的顺序编号。

（4）张号：格式一中的张号是指照片在册内的排列从“1”开始的顺序编号。格式二中的张号是指在某一全宗某一保管期限内照片的排列从“1”开始的顺序编号。

4. 照片的入册

照片册一般由297mm×210mm大小的若干芯页和封面、封底组成。芯页以30页左右为宜，有活页式和定页式两种。应按照分类、排列顺序即照片号顺序将照片固定在芯页上，组成照片册。

对于照片册放置不下的大幅照片，可将其放入专用的档案袋或档案盒中，按照片号顺序排列。如竖直放置，应首先将照片固定在专用的纸板上，再放袋、盒中；如水平放置，照片的堆放高度不宜超过5cm。以竖直放置为宜。

5. 照片说明的填写

（1）单张照片的说明。

应采用横写格式，分段书写，其格式如下。

题名：

照片号：

底片号：

参见号：

时间：

摄影者：

文字说明：

题名应简明概括、准确反映照片的基本内容，人物、时间、地点、事由等要素尽可能齐全。若采用照片、底片合一编号法，可不填写底片号。参见号是指与本张照片有密切联系的其他载体档案的档号。其格式为：（相关档案种类）档号（注：括号内为选择性著录内容）。例如：文书档案 0113—2—18，科技档案 G—J—21。照片档案由档案室移交至档案馆后，应对其参见号进行核对，对与实况不符的应及时调整。照片的拍摄时间用 8 位阿拉伯数字表示，第 1～4 位表示年，第 5～6 位表示月，第 7～8 位表示日。如 2007 年 6 月 16 日写作 20070616。摄影者一般填写个人，必要时可加写单位。文字说明应综合运用事由、时间、地点、人物、背景、摄影者等要素，概括揭示照片影像所反映的全部信息；或仅对题名未及内容作出补充。其他需要说明的事项亦可在此栏表述，例如照片归属权不属于本组织的，应注明照片版权、来源等。

照片的密级应按 GB/T 7156—2003 所规定的字符在照片周围选一固定空白处标明，使用印章亦可。

单张照片的说明，可根据照片固定的位置，在照片的右侧、左侧或正下方书写。

（2）大幅照片的说明。

对大幅照片的说明可另纸书写，与照片一同保存。一组联系密切的照片中的大幅照片，应随该组照片一同在册内编号，填写单张照片说明，并注明其存放地址。

（3）组合照片的说明。

一组（若干张）联系密切的照片按顺序排列后，可拟写组合照片说明。采用组合照片说明的照片，其单张照片说明可以从简。组合照片说明应概括揭示该组照片所反映的全部信息内容及其他需要说明的事项，应在组合照片说明中指出所含照片的起止张号和数量。同组中的每一张照片均应在单张照片说明的左上角或右上角标出组联符号。组联符号按组依次采用“①”“②”“③”……同组中的照片其组联符号相同。如册内只有一组照片和其他散片时，组联符号采用“①”。组联符号不宜越册。

整理照片时因保管期限或密级的不同，有些同组的照片可能会被分散到不同的照片册内，应在组合照片说明中指出这些密切相关照片的保管期限、册号和组号，如“相关照片 长期—4—⑥”。保管期限亦可采用“2”或“C”表示。

组合照片说明可放在本组第一张照片的上方，也可放在本册所有照片之前。

6. 册内备考表

同底片的册内备考表一样，其项目包括：本册情况说明、立册人、检查人、立册时间。册内备考表应放在册内最后位置。本册情况说明主要填写册内照片缺损、补充、移出、销毁等情况。对照片册立册以后发生或发现的问题，应由有关的档案管理人员填写说明，并签名、标注时间。

7. 照片册的封面和册脊

照片册的封面应印制“照片册”字样。照片册册脊的项目包括：全宗号、保管期限、册号、起止张号。

8. 照片册的排列

照片册按照全宗号、保管期限、册号的顺序排列，上架保存。

三、照片档案的鉴定

对于形成时间较为久远的照片档案，为了准确判定其内容、背景、人物、事件以及可靠性等，我们需要对其进行考证鉴别工作。考证鉴别的主要途径和方法有：通过文字档案和史料考证鉴别、通过调查走访考证鉴别、实地考察鉴别、照片之间进行比较鉴别等。

照片档案价值的鉴定，应遵循档案价值鉴定的原则和要求，参照照片形成的年代、内容、技术质量等因素来判定。

照片档案的保管期限是按照片、底片的价值划定的存留年限，分为永久、长期、短期三种。对照片、底片保管期限的划分按照《国家档案局关于机关档案保管期限的规定》执行。一般划为永久或长期保存比较合适。如果某些照片的内容与本组织、本地区的工作没有直接的关系，只是用于学习、宣传、交流情况，则作为资料保存。

照片档案的密级是指照片、底片保密程度的等级。密级的划定按照《中华人民共和国保守国家秘密法》、《中华人民共和国保守国家秘密法实施办法》、《文献保密等级与标识》（GB/T 7156—2003）及有关规定执行。

阅读材料

选择存储载体

电子文件归档时要确定存储载体。根据不同载体电子文件的特点，在电子文件形成、积累时可以选择软磁盘、磁带或大容量的可擦写光盘等作为电子文件载体。这样，既经济，又方便电子文件的利用和暂时保存。其要求是：存储容量大；性能稳定、易长期保存；方便检索、使用；标准化程度高。

国家标准推荐使用的电子文件载体为光盘、磁带、硬盘等，软磁盘禁止作为档案的存储载体。光盘与其他载体相比，具有如下特点：

（1）记录密度高、信息存储量大。

（2）寿命长。光盘的信息读写采用的是非接触方式，在使用中不损坏载体介质，使之寿命延长。

（3）数据传输率高，存取速度快。

（4）表面有保护层，易保存。

根据这些特点，目前使用光盘作为电子文件的载体更具有优越性。但是，在具体工作中，还要根据实际情况进行选择。如对于由计算机辅助设计（CAD）和多媒体系统制成的电子文件，可存储在一次写入式光盘上。对于办公自动化（OA）产生的电子文件，可选择一次写入式光盘。对于需要永久保存的特别珍贵的电子档案，如建筑图纸、重要文献资料、有法律效力的凭证文件等，则应转到纸张或缩微品上。

光盘刻录

1. 刻录准备

在计算机硬盘上，专门设置一个用于刻录电子文件的子目录，将全部通过审查鉴定带有归档标识的电子文件复制到该目录内。OA 类电子文件一般一年一张盘；CAD 类电子文件则按项目进行集中，一个项目的文件不能分散在不同的光盘上刻录，而应集中在一张盘内，容量不足时可用两张、三张。

2. 光盘刻录

用光盘存储电子文件，先要在硬盘的子目录下，建立由说明文件、类目录、著录文件和电子文件子目录等光盘的根目录，及其相应子目录组成的树形结构。

(1) 说明文件。用于存放此张光盘的各种信息，内容包括光盘参数（如光盘容量、光盘类型等）、光盘编号（为保管而编的顺序号）、保管及制作单位、阅读光盘所需的软硬件环境（如光盘驱动器型号、计算机配置、软件操作系统及版本、显示电子文件的软件等），及其他有助于说明光盘的信息。

(2) 类目录。一张光盘只有一个类目表文件，用于存放有关档案分类的信息，按照本组织档案分类方案，依次输入。一个类目为条记录，包括类目的级别、类目号、类目名称及上位类目号等项目，占分类表的一行。

(3) 著录文件。用于存放有关档案的著录信息。一行记录一条电子文件的著录信息，包括该文件所属类目号、档号、电子文件名、文件类型、文件份数等项目，使类目表的类目与著录文件的各记录建立关联关系，并通过电子文件名可以找到该记录所对应的电子文件。

(4) 电子文件子目录。用于存放应归档的各种类型的电子文件，并通过著录文件中的电子文件名建立相互关联。

(5) 其他文件子目录。各种需要存入光盘的文件，都可以作为其他文件存入该目录下，一般是帮助显示浏览光盘中电子文件的辅助性文件，如解码程序、解压缩程序、图形（或图像）文件的存取和显示软件等。如果此光盘中仅存放 OA 系统生成的电子文件，而且是通过文字处理软件形成的，则无须存放命令（程序）文件。在这种情况下，此目录就是空目录。

在硬盘子目录下，将准备刻录到光盘上的各种电子数据打包，生成说明文件、类目录、著录文件、电子文件子目录和其他文件目录，并将电子文件和其他辅助文件拷贝到相应的子目录中；而后，就可以运行光盘刻录软件，借助软件向导进行光盘刻录。

3. 光盘浏览

运行光盘浏览软件，检查刻制的光盘是否符合标准，内容信息是否齐全有效。

文档一体化

文档一体化就是从文书和档案工作全局出发，实现从文件生成制发到归档管理的全过程控制。文档一体化事实上是行政信息管理一体化。实行文书处理和档案管理一体化，是党政机关、企事业单位基础管理工作的一项改革措施，也是文书档案工作自身发展的必然趋势，对于减少工作环节，提高管理水平和档案资源利用效率具有重要的意义。

1. 使档案收集完整、系统、便捷、准确、安全

采用文档一体化之前，文书与档案之间缺乏统筹规划、互相衔接和利用，数据要辗转多次输入，这使得工作人员要进行大量的重复劳动，不可能提高工作效率。采用一体化模式，特别是使用文档一体化计算机管理系统可以轻而易举地做到一次输入，多次输出，并在从公文产生到运转的每个环节特别是在公文向档案转化的关键环节中体现出档案工作的要求。采用文档一体化管理模式，可以使档案收集更加完整、系统、便捷、准确、安全。

2. 文档前端控制

文档一体化系统一个重要特点就是将档案处理工作的要求贯穿到公文处理之中，这就是所谓的超前控制。虽然文书与档案工作有其各自的特点，但由于二者所具有的转化关系使得我们必须从系统的观点，即一体化的观点来对待它们。文书与档案的密切联系决定了文书工作与档案工作之间存在着紧密联系，文书工作是档案工作的前提和基础，档案工作是文书工作的延伸和发展，文书工作和档案工作是同处于统一体的系统工程。

3. 信息检索效率提高

由于文档一体化的实现，使得从文件到档案的转变成为一个连贯统一的过程。档案保持了文件本身在工作过程中所具有的必然联系，保留了文件之间完整、清晰的相互关系。这对于提高档案检索的查全率和查准率有着极为重要的意义。

组织内部文档一体化是将文件、档案工作有联系的内容进行配合、交融，精简不必要的环节，实现文件登记与档案著录同步同卡。它与传统模式的主要区别在于把文件的“归档关口”提前，使之与文件的收发文登记统一进行，同时还进行分类立卷和著录标引工作，简称为“三位一体”。具体操作方法如下：第一，在文件登记时，按全宗内档案实体分类方案为文件进行分类；第二，鉴定文件价值，将其区分为永久、定期和不归档三级；第三，在已经分类和鉴定价值的基础上为文件立卷；第四，为文件标引档号、分类号、主题词等；第五，将文件主要特征著录在案卷封面上。

这样，文书处理完毕，立卷、著录工作也同时完成。这种“三位一体”的模式采用一文一卷的小卷方法，文件办毕即归档，使一个组织的文件、档案管理真正从组织制度和具体操作程序上由原来的相互独立、雷同走向相互交融、统筹安排。

强化训练

训练 1

鼎盛公司去年先后组织了公司成立十周年庆典、大型展示会、新闻发布会、客户联谊会等多项活动。王昊保存了有关这些活动的大量照片资料，并在归档时间内对这些照片进行收集、整理归档。

请模拟演练鼎盛公司新闻发布会的过程，并全程照相，然后对这些照片进行整理归档。

训练 2

收集你和你家人的所有照片，对这些照片进行整理归档。

附录一

中华人民共和国档案法

（1987年9月5日第六届全国人民代表大会常务委员会第二十二次会议通过，根据1996年7月5日第八届全国人民代表大会常务委员会第二十次会议《关于修改〈中华人民共和国档案法〉的决定》第一次修正，根据2016年11月7日第十二届全国人民代表大会常务委员会第二十四次会议《关于修改〈中华人民共和国对外贸易法〉等十二部法律的决定》第二次修正）

第一章　总则

第一条　为了加强对档案的管理和收集、整理工作，有效地保护和利用档案，为社会主义现代化建设服务，制定本法。

第二条　本法所称的档案，是指过去和现在的国家机构、社会组织以及个人从事政治、军事、经济、科学、技术、文化、宗教等活动直接形成的对国家和社会有保存价值的各种文字、图表、声像等不同形式的历史记录。

第三条　一切国家机关、武装力量、政党、社会团体、企业事业单位和公民都有保护档案的义务。

第四条　各级人民政府应当加强对档案工作的领导，把档案事业的建设列入国民经济和社会发展计划。

第五条　档案工作实行统一领导、分级管理的原则，维护档案完整与安全，便于社会各方面的利用。

第二章　档案机构及其职责

第六条　国家档案行政管理部门主管全国档案事业，对全国的档案事业实行统筹规划，组织协调，统一制度，监督和指导。

县级以上地方各级人民政府的档案行政管理部门主管本行政区域内的档案事业，并对本行政区域内机关、团体、企业事业单位和其他组织的档案工作实行监督和指导。

乡、民族乡、镇人民政府应当指定人员负责保管本机关的档案，并对所属单位的档案工作实行监督和指导。

第七条　机关、团体、企业事业单位和其他组织的档案机构或者档案工作人员，负责保管本单位的档案，并对所属机构的档案工作实行监督和指导。

第八条　中央和县级以上地方各级各类档案馆，是集中管理档案的文化事业机构，负责接收、收集、整理、保管和提供利用各分管范围内的档案。

第九条　档案工作人员应当忠于职守，遵守纪律，具备专业知识。

在档案的收集、整理、保护和提供利用等方面成绩显著的单位或者个人，由各级人民政府给予奖励。

第三章　档案的管理

第十条　对国家规定的应当立卷归档的材料，必须按照规定，定期向本单位档案机构或者档案工作人员移交，集中管理，任何个人不得据为己有。

国家规定不得归档的材料，禁止擅自归档。

第十一条　机关、团体、企业事业单位和其他组织必须按照国家规定，定期向档案馆移交档案。

第十二条　博物馆、图书馆、纪念馆等单位保存的文物、图书资料同时是档案的，可以按照法律和行政法规的规定，由上述单位自行管理。

档案馆与上述单位应当在档案的利用方面互相协作。

第十三条　各级各类档案馆，机关、团体、企业事业单位和其他组织的档案机构，应当建立科学的管理制度，便于对档案的利用；配置必要的设施，确保档案的安全；采用先进技术，实现档案管理的现代化。

第十四条　保密档案的管理和利用，密级的变更和解密，必须按照国家有关保密的法律和行政法规的规定办理。

第十五条　鉴定档案保存价值的原则、保管期限的标准以及销毁档案的程序和办法，由国家档案行政管理部门制定。禁止擅自销毁档案。

第十六条　集体所有的和个人所有的对国家和社会具有保存价值的或者应当保密的档案，档案所有者应当妥善保管。对于保管条件恶劣或者其他原因被认为可能导致档案严重损毁和不安全的，国家档案行政管理部门有权采取代为保管等确保档案完整和安全的措施；必要时，可以收购或者征购。

前款所列档案，档案所有者可以向国家档案馆寄存或者出卖。严禁卖给、赠送给外国人或者外国组织。

向国家捐赠档案的，档案馆应当予以奖励。

第十七条　禁止出卖属于国家所有的档案。

国有企业事业单位资产转让时，转让有关档案的具体办法由国家档案行政管理部门制定。

档案复制件的交换、转让和出卖，按照国家规定办理。

第十八条　属于国家所有的档案和本法第十六条规定的档案以及这些档案的复制件，禁止私自携运出境。

第四章　档案的利用和公布

第十九条　国家档案馆保管的档案，一般应当自形成之日起满三十年向社会开放。经济、科学、技术、文化等类档案向社会开放的期限，可以少于三十年，涉及国家安全或者重大利益以及其他到期不宜开放的档案向社会开放的期限，可以多于三十年，具体期限由国家档案行政管理部门制订，报国务院批准施行。

档案馆应当定期公布开放档案的目录，并为档案的利用创造条件，简化手续，提供方便。

中华人民共和国公民和组织持有合法证明，可以利用已经开放的档案。

第二十条 机关、团体、企业事业单位和其他组织以及公民根据经济建设、国防建设、教学科研和其他各项工作的需要，可以按照有关规定，利用档案馆未开放的档案以及有关机关、团体、企业事业单位和其他组织保存的档案。

利用未开放档案的办法，由国家档案行政管理部门和有关主管部门规定。

第二十一条 向档案馆移交、捐赠、寄存档案的单位和个人，对其档案享有优先利用权，并可对其档案中不宜向社会开放的部分提出限制利用的意见，档案馆应当维护他们的合法权益。

第二十二条 属于国家所有的档案，由国家授权的档案馆或者有关机关公布；未经档案馆或者有关机关同意，任何组织和个人无权公布。

集体所有的和个人所有的档案，档案的所有者有权公布，但必须遵守国家有关规定，不得损害国家安全和利益，不得侵犯他人的合法权益。

第二十三条 各级各类档案馆应当配备研究人员，加强对档案的研究整理，有计划地组织编辑出版档案材料，在不同范围内发行。

第五章 法律责任

第二十四条 下列行为之一的，由县级以上人民政府档案行政管理部门、有关主管部门对直接负责的主管人员或者其他直接责任人员依法给予行政处分；构成犯罪的，依法追究刑事责任：

（一）损毁、丢失属于国家所有的档案的；

（二）擅自提供、抄录、公布、销毁属于国家所有的档案的；

（三）涂改、伪造档案的；

（四）违反本法第十七条规定，擅自出卖或者转让属于国家所有的档案的；

（五）将档案卖给、赠送给外国人或者外国组织的；

（六）违反本法第十条、第十一条规定，不按规定归档或者不按期移交档案的；

（七）明知所保存的档案面临危险而不采取措施，造成档案损失的；

（八）档案工作人员玩忽职守，造成档案损失的。

在利用档案馆的档案中，有前款第一项、第二项、第三项违法行为的，由县级以上人民政府档案行政管理部门给予警告，可以并处罚款；造成损失的，责令赔偿损失。

企业事业组织或者个人有第一款第四项、第五项违法行为的，由县级以上人民政府档案行政管理部门给予警告，可以并处罚款；有违法所得的，没收违法所得；并可以依照本法第十六条的规定征购所出卖或者赠送的档案。

第二十五条 携运禁止出境的档案或者其复制件出境的，由海关予以没收，可以并处罚款；并将没收的档案或者其复制件移交档案行政管理部门；构成犯罪的，依法追究刑事责任。

第六章　附则

第二十六条　本法实施办法，由国家档案行政管理部门制定，报国务院批准后施行。

第二十七条　本法自 1988 年 1 月 1 日起施行。

附录二

中华人民共和国档案法实施办法

(1990 年 10 月 24 日国务院批准，1990 年 11 月 19 日国家档案局第 1 号令发布，1999 年 5 月 5 日国务院批准修订，1999 年 6 月 7 日国家档案局第 5 号令重新发布，根据 2017 年 3 月 1 日国务院第 676 号令修订)

第一章　总则

第一条　根据《中华人民共和国档案法》（以下简称《档案法》）的规定，制定本办法。

第二条　《档案法》第二条所称对国家和社会有保存价值的档案，属于国家所有的，由国家档案局会同国家有关部门确定具体范围；属于集体所有、个人所有以及其他不属于国家所有的，由省、自治区、直辖市人民政府档案行政管理部门征得国家档案局同意后确定具体范围。

第三条　各级国家档案馆馆藏的永久保管档案分一、二、三级管理，分级的具体标准和管理办法由国家档案局制定。

第四条　国务院各部门经国家档案局同意，省、自治区、直辖市人民政府各部门经本级人民政府档案行政管理部门同意，可以制定本系统专业档案的具体管理制度和办法。

第五条　县级以上各级人民政府应当加强对档案工作的领导，把档案事业建设列入本级国民经济和社会发展计划，建立、健全档案机构，确定必要的人员编制，统筹安排发展档案事业所需经费。

机关、团体、企业事业单位和其他组织应当加强对本单位档案工作的领导，保障档案工作依法开展。

第六条　有下列事迹之一的，由人民政府、档案行政管理部门或者本单位给予奖励：

（一）对档案的收集、整理、提供利用做出显著成绩的；

（二）对档案的保护和现代化管理做出显著成绩的；

（三）对档案学研究做出重要贡献的；

（四）将重要的或者珍贵的档案捐赠给国家的；

（五）同违反档案法律、法规的行为作斗争，表现突出的。

第二章　档案机构及其职责

第七条　国家档案局依照《档案法》第六条第一款的规定，履行下列职责：

（一）根据有关法律、行政法规和国家有关方针政策，研究、制定档案工作规章制度和具体方针政策；

（二）组织协调全国档案事业的发展，制定发展档案事业的综合规划和专项计划，并组织实施；

（三）对有关法律、法规和国家有关方针政策的实施情况进行监督检查，依法查处档案违法行为；

（四）对中央和国家机关各部门、国务院直属企业事业单位以及依照国家有关规定不属于登记范围的全国性社会团体的档案工作，中央级国家档案馆的工作，以及省、自治区、直辖市人民政府档案行政管理部门的工作，实施监督、指导；

（五）组织、指导档案理论与科学技术研究、档案宣传与档案教育、档案工作人员培训；

（六）组织、开展档案工作的国际交流活动。

第八条　县级以上地方各级人民政府档案行政管理部门依照《档案法》第六条第二款的规定，履行下列职责：

（一）贯彻执行有关法律、法规和国家有关方针政策；

（二）制定本行政区域内的档案事业发展计划和档案工作规章制度，并组织实施；

（三）监督、指导本行政区域内的档案工作，依法查处档案违法行为；

（四）组织、指导本行政区域内档案理论与科学技术研究、档案宣传与档案教育、档案工作人员培训。

第九条　机关、团体、企业事业单位和其他组织的档案机构依照《档案法》第七条的规定，履行下列职责：

（一）贯彻执行有关法律、法规和国家有关方针政策，建立、健全本单位的档案工作规章制度；

（二）指导本单位文件、资料的形成、积累和归档工作；

（三）统一管理本单位的档案，并按照规定向有关档案馆移交档案；

（四）监督、指导所属机构的档案工作。

第十条　中央和地方各级国家档案馆，是集中保存、管理档案的文化事业机构，依照《档案法》第八条的规定，承担下列工作任务：

（一）收集和接收本馆保管范围内对国家和社会有保存价值的档案；

（二）对所保存的档案严格按照规定整理和保管；

（三）采取各种形式开发档案资源，为社会利用档案资源提供服务。

按照国家有关规定，经批准成立的其他各类档案馆，根据需要，可以承担前款规定的工作任务。

第十一条　全国档案馆的设置原则和布局方案，由国家档案局制定，报国务院批准后实施。

第三章　档案的管理

第十二条　按照国家档案局关于文件材料归档的规定，应当立卷归档的材料由单位的文书或者业务机构收集齐全，并进行整理、立卷，定期交本单位档案机构或者档案工作人员集中管理；任何人都不得据为己有或者拒绝归档。

第十三条　机关、团体、企业事业单位和其他组织，应当按照国家档案局关于档案移交的规定，定期向有关的国家档案馆移交档案。

属于中央级和省级、设区的市级国家档案馆接收范围的档案，立档单位应当自档案形成之日起满 20 年即向有关的国家档案馆移交；属于县级国家档案馆接收范围的档案，立档单位应当自档案形成之日起满 10 年即向有关的县级国家档案馆移交。

经同级档案行政管理部门检查和同意，专业性较强或者需要保密的档案，可以延长向有关档案馆移交的期限；已撤销单位的档案或者由于保管条件恶劣可能导致不安全或者严重损毁的档案，可以提前向有关档案馆移交。

第十四条　既是文物、图书资料又是档案的，档案馆可以与博物馆、图书馆、纪念馆等单位相互交换重复件、复制件或者目录，联合举办展览，共同编辑出版有关史料或者进行史料研究。

第十五条　各级国家档案馆应当对所保管的档案采取下列管理措施：

（一）建立科学的管理制度，逐步实现保管的规范化、标准化；

（二）配置适宜安全保存档案的专门库房，配备防盗、防火、防渍、防有害生物的必要设施；

（三）根据档案的不同等级，采取有效措施，加以保护和管理；

（四）根据需要和可能，配备适应档案现代化管理需要的技术设备。

机关、团体、企业事业单位和其他组织的档案保管，根据需要，参照前款规定办理。

第十六条　《档案法》第十四条所称保密档案密级的变更和解密，依照《中华人民共和国保守国家秘密法》及其实施办法的规定办理。

第十七条　属于国家所有的档案，任何组织和个人都不得出卖。

国有企业事业单位因资产转让需要转让有关档案的，按照国家有关规定办理。

各级各类档案馆以及机关、团体、企业事业单位和其他组织为了收集、交换中国散失在国外的档案、进行国际文化交流，以及适应经济建设、科学研究和科技成果推广等的需要，经国家档案局或者省、自治区、直辖市人民政府档案行政管理部门依据职权审查批准，可以向国内外的单位或者个人赠送、交换、出卖档案的复制件。

第十八条　各级国家档案馆馆藏的一级档案严禁出境。

各级国家档案馆馆藏的二级档案需要出境的，必须经国家档案局审查批准。各级国家档案馆馆藏的三级档案、各级国家档案馆馆藏的一、二、三级档案以外的属于国家所有的档案和属于集体所有、个人所有以及其他不属于国家所有的对国家和社会具有保存价值的或者应当保密的档案及其复制件，各级国家档案馆以及机关、团体、企业事业单位、其他组织和个人需要携带、运输或者邮寄出境的，必须经省、自治区、直辖市人民政府档案行政管理部门审查批准，海关凭批准文件查验放行。

第四章　档案的利用和公布

第十九条　各级国家档案馆保管的档案应当按照《档案法》的规定，分期分批地向社会开放，并同时公布开放档案的目录。档案开放的起始时间：

（一）中华人民共和国成立以前的档案（包括清代和清代以前的档案；民国时期的档案和革命历史档案），自本办法实施之日起向社会开放。

（二）中华人民共和国成立以来形成的档案，自形成之日起满 30 年向社会开放。

（三）经济、科学、技术、文化等类档案，可以随时向社会开放。

前款所列档案中涉及国防、外交、公安、国家安全等国家重大利益的档案，以及其他虽自形成之日起已满 30 年但档案馆认为到期仍不宜开放的档案，经上一级档案行政管理部门批准，可以延期向社会开放。

第二十条　各级各类档案馆提供社会利用的档案，应当逐步实现以缩微品代替原件。档案缩微品和其他复制形式的档案载有档案收藏单位法定代表人的签名或者印章标记的，具有与档案原件同等的效力。

第二十一条　《档案法》所称档案的利用，是指对档案的阅览、复制和摘录。

中华人民共和国公民和组织，持有介绍信或者工作证、身份证等合法证明，可以利用已开放的档案。

外国人或者外国组织利用中国已开放的档案，须经中国有关主管部门介绍以及保存该档案的档案馆同意。

机关、团体、企业事业单位和其他组织以及中国公民利用档案馆保存的未开放的档案，须经保存该档案的档案馆同意，必要时还须经有关的档案行政管理部门审查同意。

机关、团体、企业事业单位和其他组织的档案机构保存的尚未向档案馆移交的档案，其他机关、团体、企业事业单位和组织以及中国公民需要利用的，须经档案保存单位同意。

各级各类档案馆应当为社会利用档案创造便利条件。提供社会利用的档案，可以按照规定收取费用。收费标准由国家档案局会同国务院价格管理部门制定。

第二十二条　《档案法》第二十二条所称档案的公布，是指通过下列形式首次向社会公开档案的全部或者部分原文，或者档案记载的特定内容：

（一）通过报纸、刊物、图书、声像、电子等出版物发表；

（二）通过电台、电视台播放；

（三）通过公众计算机信息网络传播；

（四）在公开场合宣读、播放；

（五）出版发行档案史料、资料的全文或者摘录汇编；

（六）公开出售、散发或者张贴档案复制件；

（七）展览、公开陈列档案或者其复制件。

第二十三条 公布属于国家所有的档案，按照下列规定办理：

（一）保存在档案馆的，由档案馆公布；必要时，应当征得档案形成单位同意或者报经档案形成单位的上级主管机关同意后公布。

（二）保存在各单位档案机构的，由各该单位公布；必要时，应当报经其上级主管机关同意后公布。

（三）利用属于国家所有的档案的单位和个人，未经档案馆、档案保存单位同意或者前两项所列主管机关的授权或者批准，均无权公布档案。

属于集体所有、个人所有以及其他不属于国家所有的对国家和社会具有保存价值的档案，其所有者向社会公布时，应当遵守国家有关保密的规定，不得损害国家的、社会的、集体的和其他公民的利益。

第二十四条 各级国家档案馆对寄存档案的公布和利用，应当征得档案所有者同意。

第二十五条 利用、公布档案，不得违反国家有关知识产权保护的法律规定。

第五章 罚则

第二十六条 有下列行为之一的，由县级以上人民政府档案行政管理部门责令限期改正；情节严重的，对直接负责的主管人员或者其他直接责任人员依法给予行政处分：

（一）将公务活动中形成的应当归档的文件、资料据为已有，拒绝交档案机构、档案工作人员归档的；

（二）拒不按照国家规定向国家档案馆移交档案的；

（三）违反国家规定擅自扩大或者缩小档案接收范围的；

（四）不按照国家规定开放档案的；

（五）明知所保存的档案面临危险而不采取措施，造成档案损失的；

（六）档案工作人员、对档案工作负有领导责任的人员玩忽职守，造成档案损失的。

第二十七条 《档案法》第二十四条第二款、第三款规定的罚款数额，根据有关档案的价值和数量，对单位为 1 万元以上 10 万元以下，对个人为 500 元以上 5 000 元以下。

第二十八条 违反《档案法》和本办法，造成档案损失的，由县级以上人民政府档案行政管理部门、有关主管部门根据损失档案的价值，责令赔偿损失。

第六章 附则

第二十九条 中国人民解放军的档案工作，根据《档案法》和本办法确定的原则管理。

第三十条 本办法自发布之日起施行。

附录三

企业档案管理规定

（2002 年 7 月 22 日发布，2002 年 9 月 1 日起施行）

第一条 为加强企业档案工作，促进档案工作为企业各项工作服务，根据《中华人民共和国档案法》（以下简称《档案法》）和有关法律、法规，制定本规定。

第二条 本规定所称的企业档案，是指企业在生产经营和管理活动中形成的对国家、社会和企业有保存价值的各种形式的文件材料。

第三条 企业应遵守《档案法》，依法管理本企业档案，明确管理档案的部门或人员，提高职工档案意识，确保档案完整、准确和安全。

第四条 企业档案工作接受档案行政管理部门的监督和指导。

中央管理的企业制定本企业档案管理制度和办法须报国家档案局备案。

第五条 企业负责档案工作的部门依法履行下列职责：

（一）贯彻执行《档案法》等有关法律、法规和方针政策，制定本企业文件材料归档和档案保管、利用、鉴定、销毁、移交等有关规章制度；

（二）统筹规划并负责本企业档案的收集、整理、保管、鉴定、统计和提供利用工作；

（三）指导本企业各部门文件材料的形成、积累、整理和归档工作；

（四）监督、指导本企业所属机构（含境外机构）的档案工作。

第六条 企业档案工作人员应当忠于职守，遵纪守法，具有相应的档案专业知识和业务能力。

第七条 企业各部门负责归档文件材料的收集和整理，并定期交本企业档案部门集中管理。任何人不得拒绝归档。

第八条 归档的文件材料应完整、准确、系统。文件书写和载体材料应能耐久保存。文件材料整理符合规范。归档的电子文件，应有相应的纸质文件材料一并归档保存。

第九条 企业根据有关规定，确定档案保管期限，划定档案密级。

第十条 企业采取有效措施对档案进行安全保管，并切实加强对知识产权档案和涉及商业秘密档案的管理。

第十一条 企业对保管期限已满的档案进行鉴定。对确无保存价值的档案登记造册，按有关规定经企业法定代表人批准后进行监销。

第十二条 企业做好档案统计工作。国有大中型企业应按档案行政管理部门的要求填写有关报表。企业认真做好对国家和社会有保存价值的档案的登记工作。

第十三条 企业档案现代化应与企业信息化建设同步发展，不断提高档案管理水平。

第十四条 企业档案部门应积极做好档案的提供利用工作，努力开发档案信息资源，为企业提供及时、有效的服务。

第十五条 企业必须为政府有关部门、司法部门依法执行公务提供真实、准确的档案。

第十六条 企业提供利用、公布档案，不得损害国家、社会和其他组织的利益，不得侵犯他人的合法权益。

第十七条 国有企业资产与产权发生变动，应按《国有企业资产与产权变动档案处置办法》做好档案的处置工作。

国有企业破产，破产清算组应妥善处置破产企业档案；国有企业分立，档案处置工作由分立后的企业协商办理。

第十八条 企业对在企业档案工作中做出突出贡献的人员给予表彰和奖励。

第十九条 企业应当建立档案工作责任追究制度，对不按规定归档而造成文件材料损失的，或对档案进行涂改、抽换、伪造、盗窃、隐匿和擅自销毁而造成档案丢失或损坏的直接责任者，依法进行处理。

第二十条 本规定由国家档案局负责解释。

第二十一条 本规定自 2002 年 9 月 1 日起施行。《国营企业档案管理暂行规定》同时废止。其他有关企业档案工作的规定凡与本规定抵触的，以本规定为准。

附录四

企业档案管理办法

第一章　总则

第一条　根据国务院关于加强企业管理和改善档案工作的要求，为进一步加强企业档案工作，更好地为企业提高经济效益服务，特制定本规定。

第二条　企业档案是企业在各项活动中形成的全部档案的总和。其构成是以科学技术档案为主体，包括计划统计、经营销售、物资供应、财务管理、劳动工资、教育卫生和党、政、工、团工作等方面档案。

第三条　企业档案工作是企业管理基础工作的组成部分，是维护企业经济利益、合法权益和历史真实面貌的一项工作。

第四条　企业档案工作要坚持集中统一的管理原则。

第二章　文件材料的形成与归档

第五条　企业要根据国家法规和有关部门的规定，制定文件材料形成、积累、整理和归档的制度。

文件材料的运转要遵循计划、生产（施工）、技术、经营等项工作（以下简称生产活动）和文书处理的程序。

第六条　企业生产（施工）活动中形成的科技文件材料（含缩微胶片，照片，录音、录像和计算机磁带等，以下同），由产品试制、科研课题和工程项目负责人指定有关人员负责积累、整理后归档。

各项管理工作中形成的文件材料，由各职能部门按其业务范围，指定有关人员负责积累、整理后归档。

第七条　企业文件材料归档的基本要求：

1. 归档的文件材料必须完整。

2. 归档的文件材料必须准确地反映企业生产、科研、基建和经营管理等各项活动的真实内容和历史过程。

3. 归档的文件材料必须层次分明，符合其形成规律。

第八条　企业必须编制文件材料的归档范围。企业文件材料的归档范围主要有以下几个方面：

1. 产品生产方面。有产品设计、工艺、工装的图样和技术文件，原材料检验、产品生产过程和生产调度工作中形成的各种文件材料等。

2. 经营销售方面。有企业经营决策和经销管理的各种记录、文件、合同、协议等文件材料，市场经济信息，广告宣传和用户服务工作中形成的文件材料等。

3. 设备仪器方面。有设备仪器的图样和技术文件，设备仪器安装、调试和验收过程中的技术性、凭证性文件材料，设备仪器的运行、维修记录，设备改进、改装和报废的文件材料等。

4. 技术管理方面。有质量管理、技术引进、技术改造和标准、计量、能源、环保、科技情报、科技档案等管理中形成的各种文件材料。

5. 计划统计方面。有各种计划、统计报表和计划管理、统计分析活动中形成的各种文件材料。

6. 物资供应方面。有物资、原材料采购、库存保管、供应和工具管理中形成的各种文件材料。

7. 劳动工资方面。有定额、定员和劳动调配以及劳动工资、劳动保护等工作中形成的各种文件材料。

8. 财务管理方面。有财务管理中的各种账册、报表、凭证和文件等。

9. 教育培训方面。有干部、职工教育和技术培训的文件、教材等。

10. 党、政、工、团工作方面。有企业党务工作以及组织、宣传、人事、保卫工作中的各种文件材料，企业行政工作、共青团工作和工会工作中的各种文件材料等。

11. 科学技术研究方面和工程建设方面，按有关规定执行。

12. 其他方面。

第九条 归档时间。

1. 产品试制、课题研究、基建工程或其他技术项目，在任务完成后或告一段落时，要将应归档的文件材料组成保管单位，由项目负责人审定后，向档案部门归档。

2. 各项管理工作中形成的文件材料，在第二年上半年内，要将应归档的文件材料组成保管单位，由各职能部门负责人审定后，向档案部门归档。

第十条 企业各类文件材料一般归档一式一份，比较重要的和利用频繁的文件材料要适当增加归档份数。

第十一条 企业文件材料的形成、积累、整理和归档工作要列入生产、技术、经营等各项管理程序；列入生产、科研、基建和经营等各项活动的工作计划；列入企业有关部门的职责范围和有关人员岗位责任制。

第十二条 企业产品试制定型、科研成果鉴定、基建工程竣工验收，必须有档案部门参加。文件材料不完整、不准确、不系统，不能进行鉴定、验收。

第十三条 企业产品和工程创优、科研成果评奖，归档的文件材料是否完整、准确、系统要作为一项考核内容，档案部门不签署意见不得申报成果。

第十四条 企业新购重要设备仪器和引进项目的文件材料到货时，有关专业部门应会同档案部门检查验收文件材料；并及时归档。

第十五条 企业工作人员因公外出参观学习、考察和参加各种会议，收集获得的文件材料要按照归档范围的规定，及时向档案部门归档。

第十六条 企业档案部门要对企业文件材料的形成、积累、整理和归档工作进行指导、监督、检查。

第三章 档案管理

第十七条 企业要建立健全各项档案管理制度，列入企业的经济责任制体系，并制定严格的考核和奖惩办法。

第十八条 档案分类。

1. 根据国家和有关部门档案分类编号的规定，编制企业档案分类编号方法。

2. 分类编号要遵循文件材料的形成规律，并且要便于保管和提供利用。

3. 企业生产、技术等管理性文件要按其文件内容分别归入生产、科研、基建、设备等类中统一编号。

4. 常用的分类方法有：

(1) 按产品型号分类；(2) 按设备型号分类；(3) 按科研课题分类；(4) 按工程项目分类；(5) 按专业性质分类；(6) 按组织机构分类；(7) 按时间分类。

第十九条 档案编目与编制检索工具。

1. 要编制档案总目录、档案分类目录、底图目录和保管单位目录。

2. 要根据需要编制档案检索工具，并且进行档案著录工作，著录方法按照国家标准 GB3792.5—85《档案著录规则》执行。

第二十条 档案保管。

1. 接收档案必须认真验收，并办理接交手续。

2. 存放档案必须有专用柜、架，排架方法要科学和便于查找。

3. 底图除修改，送晒外，不得外借。修改后的底图入库，认真检查其修改、补充等情况。底图存放以平放为宜。

4. 缩微胶片、照片、磁带等的保管：

(1) 存放胶片、照片、磁带要用特制的密封盒、胶片页夹和影集等，按编号顺序排列在胶片柜或防火柜内。缩微母片和拷贝片应分别存放。

(2) 胶片库房应设置在没有臭氧、氧化氮、硫化氢、二氧化硫等有害气体和物理性污染地段，库房内应设有防火和空气调节设施，温度、湿度应符合规定的要求。

5. 要定期进行库藏档案的清理核对工作，做到账、物相符，对破损或载体变质的档案，要及时进行修补和复制，库藏档案因移交，作废、遗失等注销账卡时，要查明原因，保存依据。

6. 档案库房的一般要求：

(1) 保存档案必须有专门的库房，并且具备良好的卫生环境和防盗、防火、防光、防潮、防尘、防有害生物和防污染等安全措施；

(2) 档案库房建设要列入企业基本建设计划，库房建筑设计按照《档案馆建筑设计规范》执行。

第二十一条 图纸的修改、补充。

1. 修改已归档的图纸要有经过领导批准的图纸修改、补充通知单。

2. 修改内容较小时，可直接在图画"杠改"、"刮改"或者发送"变更通知单"，采用"杠改""刮改"时应在修改处标注"修改标记"。

3. 修改内容较多时，应另出新图代替，原来图纸作废。新图列入原图纸目录，并且注明所代替的原图图号。作废的图纸应注明新图的编号，根据需要另行保管。

4. 整个保管单位内图纸作废，由新图代替时，应重新编制保管单位，并且注明原保管单位编号。原保管单位标注新保管单位的编号后，根据需要另行保管。

第二十二条 档案鉴定。

1. 企业要根据国家有关部门的规定，编制档案保管期限表，档案保管期限分永久、长期、短期三种。确定保管期限的基本原则是：

（1）对企业有长远利用价值的档案应永久保存；

（2）对企业在一定时期内有利用价值的档案分别为长期或短期保存；

（3）凡是介于两种保管期限之间的档案，其保管期限一律从长。

2. 鉴定工作要组织由企业领导、专业技术人员和档案人员参加的鉴定小组，直接对档案进行鉴定。每次鉴定要写出鉴定报告，在保管单位备考表中注明鉴定意见，由小组负责人签名，并且注明鉴定日期。

3. 鉴定工作应该定期进行，具体由企业根据实际需要确定。

4. 档案通过鉴定，要求达到划定保管期限准确，保管单位质量达到标准规定，鉴定中发现档案不准确、不完整，企业应及时责成有关部门和人员负责修改、补充。

5. 销毁档案必须严格掌握，慎重从事，销毁前要造具清册，提出销毁报告，经企业领导审批，并报送有关档案管理机关备案。销毁档案时要严格执行保密规定。

第二十三条 档案统计。

1. 企业档案管理要建立健全统计工作，统计数据以原始记录为依据，做到准确、可靠。

2. 档案统计主要有档案管理基本情况统计，档案数量统计，档案提供利用及其效果的统计等。

第二十四条 档案管理现代化。

1. 企业档案管理现代化是企业现代化管理的组成部分，要列入企业现代化管理的整体计划中统筹考虑。

2. 企业档案部门要应用现代管理方法。有条件的大中型企业要逐步应用电子计算机为主，包括缩微技术和先进的监控装置、通信设施和办公自动化等现代管理手段。

第二十五条 档案管理经费按照财政部、国家档案局（1980）财企字第 629 号文《关于企业档案库房建设和购置设备所需费用如何列支的规定》执行。

第二十六条 企业要按照国家有关规定向有关档案馆移交有关档案或复制件。

第二十七条 企业破产以后，除设备档案、基建档案等随同实物移交外，其余档案应向有关档案馆移交。

第四章　档案信息开发利用

第二十八条　企业档案信息开发利用是企业档案管理的一项重要内容，开发工作主要是指对生产、技术和经营管理的档案信息开发。档案信息开发利用要重点服务于改善企业经营管理、提高产品质量、降低物质消耗和增加经济效益等方面。

第二十九条　企业档案信息开发利用的几种形式：

1. 在企业内部实行档案开架阅览。
2. 编制并交流档案目录。
3. 对档案进行加工整理，汇编专题资料或编制产品、科研成果、基建工程简介、文摘和数据手册、图表手册、市场信息、用户反映、国内外同行业生产情况介绍等。

第三十条　企业档案开发与提供利用，必须严格执行保密制度。

第三十一条　对于积极主动开发与提供利用档案，为发展企业生产、提高产品质量、降低物质消耗和增加经济效益等做出贡献的人员，企业应给予表扬和奖励。奖励办法按国家有关规定执行。

第五章　档案管理体制

第三十二条　企业档案管理涉及生产活动和党、政、群等各个部门，应由一位副厂长（副经理）分工领导，并且列入企业领导议事日常，作为考核企业领导人政绩的一部分。

第三十三条　要加强和充实企业档案管理机构，集中统一管理企业档案工作。有条件的大型企业要建立企业档案馆或企业档案资料信息中心。

第三十四条　企业档案部门是企业档案、资料的贮存基地和利用中心，负责统筹、协调、组织、管理企业的档案、资料工作。

第三十五条　档案管理人员。

1. 企业要配备适应档案、资料工作需要的专职档案人员，并且应有一定数量的专业技术人员。
2. 大中型企业档案部门的主要负责人应具备中级以上专业技术职务的学识水平和工作能力。
3. 企业档案管理人员享受专业技术管理人员待遇，按工程技术专业或档案专业技术职务聘任。

第六章　附则

第三十六条　企业党、政、工、团档案管理按照中共中央办公厅、国务院办公厅印发的《机关档案工作条例》的有关规定执行。

第三十七条　企业会计档案管理按照财政部和国家档案局制发的《会计档案管理办法》的有关规定执行。

第三十八条 企业人事档案管理按照中共中央组织部的有关规定执行。

第三十九条 集体企业、乡镇企业可参照本规定执行。

第四十条 本规定由国家档案局负责解释。

第四十一条 本规定自发布之日起执行。

附录五

企业档案工作规范

DA/T 42—2009（国家档案局2009年11月2日发布，2010年1月1日实施）

1 范围

本标准确立了企业档案工作原则、组织和制度要求，给出了企业档案业务工作、档案信息化建设、档案工作设施设备配置等方面的方法与技术指南。

本标准适用于大中型工业企业，其他类型企业及事业单位可参照使用。

2 规范性引用文件

下列文件中的条款通过本标准的引用而成为本标准的条款。凡是注日期的引用文件，其随后所有的修改单（不包括勘误的内容）或修订版均不适用于本标准，然而，鼓励根据本标准达成协议的各方研究是否可使用这些文件的最新版本。凡是不注日期的引用文件，其最新版本适用于本标准。

GB/T 9705　文书档案案卷格式

GB/T 11821 照片档案管理规范

GB/T 11822　科学技术档案案卷构成的一般要求

GB/T 17678.1　CAD电子文件光盘存储、归档与档案管理要求

GB/T 18894　电子文件归档与管理规范

DA/T 1 档案工作基本术语

DA/T 12　全宗卷规范

DA/T 13 档号编制规则

DA/T 15　磁性载体档案管理与保护规范

DA/T 22 归档文件整理规则

DA/T 28　国家重大建设项目文件归档要求与档案整理规范

DA/T 31　纸质档案数字化技术规范

DA/T 32 公务电子邮件归档与管理规则

DA/T 43　缩微胶片档案数字化技术规范

JGJ 25 档案馆建筑设计规范

ISO 15489.1　信息与文献——文件管理：通则

ISO 15489.2　信息与文献——文件管理：指南

3 术语和定义

DA/T 1—2000确立的以及下列术语和定义适用于本标准。

3.1 企业档案 business records

企业在研发、生产、经营和管理活动中形成的有保存价值的各种形式的文件。

3.2 企业档案工作 business records management

企业履行档案管理职责的行为和活动。

3.3 电子档案 electronic records

具有保存价值的归档电子文件及相应元数据、背景信息和支持软件。

3.4 档案信息化 archival informationization

运用信息技术对归档文件、数据信息资源及档案进行采集、整合、维护、处置和提供利用服务的管理过程和工作方式。

4 档案工作总则

4.1 企业档案是企业知识资产和信息资源的重要组成部分。企业档案工作是企业研发、生产、经营和管理活动的基础性管理工作。

4.2 企业档案工作应以企业资产关系为纽带，实行统一领导、统一管理、统一制度、统一标准。

4.3 企业档案工作应以满足企业各项活动在证据、责任和信息等方面的需求为导向，运用现代技术与管理方法，通过资源整合和开发，为企业研发、生产、经营、管理和持续发展提供有效服务。

4.4 企业应维护档案的完整、准确、系统与安全。

5 档案工作组织

5.1 组织系统建设

5.1.1 档案工作领导

企业应确定档案工作的分管领导，确定各职能或承办部门、各项目档案工作的负责人，确定档案部门的负责人。

5.1.2 档案机构设置

企业应根据规模和管理模式设置专门的档案机构，或指定负责档案工作的机构。大型企业应设立档案馆。

5.1.3 档案人员配备

企业应配备与企业研发、生产、经营和管理相适应的专职档案人员；各部门、各项目应配备专职或兼职档案人员。企业应保持档案人员相对稳定。

5.1.4 档案工作体系

企业应建立以档案部门为核心，各职能或承办部门、各项目专兼职档案人员为基础的企业档案工作体系。

5.2 企业管理职责

5.2.1 企业应贯彻国家有关档案工作法律、法规和方针政策，建立健全档案工作规章制度，将档案工作纳入企业发展规划和工作计划，为档案工作持续发展提供保障。

5.2.2 企业应将文件形成、积累和归档要求纳入各部门、项目及专项工作职责和有关人员岗位职责，并对分管领导、部门和项目负责人及有关人员职责履行情况进行考核。

5.2.3　企业应采取必要措施，维护和确保档案的完整、准确、系统和安全。

5.2.4　企业资产与产权变动时应做好档案的处置工作，国有企业应依照档发字〔1998〕6号文件的要求进行，其他企业可参照。

5.2.5　企业应对档案工作中做出成绩的集体或个人给予表彰和奖励；对违反有关规定造成档案损失的相关人员给予处分。

5.3　企业部门职责

5.3.1　企业各职能或承办部门及项目负责人应对本部门或项目归档文件的完整和系统负责。

5.3.2　企业各职能或承办部门及项目文件形成者应负责积累文件，并对归档文件的齐全、准确和形成质量负责。

5.3.3　专兼职档案人员应负责收集、整理应归档的文件，对归档文件的整理质量负责。

5.3.4　企业各职能或承办部门及项目对文件管理的责任，见 ISO 15489.1 第七章、ISO 15489.2 和档发〔2002〕5号文件要求。

5.4　档案部门职责

5.4.1　统筹规划企业档案工作，制定企业文件归档和档案鉴定、整理、保管、统计、利用、移交等有关规章制度。

5.4.2　负责企业档案的收集、整理、保管、鉴定、统计和提供利用工作。

5.4.3　指导企业各部门、项目及专项工作文件的形成、积累、整理及归档工作。

5.4.4　监督、指导、检查企业所属单位（包括派出机构和投资的全资、控股企业）的档案工作。

5.4.5　依照有关规定向国家档案馆或有关单位移交档案。

5.5　档案人员要求

5.5.1　档案人员应遵纪守法、忠于职守、具有专业知识。

5.5.2　档案部门负责人应具有中级以上专业技术职称或大学本科以上学历。

5.5.3　档案人员应具备大学专科以上学历或同等学识水平。

5.5.4　档案人员应定期接受档案业务培训。

6　档案工作制度

6.1　工作规章

6.1.1　明确企业文件形成、归档责任。企业在制定有关规章、标准和制度中应提出相应的文件收集、整理和归档的责任要求。

6.1.2　制定企业档案工作规定。企业档案工作规定是企业档案工作的基本要求，其主要内容应包括：档案工作原则及管理体制，文件的形成、积累与归档职责要求，档案收集、鉴定、整理、保管、统计、利用要求，资产与产权变动档案的处置原则，解释权限等。

6.1.3　建立档案工作责任追究制度。对相关岗位人员违反文件收集、归档及档案管理制度，发生档案泄密、造成档案损毁等行为，企业应提出责任追究和处罚措施，并将有关要求纳入相关管理制度。

6.1.4　制定档案管理应急预案。对可能发生的突发事件和自然灾害，企业应制定档案抢救应急措施，包括组织结构、抢救方法、抢救程序、保障措施和转移地点等。对档案信息化管理的软件、操作系统、数据的维护、防灾和恢复，应制定应急预案。

6.2　管理制度

6.2.1　文件归档制度。应明确文件归档范围及保管期限、归档时间、归档程序、归档质量要求以及归档控制措施。

6.2.2　档案保管制度。应明确各门类档案保管条件、特殊载体档案保管方式、档案清点检查办法、对受损档案的处置办法、档案进（出）库要求、库房管理要求和库房管理员职责。

6.2.3　档案鉴定销毁制度。应明确鉴定、销毁工作的组织、职责、原则、方法和时间等要求。

6.2.4　档案统计制度。应明确统计内容、统计要求和统计数据分析要求。

6.2.5　档案利用制度。应明确档案提供利用的方式、方法，规定查（借）阅档案的权限和审批手续，提出接待查（借）阅档案的要求。

6.2.6　档案保密制度。应明确档案形成者、档案管理者、档案利用者应承担的保密责任。

6.2.7　电子档案管理制度。应对企业各信息系统中形成的电子文件提出归档、管理和利用要求。

6.2.8　档案管理系统操作制度。应明确档案管理系统操作人员的职责、档案管理系统软件和硬件的操作要求。

6.3　业务规范

6.3.1　文件、档案整理规范。应明确文件立卷与档案整理原则、整理方法、档号编制要求和档案装具要求等。

6.3.2　档案分类方案。应明确分类依据、类别标识、类目范围。

6.3.3　文件归档范围和保管期限表。应明确各类文件归档的范围及其相对应的保管期限。

6.3.4　特殊载体档案管理规范。应明确不同载体档案收集、整理的要求和保管的条件。

7　档案业务工作

7.1　企业档案工作与业务活动

7.1.1　企业档案工作是企业各项业务和活动的有机组成，应纳入企业领导工作议事日程，纳入企业规章制度及工作流程，纳入企业部门和有关人员的经济责任制或岗位责任制。

7.1.2　企业档案部门或档案人员应参加产品鉴定、科研课题成果审定、项目验收、设备开箱验收等活动，负责检查应归档文件的完整、系统。

7.1.3　企业下达项目计划任务应同时提出项目文件的归档要求；检查项目计划进度应同时检查项目文件积累情况；验收、鉴定项目成果应同时验收、鉴定项目文件归档情况；项目总结应同时作好项目文件归档交接。

7.2　文件的形成、积累

7.2.1　文件形成时应使用耐久、可靠的记录载体和记录方式。

7.2.2　文件形成者应将办理完毕、有保存价值的文件及时交本部门、项目或专项工作档案人员保管。

7.3　文件整理与归档

7.3.1　文件整理

文件立卷整理应遵循文件形成规律，区分保管期限，保持文件间有机联系。文书、科技、会计、人事等门类文件的整理，应分别符合 GB 9705、DA/T 22，GB/T 11822，财会字〔1998〕32 号，劳力字〔1992〕33 号等标准及文件的要求；音像、电子等载体形态文件整理，应分别符合 GB/T 11821，DA/T 15，GB/T 18894、DA/T 32 等标准的要求。

7.3.2　文件归档范围

7.3.2.1　企业在筹备、建设、生产、经营、管理等活动及产权变动过程中形成的具有保存价值的各种载体形式的文件都应纳入归档范围。国有企业文件归档范围应符合档发〔2004〕4 号文件要求。

7.3.2.2　归档文件的主要来源有：

——本企业形成的文件；

——本企业引进项目、外购设备等接收的文件；

——所属单位及参股企业应向本企业提交的文件；

——本企业参与的合作项目，合作单位按要求应向本企业提交的文件；

——本企业执行、办理的外来文件。

7.3.2.3　企业应根据经营管理范围和业务活动类型制定文件归档范围和保管期限表。确定文件归档范围和保管期限可参照、但不限于附录 A。项目建设类文件应依据企业在项目建设中的性质确定，建设单位、设计单位、施工单位、监理单位文件归档具体范围参见 DA/T 28；服务类型企业各类文件归档范围及企业中专业性较强的业务活动的文件归档范围，应结合企业活动和专门业务编制。

7.3.3　文件归档时间

7.3.3.1　经营管理工作、生产技术管理工作、行政管理工作、党群工作中形成的文件一般应在办理完毕后的第二年一季度归档。

7.3.3.2　科研开发、项目建设文件应在其项目鉴定、竣工验收前归档，周期长的可分阶段、单项归档；产品生产及服务业务应定期或按阶段归档。

7.3.3.3　产权产籍、质量认证、资质信用、合同协议、知识产权等文件应随时归档；外购设备仪器或引进项目的文件应在开箱验收或接收后即时登记归档。

7.3.3.4　会计核算专业材料应在会计年度终了后由会计部门整理归档，保管一年后向档案部门移交。

7.3.3.5　电子文件逻辑归档宜定时进行，物理归档应与相应门类或内容的其他载体归档时间一致。

7.3.3.6　磁带、照片及底片、胶片、实物等载体形式的文件应在工作结束后及时归档，或与相应内容的纸质载体归档时间一致。

7.3.3.7　更新、补充的文件；企业内部机构变动和职工调动、离岗时应清退的文件；企业资产与产权变动过程中形成的文件；其他活动中形成的文件等，应随时归档。

7.3.4　文件归档要求

7.3.4.1　企业应实行部门、项目及专项工作的文件收集、整理、归档责任制。各部门、项目及专项工作专兼职档案人员应按照规定将文件整理后归档。

7.3.4.2　归档的文件应完整、准确、系统，其制成材料应有利于长久保存，图文字迹应符合形成文件设备（打印机、复印机、扫描仪等）的标称质量要求。

7.3.4.3　归档的文件应为原件。因故无原件的可将具有凭证作用的复制件归档。

7.3.4.4　非纸质文件应与其文字说明一并归档。外文（或少数民族文字）材料若有汉译文的，应一并归档，无译文的要译出标题和目录后归档。

7.3.4.5　归档的文件一般一式一份。重要的、利用频繁的和有专门需要的可适当增加份数。

7.3.4.6　两个以上单位合作完成的项目，应以合同、协议约定文件归档要求。主办单位一般应保存全套文件，协办单位保存与所承担任务相关的正本文件。

7.3.4.7　文件形成部门应就归档文件填写档案交接登记表。重要项目文件归档时应由项目管理部门编写归档说明，并经项目负责人审核签字。

7.4　档案收集工作

7.4.1　文件归档的交接

7.4.1.1　文件形成部门应按期将档案交接登记表随同已整理的文件向档案部门移交。

7.4.1.2　档案部门接收时应认真核对，并检查案卷质量。双方在档案交接登记表签字后各保留一份。

7.4.2　档案与资料的收集

7.4.2.1　企业应接收所属单位因产权变动后属本企业所有的档案。

7.4.2.2　企业应根据资产管理权限接收无法人资格的所属单位档案。

7.4.2.3　企业可根据需要收集宣传报道本单位的新闻资料。

7.4.2.4　企业可根据研发和市场竞争的需要收集与企业经营范围相关的资料。

7.4.2.5　企业可根据需要向社会、离退休人员征集档案、资料。

7.5　档案整理工作

7.5.1　档案部门应区分全宗进行档案的分类、排列与编目。

7.5.2　分类方案应依据企业管理职能，结合档案形成特点制定，并应保持相对稳定性和可扩充性。分类方案应附有分类说明。

7.5.3　类别号可采用阿拉伯数字、英文字母、拼音字母中的一种或两种混合方法设定。

7.5.4　全宗内档案按类分别集中排列，类别内档案按类目条款顺序依次排列编号。

7.5.5　根据分类方案和排列顺序编制档号。档号应指代单一，具有唯一性。档号编制方法见 DA/T 13。

7.5.6　档号可采用“[全宗号—] 分类号（或项目代号或目录号）—案卷号（或件号或盘、盒、张号）”（[　] 表示可选）结构。

全宗号由企业根据对所属单位集中统一管理档案的需要和企业产权变更情况自行设定。

7.5.7　纸质档案应与对应的非纸质载体档案设立互见号。

互见号是反映同一内容其他载体档案保管单位的档号。

7.5.8　按全宗、类别、保管期限编制案卷目录。

7.5.9　档案部门应对每个全宗建立全宗卷。全宗卷可单独管理。全宗卷的主要内容和编制方法见 DA/T 12。

7.6　档案保管工作

7.6.1　档案存放应依据档案载体选择档案柜架。底图不宜折叠；磁性载体应选择防磁设施。重要档案应异地备份。

7.6.2　档案入库前一般应去污、消毒。受损的档案应及时修复或补救。对于易损的制成材料和字迹，应采取复制手段加以保护。

7.6.3　库房管理

7.6.3.1　库房应保持干净、整洁，并具备防火、防盗、防光、防有害气体、防尘、防有害生物等防护功能（见 JGJ 25）。

7.6.3.2　库房温、湿度应符合 JGJ 25、GB/T 18894 和 DA/T 15 对各类档案载体的保管要求，并有温湿度登记。

7.6.3.3　库房设备运转情况应定期检查，并及时排除隐患。

7.6.3.4　库藏档案应定期清理核对，做到账物相符。库藏档案发生变化时应记录说明。

7.7　档案鉴定工作

7.7.1　企业应成立由主管领导、职能部门、专业技术人员和档案人员组成的档案鉴定委员会（或小组），负责确定文件保管期限和到期档案鉴定。

7.7.2　档案保管期限应根据文件对企业、国家和社会所具有的现实和今后工作查考、凭证以及历史研究价值确定。

7.7.3　档案保管期限一般分为永久和定期两种。会计档案的保管期限执行《会计档案管理办法》。

7.7.4　永久保管档案。凡是反映本企业主要职能活动和历史面貌，对本企业、国家和社会有长远利用价值的文件，列为永久保管。

7.7.5　定期保管档案。凡是反映本企业一般工作活动，在一定时间对本企业各项工作有参考利用价值的文件，列为定期保管。定期保管档案的年限可根据其参考利用价值分为 30 年和 10 年。

7.7.6　企业应定期对已到保管期限的档案进行鉴定。经档案鉴定委员会鉴定，仍需继续保存的档案应重新划定保管期限；对保管期满确无保存价值的档案应登记造册，填写销毁清册，经企业法定代表人批准后进行监督销毁。销毁清册永久保存。

7.8　档案统计工作

7.8.1　档案部门应及时、准确地填报本企业档案工作年报及有关统计报表。

7.8.2　建立档案工作统计台账，主要内容包括：档案馆（室）藏情况；年度入出库情况；档案利用情况；档案专兼职人员情况；档案设施、设备情况；档案销毁情况等。

7.8.3　档案统计工作应保持连续性。

7.9　档案利用工作

7.9.1　档案部门应加强档案检索系统建设，开发档案信息资源，及时、有效地提供档案利用服务。

7.9.2　企业应根据保密规定和知识产权管理要求，设定利用者权限。超越权限的利用需经有关领导审批。

7.9.3　利用档案应按规定进行登记。利用效果突出的宜进行登记。

7.9.4　可采用直接查阅、电话调阅、网上查阅等方式提供利用原件、复制件、缩微件和电子档案。

7.9.5　企业宜对档案信息进行分类汇总，形成专题汇编，如规章制度汇编、专题文件汇编等。

7.9.6　企业宜对档案信息进行综合整理，形成专题材料，如大事记、年鉴、组织沿革、产品性能比较、科研成果简介、工程项目简介、设备的更新换代、市场的变化等。

7.9.7　企业宜对档案信息进行分析研究，形成深层次加工材料，如历年生产经营指标统计分析、重大事故原因研究分析、企业史志等。

7.9.8　企业可利用档案举办档案陈列或展览。

8　档案信息化建设

8.1　档案信息化目标与原则

8.1.1　企业档案信息化应以促进、完善企业信息化和提升档案管理现代化水平为总目标。

8.1.2　企业档案信息化应坚持技术与管理并重、与企业信息化协调同步原则。

8.1.3　企业各信息系统的开发与实施应充分考虑档案管理的要求。

8.2　电子文件的归档

8.2.1　电子文件归档要求及功能应嵌入文件生成系统。企业各信息系统生成的文本、图形、图像、数据等类型电子文件归档范围应参照纸质文件归档范围确定。音频、视频、多媒体等类型电子文件及数据库的归档范围应根据相关规定和需要确定。

8.2.2　企业各信息系统所形成的电子文件的元数据、背景信息，以及生成非通用电子文件格式的软件等应与电子文件一并归档。

8.2.3　归档的电子文件数据格式应易于识读、迁移。电子文件通用格式见 GB/T 18894 第 6 章。

8.2.4　电子文件应经鉴定、整理、审核后归档。电子文件的整理、鉴定与归档要求参见 GB/T 17678.1 和 GB/T 18894。

8.2.5 加密的电子文件归档时一般应解密，必须加密归档的电子文件应与其解密软件和说明文件一并归档。

8.2.6 文件形成部门应负责确保归档电子文件具备真实性、可靠性、完整性和可用性。

8.3 传统载体档案数字化

8.3.1 企业可根据档案保管和利用的实际需要，有选择地对传统载体档案实施数字化。

8.3.2 纸质档案数字化应符合 DA/T 31 的要求，缩微胶片数字化应符合 DA/T 43 的要求。

8.3.3 照片档案和声像档案数字化文件格式见 DA/T 32 的附录 B。

数字化生成的档案副本档号应与原档案对应。

8.4 电子档案的保管

8.4.1 电子档案应参照纸质档案分类方案进行整理。

8.4.2 电子档案应存储到脱机载体上。其存储载体见 DA/T 32 的附录 C，保管要求见 GB/T 18894 的 9.4。

8.4.3 脱机存储电子档案的载体或装具上应贴有注明载体序号、电子档案号、密级、保管期限、存入日期等内容的标签，电子档案载体应设置成禁止写操作的状态。

8.4.4 存储在脱机载体上的电子档案应一式三套，一套封存保管，一套异地保管，一套提供利用。

8.4.5 超过保管期限的电子档案的鉴定和销毁，按照纸质档案的有关规定执行，其删除和销毁应符合 GB/T 18894 中 9.8 的相关规定。对确认销毁的电子档案应有销毁文件目录存档。

8.5 档案网络化服务

8.5.1 企业应建立馆（室）藏档案目录数据库，并逐步实现档案的全文检索。

8.5.2 对数字化档案和各信息系统归档的电子文件，档案部门应根据设定的利用权限提供及时有效的网络化服务。

8.5.3 涉密档案管理系统应与互联网物理断开，非涉密档案管理系统可与互联网络逻辑隔离。

8.5.4 档案管理系统应采取身份认证、权限控制、加装防火墙等安全保密措施。

8.5.5 档案管理服务器应采取可靠的备份、恢复措施。

8.5.6 各信息系统应有生成电子文件自动归档功能的模块或接口。

8.6 档案管理系统软件

8.6.1 档案管理系统软件的配置应满足本企业的实际工作需要，并适应本企业信息化建设发展需要。

8.6.2 档案管理系统应具备收集整编、数据管理、检索浏览、借阅管理、统计汇总、权限设置、安全保密、系统维护等基本功能，并能辅助实体档案管理及根据需求增扩其他相应功能。

8.6.3 档案管理系统应与各信息系统之间衔接，并能接收和兼容各信息系统生成的电子文件。档案管理系统设计与实施参见 ISO 15489.1 第 8 章和 ISO 15489.2。

9　档案工作设施设备

9.1　档案库房

9.1.1　档案库房应设置在远离易燃、易爆物品和水、火等有安全隐患的场所，无特殊保护装置一般不宜设置在地下或顶层。

9.1.2　档案库房楼层地面应满足档案及其装具的承重要求。

9.1.3　档案库房面积应满足档案工作发展的需要，留有存储空间。

设置档案馆的企业，档案库房建筑应符合 JGJ 25 的要求，库房一般应满足日后 20 年档案存储需要。

9.2　业务技术用房

9.2.1　业务技术用房应满足接收、整理、修复档案的实际需要。

9.2.2　企业可根据工作需要设置档案接收、整理、裱糊、消毒、复印、数字化、缩微以及安全监控等用房。

9.3　阅览及陈列室

阅览室应邻近办公室和档案库房，环境安静。

陈列室（展览室）宜设置在适于观览的场所。

9.4　档案装具

9.4.1　档案柜架应牢固耐用，一般应具有防火、防盗、防尘作用。应根据非纸质载体档案需要选择有专用保护功能的柜架。有条件的可采用密集架。

9.4.2　各类档案卷盒规格、式样和质量应符合 GB/T 9705、GB/T 11822、DA/T 22 和 GB/T 11821 的要求。

9.5　保护设备

9.5.1　档案库房应配置温湿度监控设备及灭火器材、防光窗帘、防盗门窗等必要的设施。

9.5.2　根据库房管理需要可配置除尘器、消毒柜、去湿机、加湿机、空气净化器等设备。

9.5.3　有条件的企业应配置自动报警、自动灭火、温湿度自动调控、监控等设备。

9.6　技术设备

9.6.1　配备档案整理工作所需要的装订机、打印机等设备。

9.6.2　配备档案修复、利用需要的数码照相机、摄像机、复印机、阅读机等设备。

9.6.3　配备信息化管理需要的计算机、服务器、扫描仪、光盘刻录机等设备，以及容灾备份设备、应急电源。

9.6.4　根据需要可配备 CAD 绘图仪、工程图纸复印机、缩微机等设备。

附录六

企业文件归档基本范围与保管期限参考表

附表 6-1　　经营管理类

序号	基本范围	保管期限
1	**经营决策**	
1.1	企业发展规划、经营战略决策、企业改革等文件	永久
1.2	转换经营机制、各项配套制度改革实施方案、请示与批复、总结、报告等	永久
1.3	董事会、监事会、股东会构成及变更方面的文件	永久
1.4	厂务公开文件	30 年
1.5	厂长（经理）责任制、任期目标等	30 年
1.6	股东大会文件	
1.6.1	重要的	永久
1.6.2	一般的	10 年
1.7	董事会、股东会会议记录、纪要、工作报告、声明、决定、决议、通知、名单、议程、报告、讨论通过的文件、公告、总结等	永久
1.8	监事会会议记录、纪要、工作报告、声明决定、决议等	永久
1.9	股票、股市方面的材料	30 年
1.10	红利分配材料	永久
2	**生产经营计划**	
2.1	生产经营计划、总结、报告及计划调整等材料	30 年
2.2	计划任务书或作业计划	30 年
2.3	生产技术、经济指标完成情况分析	30 年
3	**统计工作**	
3.1	统计工作制度、规定、办法、通知	30 年
3.2	生产、技术、经济统计报表	永久
3.3	企业综合性统计报表及分析材料	30 年
3.4	工业普查报表	永久
4	**财务管理**	
4.1	财务管理制度、规定、办法、通知	30 年
4.2	财务管理计划、总结	10 年
4.3	固定资产的新增、报废、调拨材料	30 年

续前表

序号	基本范围	保管期限
4.4	生产财务和成本核算	永久
4.5	税务方面的材料	永久
4.6	资金管理、价格管理、会计管理的材料	永久
5	**资产管理**	
5.1	房产、土地方面的文件	
5.1.1	房地产的权属证明材料	永久
5.1.2	房地产的租赁、使用方面的合同、协议等文件	30年
5.2	对外投资项目	
5.2.1	投资规划、决策等方面的材料	永久
5.2.2	投资企业的董事会、股东会材料	永久
5.2.3	投资企业的财务报告、红利分配材料	永久
5.2.4	股权证、转让协议等股权管理方面的材料	永久
5.3	国有资产管理、登记、统计、核查清算、交接等文件	永久
5.4	企业的产权变动	
5.4.1	产权变动的请示、批复方面的材料	永久
5.4.2	清产核资、资产评估工作的文件	永久
5.4.3	产权变动的协议、合同等	永久
5.4.4	资产处置方案、归属方面的材料	永久
5.4.5	因产权变动所致职工身份变化的材料	永久
5.5	多种经营管理	
5.5.1	经营机构的工作计划、汇报、总结	30年
5.5.2	内部承包章程、合同、协议	30年
5.5.3	经济核算材料	永久
5.6	境外项目管理	
5.6.1	境外项目的前期设计、规划、协议、合同等文件	永久
5.6.2	项目检查、竣工验收、重要的专项报告、审批意见等	永久
5.6.3	工作总结、计划、业务方面的一般来往函件	30年
6	**物资管理**	
6.1	物资分配计划、记录	10年
6.2	物资采购、保管	

续前表

序号	基本范围	保管期限
6.2.1	重要物资和生产资料的采购审批手续、保管及招投标合同、协议、来往函件、总结	永久
6.2.2	办公设备及用品、机动车等的采购计划、审批手续、招投标、购置，机动车调拨、保险、事故等一般性文件	30年
6.3	仓库管理规章制度、台账、统计报表	30年
6.4	职工承租、购置单位住房的合同、协议和有关手续	永久
6.5	职工住房分配、出售的规定、方案、细则，职工住房情况统计、调查表、职工住房申请	30年
7	**产品销售**	
7.1	营销组织管理、网络建设材料	30年
7.2	产品销售计划、广告宣传、总结、会议记录与纪要等	30年
7.3	销售合同、协议、函件	30年
7.4	订货会、市场分析和用户调查材料	30年
7.6	售后服务材料	10年
7.7	统计报表	永久
8	**合同管理**	
8.1	商务合同正本及其补充件	
8.1.1	重要的	永久
8.1.2	一般的	30年
8.2	客户资信调查材料	
8.2.1	重要的	30年
8.2.2	一般的	10年
9	**信用管理**	
9.1	企业认证、达标等活动的呈报和审批材料、合格证、资格证书等	永久
9.2	企业形象宣传、展览会文件	30年
9.3	企业获得的资质、信誉方面的证书及其他奖励	永久
9.4	企业客户资信调查材料	30年
10	**知识产权管理**	
10.1	企业标识、商标标识方面的材料	永久
10.2	专利、商标和其他知识产权方面的申报、证明及管理方面材料	永久

附表 6-2 生产管理类

序号	基本范围	保管期限
1	**生产调度**	
1.1	生产调度工作计划、总结、报告	30年
1.2	生产作业计划的编制、执行及调度工作情况	10年
1.3	生产调度会议记录	30年
1.4	生产调度的职责、制度、规程	永久
1.5	生产活动综合分析	10年
2	**质量管理**	
2.1	质量管理计划、措施、总结	10年
2.2	质量管理制度、办法、规定、条例	30年
2.3	产品质量检测、化验、试验材料	30年
2.4	质量异议处理、事故分析及处理材料，质量认证、检查、评比材料	30年
2.5	全面质量管理工作形成的文件、质量体系运行及管理文件、产品创优的获奖证书	30年
3	**能源管理**	
3.1	能源管理的规定、计划、总结、请示、批复	30年
3.2	能源消耗定额管理材料	30年
3.3	节能工作方案、措施、总结	30年
3.4	统计报表	30年
4	**安全生产**	
4.1	安全技术管理规定、通报、总结、会议纪要等	30年
4.2	事故报告、调查分析及处理材料	30年
4.3	安全教育活动的材料	10年
4.4	安全生产、消防方面的材料	10年
4.5	统计报表	30年
5	**科技管理**	
5.1	科技发展规划、计划、总结，科技工作规定等	30年
5.2	技术革新和合理化建议文件	10年
5.3	新产品开发、科技成果管理、技术引进	30年
5.4	学术论文、考察报告、专题总结	30年
5.5	统计报表	30年

续前表

序号	基本范围	保管期限
6	**环境保护**	
6.1	环境保护规划、计划、总结	30年
6.2	环境保护制度、管理办法	30年
6.3	环保调查、监测、分析材料	永久
6.4	环境影响评价书、环境污染防治措施、总结、报告	30年
6.5	统计报表	
6.5.1	年度以上的统计报表	永久
6.5.2	半年、季度、月的统计报表	10年
7	**计量工作**	
7.1	计量工作规划、计划、总结	10年
7.2	计量工作管理规定	30年
7.3	计量设备、仪器、器具资料及定期检查记录	10年
7.4	计量管理工作方面的材料	10年
7.5	统计报表	
7.5.1	年度以上的统计报表	永久
7.5.2	半年、季度、月的统计报表	10年
8	**标准化工作**	
8.1	标准化管理的规划、制度、办法、规定	30年
8.2	标准化管理计划、总结	30年
8.3	生产技术规范、企业技术标准、企业工作标准、企业管理标准	永久
9	**档案和信息工作**	
9.1	档案工作计划、总结	10年
9.2	档案工作的规划、规定等	30年
9.3	档案移交清单、销毁清册	永久
9.4	档案利用、开发成果材料	30年
9.5	信息工作计划、总结	10年
9.6	信息管理工作的通知、规定等	30年
9.7	有关科技信息	30年
9.8	图书、资料工作材料	10年
9.9	统计报表	永久

附表 6-3　　行政管理类

序号	基本范围	保管期限
1	**行政事务**	
1.1	上级机关颁发的本企业应执行的有关文件	30年
1.2	上级领导视察本企业的题词、指示、讲话材料	
1.2.1	重要的	永久
1.2.2	一般的	10年
1.3	行政工作计划、总结等	永久
1.4	经理办公会、行政办公会会议记录、纪要、决定等	永久
1.5	企业制发的行政决定、通报和签订的行政协议、合同	永久
1.6	工商行政管理方面的材料	30年
1.7	企业的设立、关、停、并、转及更名、启用与废止印模等方面的文件	永久
1.8	企业文秘、机要、保密、信访、综合治理等方面的文件	
1.8.1	重要的	30年
1.8.2	一般的	10年
1.9	企业编史修志方面的文件	
1.9.1	大事记、机构沿革等	永久
1.9.2	工作简报、情况反映、工作信息等	30年
2	**安全保卫工作**	
2.1	上级机关颁发的本企业应贯彻执行的有关文件	10年
2.2	企业安全保卫、民兵工作的计划、总结、报告、报表等	30年
2.3	对本企业及职工在安全保卫工作方面的奖惩材料及统计报表	30年
2.4	武装保卫、民兵、预备役人员名单及有关机构设置、干部任免文件	30年
2.5	自然灾害防范、交通管理方面的文件	
2.5.1	重要的	30年
2.5.2	一般的	10年
2.6	重大事故调查和处理文件	永久
3	**法律事务**	
3.1	法律事务管理与协调工作	
3.1.1	法院判决书、调解书等诉讼和仲裁等文件	永久
3.1.2	一般法律事务工作文件	30年
3.2	案件、纠纷及公证事务中结论性材料	永久

续前表

序号	基本范围	保管期限
3.3	案件、纠纷及公证事务中调查过程形成的文件	30年
4	**审计稽查工作**	
4.1	上级机关颁发的本企业应贯彻执行的有关审计工作文件	30年
4.2	审计意见、审计报告及批复等	永久
4.3	审计工作会议记录、纪要、计划、报告、总结、调查材料、办法、一般的请示与批复等	30年
4.4	专项审计通知、报告、批复、评价书（结论）、调查与证明等材料	
4.4.1	重要的	永久
4.4.2	一般的	30年
4.5	下级单位报送的审计工作文件	10年
5	**劳动人事与人力资源管理**	
5.1	上级机关颁发的本企业应贯彻执行的有关文件	30年
5.2	企业制定的劳动人事方面的规章制度、报告、决定等	永久
5.3	内部机构设置、名称更改、组织简则、印信启用和作废、人员编制方面的有关文件	永久
5.4	干部职工的任免与招聘、升降、奖惩、考核、职称评聘等方面的文件	永久
5.5	人事调动介绍信及存根、工资转移证等	30年
5.6	老干部、职工离退休、停薪留职、抚恤、剩余人员与复转退军人安置等有关材料	永久
5.7	职工名册、劳动人事工作计划、总结、报表及调资方案等	永久
5.8	劳动保护、职业安全卫生、计划生育、保险的方针、政策、规定、统计报表等	永久
5.9	职工奖励、处分工作形成的文件，劳动合同管理、劳动工资和社会保险文件、医疗、工伤保险、住房公积金	永久
5.10	劳资纠纷、仲裁方面的文件	永久
6	**教育培训工作**	
6.1	上级机关颁发的本企业应贯彻执行的有关文件	10年
6.2	企业教育培训工作的计划、总结	30年
6.3	企业制定教育培训工作规章制度、请示与批复、决定等	30年
6.4	企业教育培训工作统计报表等	30年
6.5	企业干部职工进修培训名单、合同等	30年
7	**外事工作**	
7.1	发表的公告，签订的协议、协定、备忘录，重要的会谈记录、纪要等	永久
7.2	出访考察、参加国际会、接待来访等外事活动、出访审批文件	30年
7.3	出口审批手续、执行日程、考察报告等一般性文件	30年

附表 6-4　　党群管理类

序号	基本范围	保管期限
1	**党务工作**	
1.1	党员代表大会、党委（党支部）会议及其他有关会议	
1.1.1	会议通知、报告、换届选举结果、决议、通报、纪要等	永久
1.1.2	发言、简报、小组会议记录	10年
1.2	党务综合性工作	
1.2.1	工作计划、总结、重要专项活动工作报告，重要的调研材料、党务工作大事记	永久
1.2.2	情况反映、工作简报及一般材料	10年
1.3	上级机关关于党务工作的文件	
1.3.1	针对本企业重大问题的指示、批示文件	永久
1.3.2	对企业一般性、普发性的文件	10年
1.4	对下属单位关于党务工作请示的批复	30年
1.5	各项规章制度、管理办法与条例等	30年
2	**组织工作**	
2.1	党员干部考察、考核、任免、政审决定等	永久
2.2	入党、转正、退党、转入、转出等决定及党员名册	永久
2.3	党委（总支、支部）组织工作的规章制度	30年
2.4	党群机构设置、调整、人员编制等方面决定及通知	30年
2.5	党费收支与党组织关系介绍信及存根	30年
2.6	党员学习教育等活动形成的文件	
2.6.1	重要的	永久
2.6.2	一般的	10年
2.7	党员统计年报、计划总结、组织发展计划	30年
3	**宣传统战工作**	
3.1	企业宣传统战工作报告、会议纪要、调研、计划、总结材料、各民主党派人员名单登记、活动记录	
3.1.1	重要的	30年
3.1.2	一般的	10年
3.2	单位编辑的出版物样本与定稿	
3.2.1	重要的	永久
3.2.2	一般的	30年
3.3	反映本企业活动的报刊、广播稿	30年

续前表

序号	基本范围	保管期限
3.4	企业文化建设方面的文件（包括社会公益事业、慈善事业的参与、投入的记录；赈灾、扶贫、献血、拥军优属、精神文明建设方面的文件）	
3.4.1	重要的	30年
3.4.2	一般的	10年
4	**纪检与监察工作**	
4.1	纪检与监察工作的规定、决定、通报、通知、会议记录、纪要、计划、总结、请示报告及上级批复	永久
4.2	违纪案件调查处理材料	
4.2.1	重大案件的立案报告、调查依据、审查结论、处理意见等材料	永久
4.2.2	一般案件的调查处理材料	30年
4.3	纪检与监察工作统计报表	30年
5	**工会工作**	
5.1	工会工作规划、总结、规章制度、决定、通知、会议记录	30年
5.2	职工代表大会及有关会议文件	
5.2.1	会议通知、报告、换届选举结果、决议、通报、纪要等	永久
5.2.2	发言、简报、小组会议记录等	10年
5.3	工会会员名册	永久
5.4	民主管理、劳动竞赛、表彰先进、劳保福利、职工维权方面的文件	30年
5.5	女工工作、文体活动等方面的文件、计划生育	
5.5.1	重要的	30年
5.5.2	一般的	10年
5.6	工会会费与财务管理材料	30年
5.7	工作统计报表	
5.7.1	重要的	30年
5.7.2	一般的	10年
6	**共青团工作**	
6.1	共青团工作规划、总结	30年
6.2	团代会、团委（常委、扩大）会会议文件	
6.2.1	会议通知、报告、换届选举结果、决议、通报、纪要等	永久
6.2.2	发言、简报、小组会议记录等	10年
6.3	团员及团组织管理方面的决定、通知、批复	30年
6.4	团费收据与团组织关系介绍信及存根	30年
6.5	共青团工作统计报表	
6.5.1	重要的	30年
6.5.2	一般的	10年
7	**民间团体工作**	
7.1	专业学会、协会、群众团体活动方面的文件	
7.1.1	重要的	30年
7.1.2	一般的	10年

附表 6-5　　产品生产类

序号	基本范围	保管期限
1	**计划决策阶段**	
1.1	调查研究	
1.1.1	市场调查、技术调查、考察、预测报告、调研综合报告	10 年
1.1.2	技术、经济可行性研究报告、市场需求分析报告、收益预测分析报告	30 年
1.2	决策	
1.2.1	发展建议书、技术建议书、协议书、委托书、合同	永久
1.2.2	专题分析报告、专题会议纪要	30 年
1.2.3	研制计划、方案、方案论证报告	30 年
2	**设计阶段**	
2.1	产品研究、设计计划	30 年
2.2	技术、经济初步评价	30 年
2.3	研究试验大纲、试验报告	30 年
2.4	产品设计标准	永久
2.5	技术设计说明书、产品设计图样、专题技术请示报告、设计评审报告	30 年
3	**试制阶段**	
3.1	试制	
3.1.1	试制计划、方案、规程、报告	永久
3.1.2	工艺研究报告、工艺总体方案论证	永久
3.1.3	试制工艺流程、工艺标准	30 年
3.1.4	试制工艺文件和工艺装备文件	30 年
3.1.5	工艺评审报告	永久
3.1.6	试制运行记录、化验记录、试制过程纪要	30 年
3.1.7	原材料与半成品、成品检验方法批准书	30 年
3.1.8	理化分析报告、化学配方、化学反应式、计算公式	30 年
3.1.9	技术标准协议、试制质量分析报告	30 年
3.1.10	专题会议记录、纪要、合理化建议	30 年
3.1.11	重大故障分析和排除措施报告	30 年
3.1.12	试制总结报告	永久
3.2	试验	
3.2.1	试验计划、方案、规程	永久

续前表

序号	基本范围	保管期限
3.2.2	试验所需仪器与设备清单	30年
3.2.3	试验分项目记录	30年
3.2.4	试验原始数据与材料	永久
3.2.5	试验分析报告	30年
3.2.6	试验总结报告	永久
3.3	鉴定	
3.3.1	鉴定申请报告及批复、试制、试验鉴定大纲、技术鉴定材料（申请批复、评价材料、会议纪要）	永久
3.3.2	成套设计文件、标准化审查报告、可靠性试验情况报告	30年
3.3.3	产品质量和技术经济分析报告	10年
3.3.4	设计定型报告、证书、鉴定验收书	永久
3.3.5	试用或试运行报告	30年
4	**生产阶段**	
4.1	小批生产	
4.1.1	小批生产方案、计划	30年
4.1.2	小批生产工序工程能力分析报告	30年
4.1.3	关键件、重要件、关键工序的质量控制及检测报告	30年
4.1.4	原料鉴定卡片、配用设计表	30年
4.1.5	历次更改与补充的设计及工艺文件和更改通知单	30年
4.1.6	小批生产总结报告、小批生产鉴定书	永久
4.1.7	产品设计评审报告、产品研制完成报告	30年
4.1.8	产品许可证、合格证、使用说明书、装箱单、产品介绍、样本	30年
4.2	批量生产	
4.2.1	申请正式投产报告、批复、通知	永久
4.2.2	生产技术规程、操作规程、安全生产规程、产品检验规范	永久
4.2.3	技术标准（国际、国家、部、企、内标）	永久
4.2.4	企业标准编制说明、审批书及修改、修订的通知	永久
4.2.5	生产定型（结构、配方）设计文件	永久
4.2.6	工艺文件、工艺作业指导书、工艺说明书	30年
4.2.7	工艺装备文件、图样（刃具、夹具、量具、模具图）、说明书	30年
4.2.8	产品改进与更新建议书、合理化建议、QC成果	30年

续前表

序号	基本范围	保管期限
4.2.9	产品质量技术攻关会议记录、纪要和成果	30年
4.2.10	重大质量事故分析、质量异议处理结果	30年
4.2.11	各种操作记录、产品检验报告单	30年
4.2.12	产品特性重要度分级	30年
4.2.13	技术条件	30年
4.2.14	明细表、汇总表、产品目录	30年
4.2.15	专利登记表、专利证书等材料	永久
4.2.16	商标注册材料	永久
5	**评优阶段**	
5.1	创优规划、措施、工艺操作规程	30年
5.2	国内外对比材料	10年
5.3	上级检（抽）查结果和理化分析报告	30年
5.4	主要用户评价	10年
5.5	创优申请、审批表	30年
5.6	优质产品评定书、获奖奖章、奖状、证书	永久
6	**认证阶段**	
6.1	认证申请书、信函	30年
6.2	跟踪服务材料	30年
6.3	认证检测报告、检查报告	30年
6.4	原材料修改换页说明	30年
6.5	产品检验报告	永久
6.6	各种认证证书	永久

附表6-6　　科研开发类

序号	基本范围	保管期限
1	**研究准备阶段**	
1.1	申报项目的报告、批复、通知	30年
1.2	科研规划、调研报告、可行性研究报告、技术咨询与课题论证材料	30年
1.3	课题说明书、科研课题、经费申请报告及批件	30年
1.4	任务书、协议书、会议记录及重要来往文函、合同	永久
1.5	科研课题研究计划、上级批示及有关课题的国内外动态、课题计划调整或课题撤销文件	30年

续前表

序号	基本范围	保管期限
1.6	实验、试验方案、设计方案、调查考察方案、技术规程	永久
2	**研究试验与开发阶段**	
2.1	试验任务书、试验大纲	永久
2.2	实验、试验测试记录、图表、照片、计划执行情况、调整和撤销的报告	永久
2.3	试制综合分析报告及总结	永久
2.4	计算文件	永久
2.5	计算机软件（附带软件运行环境说明）	永久
2.6	检验文件	永久
2.7	设计文件、图样、技术说明、配方	永久
2.8	工艺文件	永久
3	**总结鉴定验收阶段**	
3.1	课题完成最终（或中断）总结	永久
3.2	课题阶段工作总结	30年
3.3	鉴定大纲	永久
3.4	技术经济分析报告	30年
3.5	标准化审查报告	永久
3.6	鉴定证书、科学技术成果鉴定证书	永久
3.7	鉴定会议记录（参加人员名单）、鉴定验收结论、函审原件	永久
4	**成果申报阶段**	
4.1	科技成果申报表、登记表及附件	永久
4.2	科技成果奖励申报及评审材料	永久
4.3	获奖证书及批件	永久
4.4	专利申请、受理证书等材料	永久
4.5	著作权申请、受理证书等材料	永久
5	**推广应用阶段**	
5.1	推广应用方案、专利申请书、批准证书（原件、影印件）、技术转让合同、协议书	永久
5.2	论文、成果推广应用中形成的技术文件及工作总结、过户定型的鉴定材料	30年
5.3	国内外同行业评价及用户反馈意见、成果宣传报送文件、专业会议文件	10年
5.4	成果标本、样品目录	30年
5.5	出席各级学术会议和发表在各种刊物上的论文、专题报告，国外考察报告和对外技术交流材料等	30年
5.6	针对成果的推广应用进行的软件开发形成的文件	30年

附表 6-7　　项目建设类

序号	基本范围	保管期限
1	**综合**	
1.1	建设项目管理制度、标准、方案、办法、规定等	30 年
1.2	建设项目发展规划、计划、报告、会议记录、纪要	永久
1.3	征、租用土地（单独项目的除外）申请、报告、批复、合同、协议、说明材料	永久
1.4	厂区平面图、地下管线图	永久
1.5	统计报表	30 年
2	**项目准备阶段**	
2.1	立项文件：项目建议书、项目建议书审批意见及前期工作通知书、可行性研究报告及附件、可行性研究报告审批意见、关于立项有关的会议纪要、领导讲话、专家建议文件、调查资料及项目评估研究材料	永久
2.2	建设用地、征地、拆迁文件：选址申请及选址规划意见通知书，用地申请报告及县级以上人民政府城乡建设用地批准书、红线图，拆迁安置意见、协议、方案等，建设用地规划许可证及其附件，划拨建设用地文件，国有土地使用证，土地出让合同、土地有偿使用合同	永久
2.3	勘察、测绘、设计及审批文件	
2.3.1	工程地质勘查报告，水文地质勘查报告、自然条件、地震调查，申报的规划设计条件和规划设计条件通知书	永久
2.3.2	初步设计图纸和说明、技术设计图纸和说明、审定设计方案通知书及审查意见	30 年
2.3.3	有关行政主管部门（人防、环保、节能、消防、交通、园林、市政、文物、通信、保密、河湖、教育、白蚁防治、卫生等）批准文件或取得的有关协议，政府有关部门对施工图设计文件的审批意见	永久
2.3.4	施工图及其说明、设计计算书	30 年
2.4	招投标文件与合同书	
2.4.1	勘察设计、施工及工程监理招投标中标文件	30 年
2.4.2	勘察设计、施工及工程监理招投标第一未中标文件	10 年
2.4.3	勘察设计、施工承包及监理委托合同	30 年
2.5	开工审批文件	
2.5.1	建设项目列入年度计划的申报文件、批复文件或年度计划项目表，规划审批申报表及报送的文件和图纸，建设项目规划许可证及其附件，建设项目开工审查表，建设项目施工许可证	永久
2.5.2	投资许可证、审计证明、缴纳绿化建设费等证明，工程质量监督	30 年
2.6	建设项目管理机构（项目经理部）、监理机构（项目监理部）、施工管理机构（施工项目经理部）及负责人名单	30 年

续前表

序号	基本范围	保管期限
3	**项目建设阶段**	
3.1	项目管理文件	
3.1.1	规程、规范、标准、规划、方案、规定	30年
3.1.2	投资、进度、质量、安全、合同控制文件	30年
3.1.3	投标书、资质材料、履约类保函、委托授权书和投标澄清文件、修正书	永久
3.1.4	合同谈判纪要、合同审批文件、合同书、合同变更文件	永久
3.1.5	环境保护、劳动安全、卫生、消防、人防	永久
3.1.6	水、暖、电、气、通信、排水等供应协议以及原料、材料、燃料供应协议	30年
3.2	建筑、设备、管线、电气、仪表安装施工	
3.2.1	开工报告、工程技术要求、技术交底、图纸会审纪要	30年
3.2.2	建筑与结构工程地基处理记录、图纸变更记录、工程质量事故处理记录、工程质量检验记录	永久
3.2.3	设计变更通知、工程更改洽商单、材料代用核定审批手续、技术核定单、业务联系单及备忘录	永久
3.2.4	施工定位测量、复核记录、地质勘探	永久
3.2.5	施工技术准备，施工现场准备，设计变更，洽商记录，原材料、成品、半成品、构配件、设备出厂质量合格证及试验报告，施工试验记录，施工记录	30年
3.2.6	焊接试验记录、施工检验、探伤记录	10年
3.2.7	隐蔽工程检查（验收）记录、工程质量检查评定记录、功能性试验记录	30年
3.2.8	质量事故及处理记录、竣工测量资料	永久
3.2.9	交工验收记录证明、工程质量评定、竣工报告	永久
3.3	竣工图	永久
3.4	监理文件	
3.4.1	监理规划、监理实施细则、监理部总控制计划、监理会议纪要	30年
3.4.2	进度控制：工程开工/复工审批表、暂停令	30年
3.4.3	质量控制、质量事故报告及处理意见	30年
3.4.4	造价控制：设计变更、洽商费用报审与签认、工程竣工决算审核意见书	30年
3.4.5	分包资质：分包单位、供货单位及试验等单位资质材料	30年
3.4.6	监理通知：有关进度、质量及造价控制的监理通知	30年
3.4.7	工程延期报告及审批、合同争议、违约报告及处理意见	永久
3.4.8	费用索赔报告及审批、合同变更材料	30年
3.4.9	监理工作总结：专题总结、月报总结、工程竣工总结、质量评价意见报告	30年

续前表

序号	基本范围	保管期限
4	**项目竣工验收**	
4.1	工程竣工总结、工程概况表	永久
4.2	竣工验收记录：建筑安装工程竣工验收记录、证明书、报告、备案表，市政基础设施工程质量评定表及报验单，竣工验收证明书、报告、备案表	永久
4.3	财务决算及交付使用财产总表和财产明细表	永久
4.4	声像、缩微、电子档案	永久
5	**项目运行维护与更新改造**	30 年

附表 6-8　　设备仪器类

序号	基本范围	保管期限
1	**综合**	
1.1	设备管理条例、办法、方案、规定、通告等	30 年
1.2	设备管理规划、计划、总结，设备运行管理文件，备品备件管理文件	10 年
1.3	设备技术管理文件	30 年
1.4	设备台账	永久
2	**单台（套）设备仪器**	
2.1	调研、考察材料，购买设备的申请、批复文件	30 年
2.2	购置合同、协议	30 年
2.3	洽谈记录、纪要、备忘录、来往函件及商检材料	30 年
2.4	设备仪器开箱验收记录	30 年
2.5	设备仪器合格证、装箱单、出厂保修单、说明书、环保材料等随机图样及文字材料	30 年
2.6	设备仪器安装调试、试车记录、总结、竣工图样、检测验收等材料	30 年
2.7	运行记录及重大事故分析处理报告	30 年
2.8	设备仪器保养和大修计划、记录	30 年
2.9	设备仪器检查记录、设备仪器履历表	30 年
2.10	设备改造记录和总结材料	30 年
2.11	技术、质量异议的处理结果材料	永久
2.12	设备仪器报废鉴定材料，申请、批复和处理结果	30 年

附表 6-9　　会计业务类

序号	基本范围	保管期限
1	会计凭证类：原始凭证、记账凭证、汇总凭证	15年
2	会计账簿类：总账、明细账、日记账、固定资产卡片、辅助账簿、银行账	15年
3	财务报告类：	
3.1	月、季度财务报告	3年
3.2	年度财务报告（决算）	永久
4	其他类	
4.1	会计移交清册	15年
4.2	会计档案保管清册、会计档案销毁清册	永久
4.3	银行余额调节表、银行对账单	5年

附表 6-10　　职工管理类

序号	基本范围	保管期限
1	在岗职工	
1.1	履历材料	永久
1.2	自传材料	永久
1.3	鉴定、考核、考察材料	永久
1.4	评定岗位技能和学历材料	永久
1.5	政审材料	永久
1.6	参加党派材料	永久
1.7	奖励材料	永久
1.8	处分材料	永久
1.9	任免呈报表和工资、待遇审批材料	永久
1.10	其他可供组织参考有保存价值的材料	永久
1.11	技术职称或工种级别的确认材料	永久
2	退休职工	永久
3	离岗职工	永久
4	死亡职工	永久

附录七

有关档案管理的登记表

附表 7－1 **档案交接登记表**

移交时间：__________

移交部门：__________

序号	题目	年度	文号或图号	页数	保管期限	备注

移交人签名：__________ 接收人签名：__________

附表 7-2　　温湿度登记表

库别________　　　　　　　　　　　　______年______月

日期	时间	温度	相对湿度	记录人	日期	时间	温度	相对湿度	记录人
1					17				
2					18				
3					19				
4					20				
5					21				
6					22				
7					23				
8					24				
9					25				
10					26				
11					27				
12					28				
13					29				
14					30				
15					31				
16									

附表 7－3

销毁登记表

批准人：________

编制部门：________

序号	题名	年度	档号	卷内文件		原期限	已保管期限	备注
				件数	页数			

编制部门负责人：________　　编制人：________　　监销人：________

附表 7－4　　借阅档案登记表

序号	日期	档号	题名	借阅部门	借阅人签字	归还日期	备注

附表 7－5　　档案利用效果登记表

利用日期		利用部门		利用者	
档号					
主要内容					
用途					
利用效果					

参考文献

[1] 赵步阳，程宏亮．秘书信息工作．上海：华东师范大学出版社，2016.

[2] 余红平，胡红霞．秘书信息与档案管理实务．北京：外语教学与研究出版社，2009.

[3] 陈琳．档案管理技能训练．北京：机械工业出版社，2009.

[4] 陈祖芬，雷鸣，张晓萍．职业秘书资料与档案管理教程．北京：清华大学出版社，2007.

[5] 王立维，陈武英．档案管理学简明教程．杭州：浙江大学出版社，2006.

[6] 冯惠玲．档案管理学．北京：中国人民大学出版社，1999.

[7] 何嘉荪．档案管理理论与实践．北京：高等教育出版社，1991.

[8] 邓绍兴，陈智为．档案管理学．北京：中国人民大学出版社，2005.

[9] 吴良勤．商务秘书实务．重庆：重庆大学出版社，2010.

[10] 吴良勤，雷鸣．秘书实训指导与案例分析．北京：北京大学出版社，2010.

[11] 徐拥军．商务档案管理．北京：中国建材工业出版社，2003.

[12] 陈兆祦，和宝荣，等．档案管理学基础．北京：中国人民大学出版社，2005.

[13] 胡亚学，郝懿．秘书理论与实务．大连：东北财经大学出版社，2007.

[14] 蔡超，杨锋．现代秘书实务．广州：暨南大学出版社，2006.

[15] 陈泓，李立民．IMS 文秘．南京：南京大学出版社，2007.

[16] 张丽琍．涉外秘书实务．北京：首都经济贸易大学出版社，2008.

[17] 吕世平．商务秘书理论与实务．北京：中国水利水电出版社，2006.

[18] 杜立新．中国当代秘书工作要览．太原：山西人民出版社，1997.

[19] 杨继明．秘书基础．西安：西安地图出版社，2006.

[20] 姬瑞环．秘书学教程．北京：海洋出版社，2003.

［21］郑典宜．秘书基础与实务．成都：电子科技大学出版社，2008.

［22］中国高教学会秘书专业委员会．中国秘书岗位资格证书教程．北京：中国人民大学出版社，2006.

［23］杨继昭．秘书学概论．北京：中国人民大学出版社，2009.

［24］北京高等秘书学院．商务秘书概论．北京：中国建材工业出版社，2003.